앤서블
철저
입문

Ansible로
클라우드 구성 관리
자동화하기

앤서블 철저 입문

Ansible로 클라우드 구성 관리 자동화하기

지은이 히로가와 히데토시, 타이라 하지메, 하시모토 나오야, 모리타 쿠니히로, 와타나베 카즈히로
옮긴이 이현정
펴낸이 박찬규   엮은이 윤가희   표지디자인 Arowa & Arowana

펴낸곳 위키북스   전화 031-955-3658, 3659   팩스 031-955-3660
주소 경기도 파주시 문발로 115, 311호(파주출판도시, 세종출판벤처타운)

가격 25,000   페이지 344   책규격 188 x 240mm

초판 발행 2017년 11월 02일
ISBN 979-11-5839-080-8 (93000)

등록번호 제406-2006-000036호   등록일자 2006년 05월 19일
홈페이지 wikibook.co.kr   전자우편 wikibook@wikibook.co.kr

Ansible徹底入門(Ansible Tettei Nyumon: 4994-3)
Copyright © 2017 Hidetoshi Hirokawa, Hajime Taira, Naoya Hashimoto, Kunihiro Morita, Kazuhiro Watanabe.
Original Japanese edition published by SHOEISHA Co.,Ltd.
Korean translation rights arranged with SHOEISHA Co.,Ltd., Tokyo through Botong Agency.
Korean translation rights © 2017 by WIKIBOOKS.

이 도서의 국립중앙도서관 출판시도서목록 CIP는
서지정보유통지원시스템 홈페이지(http://seoji.nl.go.kr)와
국가자료공동목록시스템(http://www.nl.go.kr/kolisnet)에서 이용하실 수 있습니다.
CIP제어번호 CIP2017013390

앤서블
철저
입문

Ansible로
클라우드 구성 관리
자동화하기

히로가와 히데토시, 타이라 하지메,
하시모토 나오야, 모리타 쿠니히로,
와타나베 카즈히로 지음
/
이현정 옮김

SE
SHOEISHA

위키북스

2013년 초봄, 저는 고민하고 있었습니다. 그 당시에 개발이 진행되던 컨테이너형 PaaS에 새로운 기능을 추가해야만 했기 때문입니다. 그 새로운 기능을 대략 정리하면 "컨테이너에 있는 웹 애플리케이션을 외부 환경에 '원래 있었던 상태로 동작하도록' 내보낸다"라는 것이었습니다. 처음에는 어렵지 않을 것이라고 생각했습니다만, PaaS에서의 자동 설치는 여러 가지 특별한 전제가 있어서 외부 환경에서는 그대로 재현할 수 없었습니다. 재현할 수 있다고 해도 사용자에 따라 환경이 변경되지 않으면 "환경을 그대로" 내보낼 수 없었습니다. 또한, 필요에 따라 사용자가 직접 내보내기용 스크립트를 수정할 수 있어야 하지만, 기존 스크립트는 파이썬과 셸 스크립트가 복잡하게 섞여있어서 "보면 알 수 있는" 것은 없었습니다. 결국에는 처음 계획과는 다르게 처음부터 새로운 자동 환경 설정을 위한 구조를 준비해야 했습니다.

2013년 당시의 환경 설정 자동화라면 셰프와 퍼펫이 대세였고, 내보내기 기능도 처음에는 이 중의 하나를 선택할 생각이었습니다. 그러나 "조작 대상에 에이전트 설치가 필수"이고, "프로그래밍 언어에 익숙한 사람이 아니면 어렵다"는 점이 걸림돌이 되어 다른 좋은 대안이 없을까 하고 찾게 된 것이 등장한 지 얼마 안 된 앤서블이었습니다. 앤서블은 네트워크를 통해 접근할 수만 있으면 에이전트가 필요 없고, YAML 형식으로 쓰인 코드인 플레이북은 프로그래머가 아닌 사람도 읽고 쓰기가 쉬웠습니다. "찾던 것이 이거다"라고 바로 앤서블을 사용해서 구현하고 내보내기 기능도 완성할 수 있었습니다. 그리고는 환경을 배포할 때에도 앤서블은 필수가 되어버렸습니다.

그때부터 몇 년 후에는 클라우드 컴퓨팅이 IT 인프라의 기본이 되고 IT 활용에 요구되는 속도도 점점 가속되는 요즘, 앤서블과 같은 구성 관리 기술은 시스템 개발과 운용에 종사하는 모든 사람에게 빼놓을 수 없는 것이 되었습니다. 그래서 이 책에서는 처음으로 앤서블을 다루는 사람을 위한 설명과 튜토리얼뿐만 아니라 특히 운용상 참고가 되는 각 클라우도 기반(오픈스택/AWS/애저)에서의 활용 방법, 최신 기능이면서 큰 주목을 받는 도커 컨테이너와의 연결 등 앞으로 앤서블을 사용할 때 중요한 내용을 한 권에 정리했습니다. 이 책의 독자분들에게 앤서블을 활용하는 데 있어 도움이 되길 바랍니다.

마지막으로 이 책을 집필할 때 도움을 주신 전문가분들, 출판에 참여한 관계자분들에게 감사드립니다.

2017년 1월 히로가와 히데토시

회사에서 서버를 관리하다 보면 번거롭고 어려운 일들이 종종 생깁니다. 그중 하나는 서버를 설정하는 일입니다. 여러 대의 서버를 일일이 설정하고 관리하다 보면 실수도 하게 마련입니다.

어느 날 회사에서 베타 서버, 운용 서버, 그리고 그 사이에 스테이징 서버를 구성하기로 했습니다. 그에 따라 운용 서버과 같은 사양의 서버를 몇 대 구입하여 각각 환경을 설정했지만 이상하게 스테이징 서버 작업을 할 때 생각대로 안 되는 부분들이 있었습니다. 원인을 찾고 해결하기 위해 시간이 필요했고 이로 인해 일정이 조금 밀리게 됐습니다.

다른 하나는 애플리케이션 배포인데 매번 여러 대의 서버(최소 3대 이상)에 일일이 배포하는 일은 번거롭고 긴장이 되는 일이었습니다. 혹시 있을 지 모를 실수를 피하기 위해 스크립트 하나 작성하고 실행하는 것뿐인데도 테스트와 체크를 반복했습니다. 이는 모든 개발자나 서버 관리자가 겪는 일이 아닐까 합니다.

이런 일들은 (특히, 배포의 경우는) 일정 주기마다 있었고 그때마다 이 모든 일들이 자동화되길 바랐던 것 같습니다.

이 일들은 앤서블로 해결할 수 있습니다. 앤서블을 사용해 서버 설정과 애플리케이션 배포를 자동화할 수 있습니다. 또한, 다른 자동화 도구보다 배우기 쉽고, 사용하기 편리합니다.

이 책은 철저하게 기초부터 시작하여 활용까지 다룹니다. 실습 위주로 구성되어 있어 어렵지 않게 읽을 수 있습니다. 차근히 따라 하다 보면 어느새 앤서블 초심자에서 벗어나 있는 것을 느끼실 수 있습니다.

이 책이 여러분의 고된 일을 줄이는 데 도움이 되길 바랍니다.

이 책에 나오는 플레이북(Ansibe이 실행하는 코드) 예제는 깃허브에 공개돼 있으므로 다음과 같은 방법으로 내려받을 수 있습니다.

■ git 사용하기

git 명령이 설치된 서버에서는 샘플을 저장하고 싶은 디렉터리에서 다음 명령을 실행합니다.

```
$ git clone https://github.com/wikibook/ansible
```

위의 명령을 실행하면 ansible 디렉터리에 예제가 저장됩니다. 명령 줄로 내려받는 대신에 깃허브 데스크톱(Github Desktop, https://desktop.github.com)과 소스트리(SourceTree, https://ko.atlassian.com/software/sourcetree)와 같은 관리용 GUI의 깃 클라이언트를 사용해도 좋습니다.

■ ZIP 파일로 내려받기

git이 설치돼 있지 않은 경우에도 깃허브 사이트에서 ZIP 형식으로 소스를 내려받을 수 있습니다.

브라우저로 이동합니다. 화면 오른쪽 위에 있는 "Clone or download" 버튼을 클릭한 다음 "Download ZIP" 버튼을 클릭해 내려받습니다.

플레이북은 각 장마다 chapterXX와 같이 디렉터리가 나뉘어 있습니다. 각 장에서 플레이북 파일 경로가 나오는 경우는 각 장의 전용 디렉터리 경로를 지정하고 있습니다(Vagrant-file만 2장에서 5장까지 튜토리얼에서 같은 가상 서버를 사용하는 것처럼 하나의 ansible에 놓여있습니다).

또한 이 책에 나오는 플레이북은 2017년 1월 시점 최신판인 앤서블 2.2.1.0 버전을 기본으로 하고 있습니다.

제 5 장

**플레이북으로
워드프레스 환경
구축하기**

제 6 장

**오픈스택에서
앤서블 활용**

제 7 장

**AWS 에서
앤서블의 활용**

제 9 장

도커 컨테이너 사용

제 10 장

플레이북 테스트

제 1 장

클라우드 시대의
인프라와
앤서블 기초

1.1. 클라우드와 시스템 운용의 패러다임 변화

21세기 이래 IT 분야에서 가장 큰 변화 중 하나는 클라우드 컴퓨팅의 보급입니다.

클라우드 컴퓨팅은 IT 서비스에서 수많은 패러다임의 변화를 가져왔지만, 그중에서 제일 큰 변화는 클라우드를 통해 가상머신 환경을 온디맨드로 제공하는 IaaS(Infrastructure as a Service)의 등장입니다. 여러 사업자가 이 종류의 서비스를 제공하고 있으며, 대기업이 제공하고 있는 아마존 웹 서비스(Amazon Web Service, AWS), 마이크로소프트 애저(Microsoft Azure), 구글 클라우드 플랫폼(Google Cloud Platform) 등과 같은 글로벌 서비스가 있습니다. IaaS는 등장한 지 10년 정도 된 새로운 서비스 형태로, 오늘날 IT 인프라에 대해 말할 때 빼놓을 수 없는 큰 부분을 차지하고 있습니다.

■ IaaS에 따른 인프라의 변화

원래 IaaS와 그 전제가 되는 가상화 기술이 대중화되기 전에는 각 기업과 개인이 자체적으로 서버를 직접 구매하거나 운용했습니다. 당연히 머신 자체와 네트워크의 구성은 자주 변경하지 않았고, 각종 설치 작업도 계획적으로 시간을 들여서 일일이 사람이 직접 시행했으며, 변경을 최소화하여 그 구성 상태를 거의 고정적으로 수개월에서 수년에 걸쳐 유지하면서 운용하는 것이 일반적이었습니다.

그러나 이런 상황은 IaaS의 등장에 따라 크게 변했습니다. IaaS를 이용함으로써 사용자는 물리적인 인프라 계층을 모르더라도 원할 때 필요한 만큼의 리소스를 사용하거나 불필요해진 리소스는 즉시 파기하는 것이 가능해졌습니다. 결과적으로 IT 인프라는 지금까지와 같이 고정적이고 장기적인 운용을 전제하지 않고, 필요에 따라 매번 조달해 다시 구성할 수 있는 존재로 바뀌었습니다.

■ 운용 방법에 미치는 영향

그러나 아무리 IaaS를 통해 클라우드에서 유연한 리소스를 조달할 수 있게 됐더라도, 그것을 운용할 때 기존의 방법론과 기술에 의존하면 물리적인 하드웨어의 관리를 신경 쓰는 데 드는 비용을 절감하는 수준에 머무를 뿐입니다. IaaS가 가진 잠재력을 최대한 활용하고 신속한 상황 변화에 대응하려면 기존에 사람이 일일이 명령을 직접 입력하던 작업을 대체할 효율적인 방법이 필요합니다. IaaS와 같은 클라우드 컴퓨팅에서는 중요한 요소가 되는 특정 기능을 서비스로 제공하는 SaaS(Software as a Service)와 인프라를 신경 쓰지 않고 시스템을 클라우드에서 운용할 수 있는 PaaS(Platform as a Service) 등을 활용함으로써 기존에 했던 시스템 운용 방법이 필요 없어질 수 있습니다. 그러나 이러한 서비스를 설정하거나 연결하는 작업은 없어지지 않으며 처리할 시스템이 복잡해짐에 따라 SaaS와 PaaS의 조합만으로 충분하지 않은 상황이 계속 발생할 것입니다.

클라우드의 신속성과 기존 인프라 운용의 자유도를 둘 다 가질 수는 없을까? 이런 요구에 부응해서 Infrastructure as Code라고 하는 새로운 방법이 주목받고 있습니다.

1.2. Infrastructure as Code란?

Infrastructure as Code가 의미하는 바를 간단히 말하면 "IT 시스템에서 인프라스트럭쳐 상태를 (사람이 직접 작업하는 순서를 늘어놓은 것이 아닌) 소프트웨어가 자동으로 실행할 수 있는 코드 형태로 기술한다"입니다.

이는 글자 그대로의 의미이며 어려운 개념은 아닙니다. 여기서 말하는 "인프라스트럭쳐"란 좁은 의미의 IT 인프라(서버와 네트워크 계층)보다는 넓으며, 미들웨어 계층과 애플리케이션의 배포, 외부 서비스와 모니터링과 연결되는 범위도 대상이 됩니다. Infrastructure as Code가 의미하는 인프라는 "시스템을 가동하기 위해 전제가 되는 주변 환경 모두"를 가리킵니다(그림 1.1).

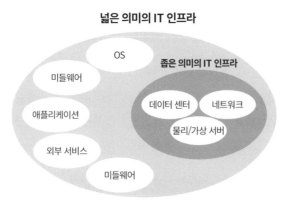

그림 1.1 넓은 의미의 IT 인프라와 좁은 의미의 IT 인프라

더욱 엄밀하게는 서버와 네트워크 계층을 다루는 것을 Infrastructure as Code, 미들웨어와 애플리케이션 배포 등의 상위 계층을 다루는 것을 Configuration as Code로 나누는 경우도 있지만, 이것은 넓은 의미로는 Infrastructure as Code의 한 요소로 간주합니다. 특히, 앤서블을 이용하는 경우에는 이런 계층들을 교차하는 작업도 원활하게 할 수 있으므로 실제로 계층을 구별해서 사용할 필요성은 줄어듭니다.

1.2.1. Infrastructure as Code 도입의 장점

그렇다면 Infrastructure as Code를 도입하면 어떤 장점이 있을까요? 코드를 통한 자동 실행이라는 특징에서 가장 먼저 생각해봐야 하는 것으로는 아래의 2가지가 있습니다.

- 작업에서의 노동 시간 감소와 효율화에 의한 비용 절감
- 코드화에 의한 고도의 품질 보증

컴퓨터가 작업하면 작업 환경에 사람이 계속 붙어있을 필요가 없어지고, 명령의 실행과 결과 확인도 사람보다 빠르며, 병렬화로 수십에서 수백 대의 기계를 한 번에 조작할 수 있습니다. 그리고 컴퓨터는 명령을 잘못 쓴다거나 같은 지시 내용에 대해 다양하게 접근하지 않습니다. 언제든지 몇 번이라도 지시대로 내용을 실행해 작업 내용을 정확하게 재현할 수 있습니다.

반대로 지시한 내용에서 실수한 부분과 애매한 부분까지 추측해 제대로 고쳐주지 않고, 실행 내용은 실행되는 코드의 내용과 코드를 실행하는 소프트웨어의 구현으로 엄격하게 정해집니다. 사람이 직접 작업하는 경우 엄격하게 검증된 매뉴얼을 마련했다 하더라도 사람이 예상대로 작업한다고 보장할 수 없습니다. 반면, 코드로 정의한 경우 작성한 대로 실행되는 것이 자동으로 보증됩니다. 이를 통해, 사람이 직접 작업했을 때와 비교해 보면 더욱 정확한 검증이 시행될 수 있고 높은 수준의 릴리즈 품질을 보증할 수 있습니다. 물론 환경에 대한 검증과 테스트의 공정 그 자체를 Infrastructure as Code화 할 수도 있습니다.

이런 인프라 설치의 자동화에 따른 직접적인 이점은 상상하는 것보다 매우 큽니다. 그러나 오늘날의 Infrasturcture as Code와 관련해 한 가지 중요한 패러다임이 존재합니다. 그것은 데브옵스(DevOps)라는 개념입니다.

1.2.2. 데브옵스(DevOps)

데브옵스란 단어는 다소 추상적으로, 단어 그 자체는 어떠한 구체적인 정의가 없습니다. "개발 계층과 운용 계층의 밀접한 연결에 의한 소프트웨어 라이프 사이클의 단기화"라는 축을 중심으로 한 방법과 기술 등의 구체적인 것에서부터 조직론에서 경영 철학에 이르는 추상적인 개념까지 다양한 문맥에서 사용되어 여러 가지 의미가 추가되어 왔습니다. 여기서는 데브옵스라고 언급된 것 중에 Infrastructure as Code와 밀접한 관계가 있는 "소프트웨어 개발(Dev)에서 유용한 방법을 운용(Ops) 계층에 적용하는 것"에 중점을 두고 이야기하겠습니다(그림 1.2).

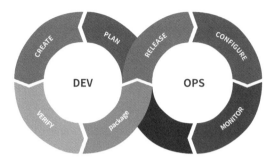

그림 1.2 데브옵스의 개념(Kharnagy의 데브옵스 툴체인)

Infrastructure as Code란 인프라의 상태를 코드에 기술해 자동으로 설치할 수 있게 하는 것이었습니다. "코드 형태로 어떤 상태와 처리를 정의한다"란 의미로 생각하면 단순히 코드에 기술된 대상이 인프라라는 것 이외에 웹 애플리케이션과 제어 시스템, 그 외의 모든 종류의 소프트웨어를 위한 코드와 차이가 없습니다. 차이가 없는 것은 소프트웨어의 코드를 작성하는 작업(=소프트웨어 개발)에 사용한 방법을 그대로 인프라에도 사용할 수 있다는 것입니다.

오늘날의 소프트웨어 개발에 관해 중요한 방법이라면 역시 애자일일 것입니다. Infrastructure as Code를 전제로 하면 다음과 같은 애자일의 핵심 기술을 인프라 운용에 적용할 수 있습니다.

- 버전 관리 도구(Git 등)에 의한 절차/설정의 적절한 관리
- 자동화 테스트 도구를 사용한 테스트
  - 코드 레벨에서의 분석에 의한 정적 테스트
  - 앤서블에 의한 환경 테스트
  - Serverspec과 같은 머신 상태를 체크하는 도구에 의한 환경 테스트
- 각종 도구, 서비스와의 연결에 의한 CI(Continuous Integration)
  - 젠킨스(Jenkins)에서 빌드를 완료하면 자동으로 앤서블을 기동하고 실제 환경에 반영
  - 깃허브(GitHub)와 연계하여 코드를 반영하면 즉시 배포를 실행

소프트웨어 개발에서 일반화된 생산성 향상을 위한 방법을 인프라 운용에도 그대로 적용할 수 있게 될 것입니다.

데브옵스의 맥락에서 생각하면, 제일 중요한 것은 CI(Continuous Integration)에 의한 연결이며, Infrastructure as Code로 인프라를 자동화함으로써 개발에서 테스트, 인프라 설치에 이르기까지 시스템 릴리즈에 필요한 전 과정을 자동화하고 똑똑하게 통합할 수 있습니다.

1.2.3. Infrastructure as Code를 실현한 도구

당연한 말이지만, Infrastructure as Code를 실현하려면 코드와 그 코드를 실행할 소프트웨어 한 쌍이 필요합니다.

이 쌍의 전형적인 예로 셸 스크립트와 셸의 조합을 들 수 있습니다. 시스템을 운용해 본 사람이라면 대부분은 셸 스크립트에 일련의 설치 작업을 작성하고 자동으로 실행할 수 있게 해보거나, 그런 스크립트를 일상적으로 썼던 경험이 있을 것입니다. 의미상으로 이것은 분명히 Infrastructure as Code의 실천입니다.

그러나 셸 스크립트는 가벼운 작업을 통합하기에는 충분하지만, 복잡한 작업이라면 쓰기도 읽기도 어렵습니다. 중급 규모 이상의 시스템을 처음부터 끝까지 완벽하게 배포하는 셸 스크립트를 작성했다 하더라도 아마 대부분 사람은 읽을 수 없을 겁니다. 본격적으로 Infrastructure as Code를 실천하려는 경우에는 전용으로 만들어진 도구를 이용하는 것이 올바른 방법이라고 할 수 있습니다[1].

구성 관리 도구의 대표적인 예로 셰프(Chef)와 퍼펫(Puppet)이라는 소프트웨어가 있습니다. 이 책에서 다루는 앤서블도 이런 소프트웨어와 같은 Infrastructure as Code의 실천을 위한 구성 관리 도구 중 하나입니다.

이후에는 앤서블에 중점을 두고 설명하겠습니다.

1.3. 앤서블의 역사

앤서블은 미국 레드햇(Red Hat)사가 제공하고 있으며, 오픈 소스 커뮤니티에 의해 개발된 파이썬으로 기술됐고, "모든 사람을 위한 자동화(Automation for Everyone)"를 지향하는 구성 관리 도구입니다 (그림 1.3).

앤서블은 본래 앤서블사에 의해 2012년부터 제공되기 시작했으며, 구성 관리 도구 중에서도 후발 소프트웨어입니다. 젊은 소프트웨어로서, 매우 활발하게 개발이 계속되고 있고 초기 단계부터 다른 구성 관리 소프트웨어와 비교해도 손색이 없을 만큼의 퀄리티를 갖췄으며, 2013년 2월에는 버전 1을 정식으

---

1   자주 사용되는 "구성 관리 도구"라는 단어는 대부분의 경우 Infrastructure as Code를 위한 도구와 같은 의미로 생각해도 좋습니다. 이 책에서도 "Infrastructure as Code를 위한 도구"라는 의미로 "구성 관리 도구"라는 단어가 사용되고 있습니다.

로 릴리즈했습니다. 그 이후에 NASA(미국항공우주국)와 같은 대규모 조직에서도 도입하는 등 빠르게 확산되고 있습니다.

2015년 10월에 앤서블사가 레드햇사에 인수된 것도 앤서블의 실용성과 관심이 높다는 것을 의미한다고 볼 수 있습니다. 레드햇에 인수된 후 UI(User Interface)는 그대로 두고 안쪽의 코어 부분을 수정하여 2016년에 버전 2를 정식으로 릴리즈했습니다. 그밖에 네트워크 장치 지원과 같은 새로운 기능을 확장하는 등 기존의 기능을 계속 개선하고 있습니다.

그림 1.3 앤서블 공식 사이트

1.4. 앤서블의 구성

이제부터 앤서블을 사용할 때 필요한 요소에 대해 간단히 소개하겠습니다. 앤서블에서는 다음과 같은 것들이 필요합니다.

- 앤서블 본체
- 인벤터리(Inventory)
- 모듈(Module)
- 플레이북(Playbook)

이어서 각 요소에 관해 설명하겠습니다.

1.4.1. 앤서블 본체

말할 것도 없이, 앤서블의 소프트웨어 그 자체입니다. 이후에 설명할 모듈과 플레이북을 실행할 때에는 명령줄(Command Line)에서 앤서블을 실행해야 합니다. 앤서블은 서버/클라이언트 구성과 같은 형태를 취하지 않고, 상주 프로세스를 둘 필요가 없습니다. 한 번 설치하고 난 후에는 필요할 때에 명령을 실행하는 것으로 충분합니다. 이것이 앤서블 사용 방법의 전부입니다.

1.4.2. 인벤터리

인벤터리(Inventory)는 "목록"이라는 의미의 영어 단어로 앤서블에 있어서는 조작 대상이 되는 서버 접속 정보를 표시하는 정의입니다. 인벤터리는 여러 개의 서버를 그룹화해 정의하거나 각각의 서버와 그룹에 대해 변수를 사용한 파라미터를 설정할 수 있습니다.

기존 환경의 접속 정보를 직접 정의하는 것은 물론, 각종 IaaS에서의 정보를 API를 통해 구하고, 동적으로 인벤터리 정보를 생성하는 동적 인벤터리(Dynamic Inventory) 기능도 있어서 각종 시스템의 구성에 유연하게 대응할 수 있습니다.

1.4.3. 모듈

모듈(Module)은 소위 말하면 앤서블에서 실행된 하나하나의 명령 같은 것으로, 다음과 같이 작업을 간단히 수행할 수 있게 해줍니다.

- OS 내의 작업(패키지 설치와 서비스, 사용자 관리 등)
- 파일 작업(복사와 편집, 템플릿 열기)
- 데이터베이스 작업(MySQL과 Postgresql의 사용자와 테이블 관리)
- 클라우드 서비스 작업(AWS, 애저, 구글 클라우드 플랫폼, 오픈스택 등)
- 네트워크 장비 작업

보통의 명령과 다른 점은 앤서블의 모듈은 작업을 실행하기 전에 그 시점의 상태를 알아두고, 변경이 있을 때만 실제의 작업을 수행하도록 설계돼 있다는 점입니다. 이런 처리를 셸 스크립트로 작성하면 상당히 복잡한 절차가 필요하지만, 앤서블에 내장된 모듈은 사용자가 의식하지 않고도 안전하고 적절한 처리를 실행할 수 있게 설계돼 있습니다.

앤서블은 2017년 1월을 기준으로 최종판인 2.2 버전에 약 750개 정도의 모듈이 내장돼 있어서 일반적인 운용 작업에 필요한 것은 거의 모듈화되어 있다고 할 수 있습니다.

내장된 모듈의 목록은 공식 모듈 목록[2]을 참고하거나 앤서블을 설치한 후에 다음 명령을 실행해 확인할 수 있습니다.

```
$ ansible-doc -l
```

앤서블은 직접 명령을 실행하기 위한 구조도 갖추고 있어서 실행하고 싶은 작업이 모듈화되어 있지 않은 경우에는 직접 모듈을 만들 수도 있습니다.

앤서블 자체는 파이썬으로 기술된 소프트웨어로서, 윈도우 작업용의 모듈이 파워셸(PowerShell) 스크립트로 작성된 것을 빼고는 내장된 모듈 전부가 파이썬으로 작성돼 있습니다. 단지, 이것은 앤서블 커뮤니티에서 통일한 규칙으로 실제로는 좋아하는 언어로 작성한 스크립트, 또는 컴파일한 바이너리를 모듈로 사용할 수 있습니다[3].

이처럼 많은 내장 모듈이 있는 것과 모듈을 좋아하는 방법으로 자유롭게 작성할 수 있는 것이 앤서블을 쉽게 사용할 수 있는 큰 요인 중에 하나라 할 수 있습니다.

내장 모듈의 처리

앤서블에는 약 750 종류의 모듈이 내장돼 있다고 설명했으나, 내장 모듈은 Core 모듈과 Extra 모듈, 2종류로 나뉘어 있습니다. 더 정확하게 말하면 나뉘어 있었습니다.

원래 Core 모듈은 앤서블이 공식적으로 관리하는 안정적인 모듈이고, Extra 모듈은 외부 콘트리뷰터(Contributor)가 관리하는 (동작 보증이 엄밀하게 되지 않은) 보다 새로운 모듈입니다. 그러나 실제로 Core와 Extra의 구별이 잘 안 된 상태이고, 차기 버전인 앤서블 2.3 버전부터는 Core와 Extra라고 하는 구분이 없어질 예정입니다.

그 대신 각 모듈에 대해 다음과 같은 지표가 적용됩니다.

- **Support Status**
  누가 모듈을 관리하고 있는가의 지표. Core(앤서블 코어 팀), Community(오픈 소스 커뮤니티) 등

---

2   http://docs.ansible.com/ansible/modules_by_category.html
3   바이너리 모듈은 앤서블 2.2부터의 새로운 기능

> • **Module Status**
>
>   모듈의 성숙 상태. 인수의 하위 호환성이 보장되는 Stable Interface, 파괴적인 변화의 가능성이 있는 Preview 등
>
> 어느 쪽이든지 모듈을 사용할 때에는 실제로 동작하는가를 확인해 보는 것이 필수지만, 위 지표도 유용한 고려사항이
> 될 것입니다.

1.4.4. 플레이북

모듈이 앤서블에서 명령이라고 하면 플레이북(Playbook)은 앤서블에서 스크립트(=코드)이며 앤서블을 사용할 때 필요한 작업은 플레이북의 구현과 실행이라고 할 수 있습니다. 앤서블의 플레이북이 다른 구성 관리 도구와는 다른 큰 특징으로 코드를 작성하는 포맷이 "프로그래밍 언어는 아니다"라는 점을 들 수 있습니다.

플레이북은 프로그래밍 언어 대신에 YAML이라는 데이터를 기술하기 위한 형식으로 작성됩니다. 특히 웹과 관련된 일을 하는 사람이라면 JSON은 친숙한 형식일 것입니다. YAML은 단적으로 말해 JSON에서 괄호를 일괄적으로 제거한 것입니다. 원래, YAML은 "기계에서 파스(parse)하기 쉽게, 사람이 다루기 쉽게"라는 이념으로 만들어졌으므로 플레이북은 프로그래밍이 익숙하지 않은 사람이라도 읽고 쓰기가 쉽습니다.

백문이 불여일견이니, 실제로 아주 간단한 플레이북의 예를 살펴봅시다.

```
---
- hosts: all
  vars:
    user_name: ansibleAdmin
    group_name: ansible
  become: true
  tasks:
    - name: group_name 변수로 지정된 그룹을 작성
      group:
        name: "{{ group_name }}"

    - name: user_name 변수로 지정된 사용자를 작성하고 그 위의 그룹에 할당한다.
      user:
        name: "{{ user_name }}"
```

```
groups: "{{ group_name }}"
generate_ssh_key: true
```

이것이 실제로 동작하는 YAML을 작성한 플레이북의 예입니다. 자세한 설명은 다음 장 이후에 설명하겠지만, 처리하는 과정을 파악하기 쉽지 않습니까? 실제 처리는 tasks에서 시작하는 블록에 포함돼 있으며 간단히 처리 내용을 적어보면 다음과 같습니다.

1. group 모듈에서 group_name 변수의 값을 name에 전달하여 그룹을 작성

2. user 모듈에서 user_name 변수의 값을 name에 전달하여 사용자를 작성

   - groups에 1에서 만든 그룹명을 지정
   - generate_ssh_key를 유효로 하고, 사용자용 SSH 키를 자동 생성한다(옵션 기능)

모듈 실행 시에 전달받은 변수의 값은 vars에 정의돼 있으므로 플레이북을 실행하면 ansibleAdmin이라는 사용자가 ansible 그룹에 할당된 상태로 생성됩니다.

또한, 먼저 작성했던 YAML은 프로그래밍 언어가 아니고 어디까지나 데이터의 표현 형식입니다. YAML에 쓰인 의미의 해석은 전부 앤서블 측에서 결정합니다. 바꿔 말하면 플레이북을 읽고 쓸 수 있도록 앤서블이 정한 YAML의 작성 방법을 배울 필요가 있다는 것입니다. 이것이 앤서블를 배우는 부담이 크다고 말하는 요인 중 하나입니다.

분명히 셸 스크립트와 프로그래밍 언어 또는 도큐먼트 기반의 매뉴얼과 같은 기존 포맷에 익숙한 사람이라도 앤서블의 형식이 처음부터 익숙한 것은 아닙니다. 그러므로 앤서블을 처음 사용할 때는 모든 사람이 같은 출발선에 있다고 할 수 있습니다.

앤서블에서 내세운 "모든 사람을 위한 자동화(Automation for Everyone)"라는 모토를 위해서는 특정 기술 스택을 갖지 않은 사람, 프로그래머가 아닌 사람, 엔지니어가 아닌 사람까지 포함한 모든 사람이 읽기 쉽고 사용하기 쉬운 포맷이 필요합니다. 플레이북의 형식에 앤서블이 지향하는 방향성인 "누군가는 사용하기 쉽다"가 아닌 "누구나 사용하기 쉽다", 국소적인 생산성이 아닌 조직 전체의 생산성이 그대로 표현된 것입니다.

지금까지 플레이북의 학습 부담이 높다는 전제로 이야기했습니다. 어느 정도의 학습과 적응이 필요하지만, 앤서블의 YAML이 그리 어려운 것은 아닙니다. YAML 자체는 광범위하게 사용되는 범용적인 포맷으로, (이런 종류의 도구는 많은 것들이 있습니다) 독자적인 언어를 별도로 배워야 할 정도는 아닙니

다. 또한, 앤서블용 YAML의 형식도 간결합니다. 무엇보다 앤서블의 활용을 도우려고 이 책과 같은 해설서도 있으므로(!) 부디 가볍게 앤서블의 세계로 뛰어들어보길 바랍니다.

이것으로 앤서블을 사용할 때에 나오는 요소는 전부 다뤘습니다[4]. 앤서블 전체의 구성을 정리해보겠습니다.

- **인벤터리**

  앤서블에서 작업할 대상 머신을 정의. "어디에서" 앤서블을 실행하는가?

- **모듈**

  앤서블에서 실행되는 개별 작업의 정의. "무엇을" 앤서블에서 실행하는가?

- **플레이북**

  모듈 호출의 중심에 있는 앤서블 코드. "어떻게" 앤서블을 실행하는가?

1.5. 앤서블의 특징

마지막으로 구성 관리 도구로써의 앤서블의 몇 가지 특징을 살펴보고, 앤서블과 유사한 도구인 퍼펫과 셰프와 비교해 보겠습니다.

퍼펫과 셰프는 둘 다 루비로 작성된 구성 관리 도구로, 둘 다 앤서블이 등장하기 이전부터 많이 사용되고 있었습니다. 퍼펫은 2005년에 등장한 최고참으로 Infrastructure as Code란 단어의 선조가 되는 도구입니다. Puppet Language라는 독자적인 언어를 사용해 코드(Manifest)를 작성합니다.

한편, 셰프는 퍼펫 등의 영향으로 2009년에 등장한 도구로, 루비로 코드(Recipe)를 작성할 수 있는 특징이 있습니다. 웹 애플리케이션 분야에서 널리 사용되는 루비를 사용할 수 있어 엔지니어에게 친화적인 점과 최근에 데브옵스가 융성함에 따라 널리 보급됐습니다.

---

4   보다 정확히 말하면 앤서블 본체는 코어 엔진과 기능 확장을 위한 플러그인으로 나뉘어있으나, 보통 사용할 때는 알 필요가 없습니다.

1.5.1. 에이전트리스

앤서블이 퍼펫과 셰프 등의 다른 주요한 구성 관리 도구와 근본적으로 다른 점은 에이전트리스 (Agentless)로 동작하는 점입니다. 에이전트리스의 특징을 알기 위해서는 먼저 에이전트를 이용한 구성 관리 도구의 동작을 확인할 필요가 있습니다.

퍼펫/셰프를 포함한 에이전트형의 구성 관리 도구는 작업 대상 머신에서 기동하는 전용 에이전트가 중앙 서버에 접근해 코드를 취득한 다음 에이전트 스스로가 해당 머신에 적합한 상태를 설정합니다. 중앙 서버에서 설정을 가져오는 것은 "풀 형(pull type)"이라는 아키텍처입니다(그림 1.4).

그림 1.4 에이전트 형

에이전트 형의 장점은 다음과 같습니다.

- 중앙 서버는 각 머신의 접근 정보를 몰라도 좋다(1개의 접근 정보에 집중하지 않는다).
- 머신을 기동할 때 에이전트를 자동으로 실행하게 해 놓으면 저절로 설정이 처리된다.

그러나 다음과 같은 제약도 있습니다.

- 실행 대상에서 전용 에이전트를 설치해야 한다(실행 대상의 환경에 대한 부작용이 수반된다).
- 에이전트를 도입하기 위한 준비가 필요하다.
  - 에이전트를 도입하고 설정이 끝난 OS 이미지
  - IaaS에서는 퍼펫/셰프 설정이 끝난 이미지 등이 준비된 경우도 있다.
- VM 작성과 머신 내 설정을 조합한 경우는 공정이 복잡(약간 복잡한 정도)해진다.

이처럼 에이전트 형은 미리 에이전트를 설치해야 하는 것이 단점이 될 수 있습니다.

한편, 앤서블이 채용한 에이전트리스 모델은 앤서블이 설치된 중앙 머신이 각 실행 대상에게 로그인해서 직접 실행하는 "푸시 형(push type)" 아키텍처입니다. 따라서 앤서블에서 네트워크를 통해 서버에 연결된 동안은 사전 준비 없이 앤서블에서 대상 머신을 실행할 수 있습니다(그림 1.5).

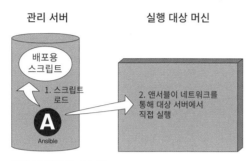

그림 1.5 에이전트리스 형

네트워크 접속은 특별한 전용 프로토콜을 전혀 사용하지 않고 일반 SSH를 이용해 대상 서버에 로그인합니다[5]. 즉, 앤서블은 사람이 로그인할 때와 동일하게 실행 대상 서버에 로그인합니다. 또한, 앤서블이 대상 서버에서 작업을 실행할 때에는 필요한 파일을 대상 서버에 전송해 실행합니다. 이 파일도 실행이 끝난 다음에는 삭제되므로 실행 대상 서버에 파일이 남지 않습니다. 이런 점에서 사람이 직접 작업한 것과 매우 가까운 공정을 실행하고 있다고 할 수 있습니다.

또한, 중앙에 있는 앤서블이 실행의 기점이 되는 단방향성이 항상 유지되므로 예를 들어, "IaaS 상에서 여러 개의 VM을 시작하고 네트워크를 설정해 각 VM에서 설치까지 한다"와 같은 공정에 걸친 작업도, 플레이북의 조작으로 일관되게 실행할 수 있습니다. 실행 대상 계층의 다른 처리를 원활하게 연결하기 위해서 작업 흐름의 연결 도구로써 활용할 수 있는 것은 다른 구성 관리 도구와는 다른 앤서블의 이점입니다.

1.5.2. 멱등성

익숙하지 않은 단어일지 모르지만, Infrastructure as Code를 말할 때 멱등성(Idempotency)이라는 단어가 자주 나옵니다. 이것은 앤서블 고유의 특징은 아니지만, 앤서블 모듈과 플레이북을 다룰 때 중요한 개념이므로 소개하겠습니다.

---

5 윈도우는 WinRm, 도커 컨테이너는 docker-exec를 통해 접속

멱등성은 "어떤 작업을 여러 번 실행해도 결과가 항상 같다"는 성질입니다. 앤서블에 대해서는 각 모듈의 내부에서 무엇을 실행할 것인가를 "절차적"으로 다루는 것이 아니라, 최종 본래의 형태를 "선언적"으로 다뤄 멱등성이 보장되도록 하는 것입니다.

조금 더 구체적으로 "어떤 파일 A를 배치한다"는 처리를 예로 들어 멱등성의 유무에 따라 동작이 어떻게 달라지는지 알아봅시다.

- **멱등성을 고려하지 않은 경우**

  "파일 A를 어디에 복사한다"라는 절차 그 자체가 설정돼 있으며 작업 실행 전의 파일 설치 상황은 고려하지 않는다. 이미 파일이 있는 경우에도 다시 복사하거나, 반대로 다시 작성해야만 하는 것이 그대로 있다거나, 작업 대상의 상태에 따라 필요 없는 처리가 실행되는 것처럼 기대하지 않은 결과가 발생할 우려가 있다.

- **멱등성이 보장된 경우**

  "파일 A가 어디에 존재한다"라는 최종적인 상태가 정의돼 있으며, 먼저 파일의 설치 상태를 확인한 다음 처리가 실행된다. 이미 같은 파일이 있으면 정의된 상태를 만족하므로 변경에 따른 처리를 실행하지 않는다. 설치돼 있지 않거나 다른 내용의 파일이 있는 경우에 대해서만 파일을 복사한다.

이처럼 이전의 상태와 관계없이 최종적인 결과가 바람직한 상태가 되는 것이 앤서블의 멱등성입니다.

여기서 말하는 멱등성이란 작업 대상의 상태가 항상 같게 되는 것을 가리키는 것은 아닙니다. 예를 들어, "패키지를 최신 버전으로 유지"라고 정의한 경우에는 그 패키지의 최신 버전이 어떤 외부 요인에 의해 달라져서, 실제 결과가 달라질 수 있습니다. 어디까지나 플레이북에 작성된 목적에 기반을 둘 때 결과가 일정하게 되는 점에 주의해야 합니다.

또, 앤서블의 모듈 전부가 멱등성을 보증하고 있는 것이 아니라, 임의의 명령을 실행하는 command 모듈 등, 바람직한 결과를 모듈 측에서 자동으로 판정할 수 없으므로 플레이북에서 멱등성을 보증하기 위해 조건을 기술하는 경우도 있습니다. 이 부분에 대한 자세한 사항은 3장을 참고하기 바랍니다.

1.5.3. 재사용성

앤서블을 오래 사용하려면 높은 재사용성을 고려해야 합니다. "높은 재사용성" 즉, 범용성을 유지할 수 있으면 앤서블을 계속 사용함에 따라 구현 등에 따른 시간이 줄어들 것입니다. 몇 번이라도 비슷한 내용을 구현해야 하는 것은 부담이 큰 일입니다.

전형적인 작업을 구현한 모듈 이외에 플레이북 측에서도 재사용성을 위한 구조가 있으므로 소개하겠습니다.

먼저, 첫 번째는 이미 나온 변수를 사용한 값의 추상화입니다. 작업 대상이 되는 각 머신의 개별 값을 설정하거나, 플레이북을 실행할 때마다 다른 값을 가질 수 있으므로 대체 값이 가정된 부분을 변수화하면 부분적으로 다른 플레이북의 변종이 생기는 것과 같은 사태를 방지할 수 있습니다.

하나 더, 플레이북 그 자체를 롤(Role)이라는 단위로 부품화해 사용할 수도 있습니다. 롤은 플레이북을 각 시스템에서 공통으로 사용하는 단위로 분리한 것으로, "MySQL 설치"와 같은 미들웨어의 설치 단위로 롤을 생성하는 것이 일반적입니다. 롤은 앤서블에서 미리 결정된 단위의 부품화이며, 디렉터리 구조 등에 규칙이 있고(자세한 내용은 4장에서 다루겠습니다), 어느 누가 구현한 롤이라도 플레이북에서 사용할 수 있습니다. 앤서블 갤럭시(Ansible Galaxy)라는 롤을 공개하고, 공유하는 플랫폼도 제공하고 있으며 세상의 어떤 사람이 만든 롤 자산이라도 활용할 수 있게 되어 있습니다.

앞서 설명한 것과 같이 앤서블에서 재사용 단위는 변수와 롤 단위에만 국한돼 있습니다. 따라서 "○○ 클래스에서 △△ 메서드만 사용"과 같이 사용할 수 있는 퍼펫과 셰프와 비교하면 유연함이 떨어집니다. 이는 YAML를 설명할 때 나왔던 "누구라도 쉽게 사용한다"는 앤서블의 이념을 기반으로 재사용의 방법과 구조를 결정해 자유도를 낮추고 있는 만큼, 가독성과 유지 보수성을 높게 유지하기 때문입니다.

"모두가 지속해서 사용하기 위한"이라는 관점은 구체적인 기능의 차이 이상으로 다른 도구와 앤서블을 나누는 개성이 있다고 말할 수 있겠지요?

자, 앤서블의 개요와 그 전제가 되는 Infrastructure as Code에 관한 설명이 끝났습니다. 다음 장부터는 실제로 앤서블를 설치하고 플레이북을 작성하는 방법에 대한 튜토리얼을 이야기하겠습니다.

제 2 장

앤서블을
사용해 보자

앞 장에서 앤서블의 개요를 살펴봤습니다. 여기서부터는 구체적인 앤서블의 사용 방법을 소개하겠습니다. 이장에서는 앤서블을 설치하고, 실제로 CentOS 7.2에서 엔진엑스 서버를 기동하는 플레이북을 구현하는 것까지 설명하겠습니다.

2.1. 앤서블을 가동하기 위한 요건

먼저 앤서블을 설치하려면 가동 환경을 준비해야 합니다. 앤서블 자체는 파이썬으로 구현된 단순한 리눅스/유닉스 용의 명령 줄 도구이므로 특별한 요건이 필요하지 않습니다.

- 리눅스/유닉스 계열의 OS 환경
- 파이썬 2.6 또는 2.7이 설치돼 있어야 한다(파이썬 3은 미리 보기 지원)

위의 두 조건만 만족하면 앤서블을 설치할 수 있습니다.

2.1.1. 리눅스/유닉스 계열의 OS를 사용하는 경우

파이썬 2.6~2.7은 요즘 일반적으로 사용하는 (CoreOS 등의 용도가 특화된 경량 배포판을 제외한) 리눅스 배포판에 기본으로 내장돼 있으므로 리눅스/유닉스 계열의 OS를 사용하고 있다면 기본 상태에서 앤서블을 설치할 수 있습니다.

2.1.2. 맥 OS를 사용하는 경우

맥 OS X은 유닉스 기반의 OS이므로 로컬 환경에서 앤서블을 동작시킬 수 있습니다(물론 파이썬도 미리 설치돼 있어야 합니다).

단, 엘 케피탄(10.11) 이후 버전에서는 System Integrity Protection(SIP, 통상 rootless)이라는 새로운 보안 기능 때문에 루트(root) 권한을 사용해도 시스템 영역을 다시 쓰지 못하게 되어 있습니다. 따라서 파이썬과 미리 설치된 몇 가지 파이썬 패키지를 업데이트하거나 삭제할 수 없습니다. 이러한 조건에서는 앤서블과 의존 라이브러리를 설치하기가 쉽지 않으므로 맥용 패키지 관리 도구인 홈브루(Homebrew)를 사용해 사용자 환경에서 파이썬을 설치하는 방법이 좋습니다. 절차를 간단히 설명하겠습니다.

■ 1. 홈브루 설치

공식적으로 배포된 설치 스크립트를 맥에 내장된 루비로 실행하기만 하면 홈브루를 설치할 수 있습니다. 여기에서는 curl 명령으로 인터넷상의 스크립트를 가져온 후 파이프를 이용해 루비에 전달하겠습니다. 이렇게 하면 스크립트 파일 없이도 한 줄로 설치를 완료할 수 있습니다.

```
$ curl -fsSL https://raw.githubusercontent.com/Homebrew/install/master/install | /usr/bin/ruby
```

작성/변경된 디렉터리 목록이 출력되고 "Press RETURN to continue or any other key to abort"라는 메시지가 출력되면 리턴(엔터)키를 눌러 설치를 진행합니다.

그다음에 관리자 권한으로 작업을 진행하기 위해서 패스워드를 입력하라는 프롬프트(Password:)가 표시되면 로그인 계정의 패스워드를 입력합니다. 잠시 후 실행이 완료되어 다음과 같이 출력되면 설치가 성공적으로 끝난 것입니다.

```
==> Installation successful
==> Next steps
Run 'brew help' to get started
Further documentation: https://git.io/brew-docs
```

■ 2. 홈브루로 파이썬 설치

홈브루가 설치되면 파이썬을 설치하는 방법은 간단합니다.

```
$ brew install python
```

명령어를 입력한 후 잠시 기다리면 최종적으로 다음과 같이 메시지가 출력되면서 설치가 완료됩니다[1].

```
==> Summary
^^f0^^9f^^8d^^ba /usr/local/Cellar/python/2.7.12_2: 3,477 files, 46.7M
```

이것으로 파이썬이 설치된 환경을 갖추게 됐습니다.

---

1   홈브루로 설치할 때는 그 시점에서의 최신판이 설치되므로 구체적인 버전과 파일 수, 크기는 실행 시점에 따라 달라집니다.

2.1.3. 윈도우를 사용하는 경우

앤서블은 리눅스/유닉스에서 동작하므로 윈도우 환경에서는 앤서블을 사용할 수 없습니다. 윈도우 서버에서 앤서블을 사용하려면 다음과 같은 방법으로 윈도우에 리눅스 환경을 준비해야 합니다.

- 버추얼박스 등을 이용해 윈도우 상에 리눅스 가상 머신을 설치한다.
- Windows Subsystem for Linux의 우분투 환경을 사용한다(Windows 10 Anniversary Update를 이용).

윈도우의 대표적인 유닉스 유사 환경으로 시그윈(Cygwin)이 있습니다. 시그윈에서 앤서블이 동작한다는 보고도 있지만, 공식적으로 지원하지는 않습니다.

2.1.4. 파이썬 3 대응

리눅스/유닉스 계열의 OS에서 앤서블을 가동하기 위한 요건 가운데 "파이썬 2.6~2.7은 요즘 일반적으로 사용하는 리눅스 배포판에 기본으로 내장돼 있으므로"라고 했는데, 여기에서 요즘이라고 표현한 데에는 이유가 있습니다.

가장 많이 쓰이는 파이썬의 버전은 이미 3.X가 됐지만, 파이썬 2.X와 파이썬 3은 문법적으로 서로 호환되지 않는 변화가 있었습니다. 이로 인해 앤서블을 포함한 많은 패키지에서 파이썬 3 버전에 대한 대응이 늦어지고 있습니다. 다만, 파이썬 2 시리즈의 최종 버전인 2.7이 2020년에 유지보수가 종료된다는 공지가 있어서 Red Hat Enterprise Linux(RHEL)와 우분투에도 다음 버전에서는 파이썬 3이 기본으로 내장됩니다. 이를 위해 현재 앤서블도 파이썬 3에 대해 대응하고 있으며, 2017년 1월 현재 최신판인 앤서블 2.2 버전에서는 미리 보기 기능이 파이썬 3에서도 동작합니다.

이렇게 순조롭게 검증과 수정이 진행되면 곧 파이썬 3이 공식적으로 지원될 것입니다.

2.2. 앤서블 설치

가동 환경이 준비되면 앤서블을 설치합니다. 앤서블은 각종 배포판의 패키지 매니저(Apt, Yum, Homebrew 등)를 사용해서 설치할 수 있습니다. 하지만 이 책에서는 다음과 같은 이유로 파이썬 사용자에게 친숙한 패키지 관리 도구인 pip를 이용해 설치하는 방법을 권장합니다.

- 어떤 OS 환경에서도 같은 절차로 진행할 수 있다.

- 버전을 지정할 수 있고, 개발판도 설치할 수 있다.

- 모듈에 따라 필요한 종속 패키지를 설치할 때 필요하다.

- 직접 설치한 파이썬과 Virtualenv(파이썬의 가상 환경)에 대응할 수 있다. (패키지 매니저에서 설치할 때는 글로벌한 파이 썬 환경을 사용하는 것이 일반적)

■ 1. pip 설치

pip 설치도 홈브루 설치와 똑같이 공식적인 설치 스크립트를 이용할 수 있습니다. 다음과 같이 스크립 트와 파이썬을 파이프로 연결해 한 줄 명령으로 설치합니다.

```
$ curl -fsSL https://bootstrap.pypa.io/get-pip.py | python2
```

참고로 여기에서 파이썬 명령을 python이 아닌 python2라고 한 이유는 파이썬 2 버전과 3 버전을 함 께 쓰는 환경에서도 명시적으로 파이썬 2를 사용하기 위해서입니다.

만일 명령을 실행할 때 OSError: [Errno 13] 허가가 없습니다. 'usr/lib/python2.7/site-packages/ pop'와 같은 에러가 출력되는 경우에는 관리자 권한으로 파이썬을 실행해야 합니다. 다음과 같이 sudo를 사용해 관리자 권한으로 파이썬을 실행하거나 su 명령을 사용해 관리자로 권한을 변경한 후에 명령을 실행합니다.

```
$ curl -fsSL https://bootstrap.pypa.io/get-pip.py | sudo python2
```

■ 2. 앤서블 설치

pip를 사용해 앤서블을 설치하는 것은 다음과 같이 간단한 명령으로 할 수 있습니다. pip가 아닌 pip2 를 사용하는 이유는 python2를 사용하는 것과 같은 의미입니다[2].

```
$ pip2 install ansible
```

이렇게 하면 각종 의존 패키지와 함께 앤서블이 설치됩니다.

---

2 pip를 설치할 때 sudo를 사용했다면 이번에도 sudo를 붙여서 명령을 실행해 주십시오.

```
Successfully installed MarkupSafe-0.23 PyYAML-3.12 ansible-2.1.2.0 cffi-1.8.3 cryptography-1.5.2
enum34-1.1.6 idna-2.1 ipaddress-1.0.17 jinja2-2.8 paramiko-2.0.2 pyasn1-0.1.9 pycparser-2.14
pycrypto-2.6.1 six-1.10.0
```

출력 내용에서 마지막에 위와 같이 설치된 패키지들이 나열되면 설치에 성공한 것입니다[3]. 설치를 완료한 후 앤서블을 최신 버전으로 업그레이드할 때에는 옵션 ‑U를 추가하면 의존 패키지를 포함해 앤서블이 최신 버전으로 업데이트됩니다.

```
$ pip2 install -U ansible
```

구체적으로 설치할 버전을 지정하고 싶을 때는 ==를 사용해 버전을 지정합니다.

```
$ pip2 install ansible==2.2.1.0
```

또한, 개발판 최신 버전을 설치하고 싶을 때는 다음과 같이 깃허브에서 내려받아 앤서블을 설치할 수도 있습니다.

```
$ pip2 install git+https://github.com/ansible/ansible.git@devel
```

@뒤에는 개발판의 최신 브랜치를 표시하는 devel 이외에도 깃허브의 릴리즈 버전을 지정할 수 있습니다[4].

2.3. 앤서블의 동작 확인하기

설치가 끝나면 ansible 명령어를 사용해서 실제로 앤서블이 잘 동작하는지 확인해 봅니다. ansible 명령은 앤서블의 모듈을 단독으로(ad hoc으로) 실행하는 명령입니다. 플레이북 실행 명령어보다는 자주 사용하지 않지만, ssh를 통해 원격 명령어를 직접 실행하는 것을 ansible 명령을 이용하도록 바꾸면 병렬화와 멱등성이라는 장점을 쉽게 얻을 수 있습니다.

---

3   버전은 설치 시점의 최신 버전입니다.
4   https://github.com/ansible/ansible/releases에서 목록을 확인할 수 있습니다.

여기서는 작업 대상 호스트에 접속해서 앤서블이 작동할 수 있는 상태인지 확인하는 간단한 모듈인 ping을 localhost에 실행해 보겠습니다.

```
$ ansible localhost -m ping
```

앤서블이 정상적으로 동작하고 있으면 실행 결과는 다음과 같이 나옵니다.

```
[WARNING]: Host file not found: /etc/ansible/hosts

[WARNING]: provided hosts list is empty, only localhost is available

localhost | SUCCESS => {
    "changed": false,
    "ping": "pong"
}
```

위와 같이 출력되면 앤서블이 동작하는지 확인한 것입니다.

또한, 실행 직후에 표시되는 2개의 [WARNING]은 다음과 같은 의미이지만, 이것도 가정한 것이므로 무시해도 됩니다.

- 기본이 되는 동작 대상 호스트를 정의하는 파일(이하 설명에서는 인벤터리 파일)이 없다.
- 대상 호스트가 정의되지 않은 경우는 localhost만 실행 가능

2.4. 베이그런트에서 가상 머신(VM) 준비하기

ansible 명령으로 동작 여부를 확인했으므로 이어서 본격적으로 SSH 접속을 통해 외부 서버에 배포해 보겠습니다. 앤서블은 에이전트리스에서 작업 대상을 조작할 수 있으므로 네트워크상에서 접속할 수 있다면 외부 서버는 세계 어디, 어떤 형태로 설치돼 있어도 상관없습니다.

하지만 실제 외부 서버를 준비하려고 하는 경우는 IaaS의 계정을 준비하든 물리 서버를 준비하든 시간과 비용이 듭니다. 따라서 본 튜토리얼에서는 외부에 추가 환경을 준비하지 않아도 되도록 현재 사용하고 있는 앤서블이 설치된 서버 내에 가상 머신(Virtual Machine, 이하 VM)을 구축해서 VM에서 앤서블을 통해 SSH 배포를 실행하도록 진행하겠습니다. 여기부터는 어떤 OS라도 같은 절차로 실행할 수 있는 버추얼박스와 베이그런트(Vagrant)를 이용한 VM 구축 과정을 소개하겠습니다.

2.4.1. 버추얼박스와 베이그런트에 대해서

버추얼박스(VirtualBox)는 오라클이 제공하는 OSS의 OS 가상화 기반 환경으로, 버추얼박스를 설치하게 되면 지금 사용 중인 OS에 무료로 VM 환경을 구축할 수 있습니다. 한편 베이그런트는 데브옵스와 관련된 실용적인 도구를 계속해서 출시하고 있는 해시코프(HashiCorp)의 OSS로 버추얼박스는 물론 하이퍼-V, VM웨어 등과 같은 다양한 가상화 기반을 사용한 VM 작업을 간단한 명령어 작업으로 실행해 주는 도구입니다.

■ 맥 OS X에서의 설치 방법

버추얼박스와 베이그런트를 맥에 설치하는 방법은 파이썬을 설치할 때와 마찬가지로 홈브루를 사용해서 간단히 할 수 있습니다. 먼저 홈브루로 버추얼박스, 베이그런트를 설치하려면 홈브루 캐스크(Homebrew Cask)를 설치해야 합니다. 아래와 같이 홈브루 캐스크를 설치하면 표준에서는 다루지 않는 GUI 소프트웨어 등의 설치도 brew 명령으로 실행할 수 있습니다.

```
$ brew tap caskroom/cask
```

그러고 나서 다음과 같이 brew cask install을 실행합니다.

```
$ brew cask install virtualbox vagrant
```

설치 도중에 패스워드를 입력하라는 프롬프트(Password:)가 표시됩니다. 패스워드를 입력하지 않아서 설치가 중지되지 않도록 주의해 주십시오.

■ 우분투에서의 설치 방법

우분투를 사용하는 경우도 명령 줄에서 명령어를 입력해 버추얼박스와 베이그런트를 설치할 수 있습니다. 우선 버추얼박스를 apt 명령어로 설치합니다.

```
$ sudo apt-get update
$ sudo apt-get install virtualbox
```

우분투 버전에 따라 설치할 수 있는 버추얼박스의 버전이 제한되지만, 2017년 1월 현재 많이 사용되는 두 가지의 LST판 디폴트 리포지터리에는 우분투 버전이 14.04 (trusty)라면 버추얼박스 4.3.x, 16.04 (xenial)라면 버추얼박스 5.0.x가 설치되도록 업데이트되어 있습니다. 어느 쪽이라도 베이그런트에서 조작할 수 있으므로 본 튜토리얼에는 시스템 디폴트 버전을 사용하겠습니다[5]. 다음은 버추얼박스의 초기 설정에 관해서 설명하겠습니다.

```
$ sudo /sbin/vboxconfig
```

위 명령어를 실행하면 다음과 같은 에러가 발생하는 경우가 있습니다.

```
vboxdrv.sh: Building VirtualBox kernel modules.
This system is not currently set up to build kernel modules (system extensions).
Running the following commands should set the system up correctly:

  apt-get install linux-headers-4.4.0-22-generic
(The last command may fail if your system is not fully updated.)
  apt-get install linux-headers-generic
vboxdrv.sh: failed: Look at /var/log/vbox-install.log to find out what went wrong.
This system is not currently set up to build kernel modules (system extensions).
Running the following commands should set the system up correctly:

  apt-get install linux-headers-4.4.0-22-generic
(The last command may fail if your system is not fully updated.)
  apt-get install linux-headers-generic

There were problems setting up VirtualBox. To re-start the set-up process, run
  /sbin/vboxconfig
as root.
```

이 경우에는 출력된 메시지에 설명된 패키지를 설치한 후 /sbin/vboxconfig 명령어를 다시 실행해 주세요.

```
$ sudo apt-get install linux-headers-4.4.0-22-generic
```

그렇게 해도 잘 안 되는 경우에는 설치한 패키지를 최신판으로 업데이트한 후 OS를 재기동해 주세요.

```
$ sudo apt-get update
$ sudo apt-get upgrade
$ sudo reboot
```

---

5 최신판을 설치하고 싶을 때는 버추얼박스 공식 사이트의 설명을 참고해 주십시오. https://www.virtualbox.org/wiki/Linux_Downloads

베이그런트는 공식 사이트에서 최신판 바이너리 파일을 내려받을 수 있습니다. 우선 웹브라우저를 실행해 베이그런트의 다운로드 페이지(https://www.vagrantup.com/downloads.html)에서 패키지 URL을 확인합니다. 각 OS별로 설치 파일을 내려받을 수 있는 링크 목록에서 데비안(Debian) 32-bit, 64-bit 중 설치할 우분투 서버에 맞는 파일을 마우스 오른쪽 버튼으로 클릭하고 표시되는 콘텐츠 메뉴에서 "링크 주소 복사"를 선택해 내려받기용 URL을 복사합니다. 그다음 우분투의 셸에서 다음과 같이 패키지를 내려받아서 dpkg 명령어로 설치합니다. URL과 패키지명은 설치 시점의 최신판입니다. 여기서는 버전 1.9.1을 사용합니다.

```
$ wget https://releases.hashicorp.com/vagrant/1.9.1/vagrant_1.9.1_x86_64.deb
$ sudo dpkg -i vagrant_1.9.1_x86_64.deb
```

■ CentOS(RHEL)에서의 설치 방법

CentOS 7.x 버전에 설치할 때도 우분투와 같이 명령 줄에서 명령어를 입력해 설치할 수 있습니다. 다만 본 튜토리얼에서는 동작 검증을 CentOS에서 하고 있지만, RHEL의 경우에도 동일하게 검증합니다.

우선 가동을 위한 필수항목은 아니지만, 버추얼박스를 설치하기 전에 DKMS를 먼저 설치합니다. DKMS는 리눅스 커널이 업데이트되면 커널 모듈을 재빌드해 주는 프레임워크입니다. 버추얼박스도 DKMS에 대응돼 있으므로 설치하면 리눅스 커널을 갱신하는 경우에도 별도의 추가 작업 없이 버추얼박스를 계속해서 사용할 수 있습니다. DKMS는 표준 리포지터리에는 포함돼 있지 않기 때문에 EPEL 리포지터리를 (상세한 내용은 이후 설명) 설치한 후 DKMS를 따로 설치합니다.

```
$ sudo yum install epel-release
$ sudo yum install dkms
```

버추얼박스를 설치합니다. 버추얼박스는 우분투와는 달리 표준 리포지터리, EPEL 리포지터리 어느 쪽에도 포함돼 있지 않으므로 버추얼박스 커뮤니티에서 공식적으로 제공하는 리포지터리로 설치합니다. 다음은 Yum 리포지터리 정보가 있는 /etc/yum.repo.d 디렉터리에 버추얼박스 5.1 버전을 내려받은 후 버추얼박스 5.1을 설치하는 과정입니다.

```
$ cd /etc/yum.repos.d
$ sudo wget http://download.virtualbox.org/virtualbox/rpm/el/virtualbox.repo
$ sudo yum install VirtualBox-5.1
```

이후 /sbin/vboxconfig 명령을 사용해 실행하는 설정은 우분투와 같습니다. 에러가 발생하는 경우는
다음과 같이 설치된 패키지를 최신판으로 업데이트한 후, OS를 재기동합니다.

```
$ sudo yum update
$ sudo reboot
```

베이그런트를 내려받기 위해 우분투와 같이 공식 사이트의 다운로드 페이지에서 CentOS 서버용 링크
를 복사해둡니다. Yum을 사용하는 경우, yum install 명령어에서 직접 URL을 지정할 수 있으므로
복사해 둔 URL을 명령어 뒤에 붙여넣습니다.

```
$ sudo yum install https://releases.hashicorp.com/vagrant/1.9.1/vagrant_1.9.1_x86_64.rpm
```

이것으로 버추얼박스와 베이그런트의 설치를 마칩니다. 지금까지의 디플로이 구성을 그림으로 표현하
면 그림 2.1과 같습니다.

앤서블 실행 머신

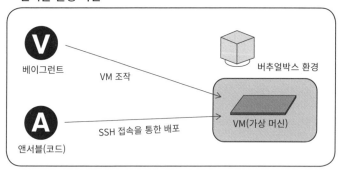

주의: 앤서블 가동 환경이 윈도우에 설치된 가상 머신인 경우는 앤서블용 가상 서버와 디플로이 대상이 되는 가상 서버가 병렬로
존재하게 된다.

그림 2.1 디플로이 구성도

2.4.2. 베이그런트로 가상 머신 작성

설치한 베이그런트에서 앤서블이 작업할 대상이 되는 VM을 생성해보겠습니다. 우선 작업 디렉터리를
준비하고, 디렉터리 이름은 ansible-tutorial로 합니다.

```
$ mkdir ansible-tutorial
$ cd ansible-tutorial
```

위의 명령 중에 cd ansible-tutorial처럼 다음 단계의 작업부터는 ansible-tutorial 디렉터리에 있는 상태로 실행합니다. 따라서 cd 명령어를 이용해 ansible-tutorial 디렉터리로 이동합니다.

작업 디렉터리를 ansible-toturial로 변경한 후, 베이그런트에서 VM을 실행할 수 있게 설정 파일인 Vagrantfile을 생성합니다. 이 설정 파일은 vagrant init 명령으로 자동 생성할 수 있습니다. vagrant init 명령어의 추가 옵션을 사용하여 VM의 기본 이미지를 지정할 수 있으므로 서버 쪽 애플리케이션에서 사용되는 CentOS 7.2 이미지를 미리 선택해 둡시다.

베이그런트의 공개 이미지는 개발 커뮤니티가 제공하는 포털 사이트[6]에서 찾을 수 있습니다. 이 예제에서는 셰프 커뮤니티가 운영하는 OS 이미지 리포지터리인 Bento에서 제공하는 CentOS 7.2 이미지 (bento/centos-7.2)를 사용하겠습니다.

```
$ vagrant init bento/centos-7.2
```

이것으로 CentOS 7를 시작하기 위한 Vagrantfile 파일이 자동으로 생성됐습니다. 이 상태로도 VM을 기동할 수 있으나, 기본 상태에서는 가상 머신에 별도의 IP 주소가 할당되지 않은 상태이므로 엔진엑스가 기동됐는지 확인하기 위해 Vagrantfile을 수정하여 가상 머신에서 호스트로 접속하기 위한 IP 주소를 할당합니다.

Vagrantfile 파일의 33~35번째 줄에서 다음과 같이 주석 처리된 부분이 있습니다.

```
33: # Create a private network, which allows host-only access to the machine
34: # using a specific IP.
35: # config.vm.network "private_network", ip: "192.168.33.10"
```

35번째 줄에서 private_network 설정의 주석 처리를 삭제합니다.

```
33: # Create a private network, which allows host-only access to the machine
34: # using a specific IP.
35: config.vm.network "private_network", ip: "192.168.33.10"
```

다른 베이그런트 머신에서 해당 IP 주소를 이미 사용하고 있는 경우, 192.168.33.10을 다른 주소로 변경합니다. 같은 주소를 사용하는 경우 동일 로컬 네트워크상의 다른 자원과 충돌할 수 있으므로 한쪽의 IP 주소를 베이그런트가 설정한 기본 IP 형식인 192.168.33.XX에서 마지막 자리를 11~254 중에 사용하지 않는 번호로 설정합니다.

베이그런트에서 다음과 같은 명령으로 VM을 기동할 수 있습니다.

```
$ vagrant up
```

시작 로그가 길게 출력되지만, 로그의 마지막이 다음과 같으면 기동이 완료된 것입니다[7].

```
==> default: Mounting shared folders...
    default: /vagrant => /Users/username/ansible-tutorial
```

VM이 시작되면 VM에 SSH 로그인하기 위한 설정 정보를 ssh-config 명령으로 확인합니다.

```
$ vagrant ssh-config
```

그러면 다음과 같이 VM의 접속 정보가 ssh-config 형식으로 출력됩니다.

```
Host default
    HostName 127.0.0.1 ❶
    User vagrant ❷
    Port 2222 ❸
    UserKnownHostsFile /dev/null
    StrictHostKeyChecking no
    PasswordAuthentication no
    IdentityFile "/Users/username/ansible-tutorial/.vagrant/machines/default/virtualbox/private_
key" ❹
    IdentitiesOnly yes
LogLevel FATAL
```

이 중, ❶ HostName, ❷ User, ❸ Port, ❹ IdentityFile 항목이 앤서블에서 대상 서버로 SSH 접속할 때 필요한 정보입니다. 이 값들은 다음 단계에서 사용됩니다.

7　구체적인 경로는 ansible-tutorial 디렉터리의 배치 장소에 따라 다릅니다.

머신을 중지하려면 vagrant halt, 재시작은 vagrant reload, 머신 삭제는 vagrant destroy 명령을 사용합니다.

2.5. 인벤터리 파일 작성

앤서블에서 베이그런트를 통해 설정한 버추얼박스에 접속하기 위해서 접속 정보를 정의해보겠습니다. 이러한 접속 정보들을 정의한 것을 인벤터리(Inventory)라 합니다.

인벤터리를 정의하는 방법은 정적으로 접속 정보를 기술한 인벤터리 파일과 외부 시스템 등에서 동적으로 접속 정보를 조회하여 목록을 실시간으로 생성하는 동적 인벤터리(Dynamic Inventory) 스크립트 2종류가 있습니다. 이 예제에서는 접속 정보가 정해져 있는 상태이므로 전자인 정적 인벤터리 파일을 사용합니다.

인벤터리 파일 중에서 여러 개의 호스트를 역할별로 그룹화하는 등의 설정을 할 수 있으나, 그에 대한 자세한 설명은 다음 장에서 하기로 하고, 이번 장에서는 그룹화하지 않고, 베이그런트 머신에 접속할 수 있게 간단한 인벤터리를 정의해보겠습니다.

인벤터리 파일은 실제로는 호스트 목록이므로 파일명은 hosts로 하겠습니다(예제 2.1).

예제 2.1 hosts

```
vagrant-machine ansible_host=127.0.0.1 ansible_port=2222 ansible_user=vagrant ansible_ssh_ →
private_key_file=.vagrant/machines/default/virtualbox/private_key
```

내용은 길지만 개행없이 한 줄로 써야 합니다. 제일 먼저 호스트명을 정의한 후, =으로 연결된 호스트 변수(호스트 단위로 지정될 수 있는 파라미터)와 값을 정의하며, 각각의 정의는 공백 문자로 구분됩니다. 각 변수 정의에는 위의 vagrant ssh-config에서 확인한 (1)~(4)의 값을 설정했습니다.

- **호스트명 정의**

  vagrant-machine. 작업 대상 호스트에 임의로 이름을 붙인다. 아래의 ansible_host를 지정하지 않을 때에는 이 값이 실제 접속에 사용되는 호스트 이름이 된다.

- **ansible_host**

  접속할 때 사용하는 실제 호스트 이름. 출력 (1)의 값을 입력한다.

- **ansible_port**

  접속할 때 사용하는 포트 번호. 출력 (2)의 값을 입력한다.

- **ansible_user**

  로그인하는 사용자 이름. 출력 (3)의 값을 입력한다.

- **ansible_ssh_private_key_file**

  SSH 비밀키의 경로. 출력 (4)의 값을 입력한다.

ansuble_*로 시작하는 각 호스트의 변수 이름은 사용자가 좋아하는 이름을 붙이는 것이 아니고 "앤서블에서 이미 특정 역할을 갖고 있는 것"이란 점이 중요합니다. 호스트 변수에서 접속 정보 외에도 플레이북에서 사용할 변수의 정보를 자유롭게 정의할 수 있으나, "앤서블에 이미 정의된 변수"와 "사용자가 자유롭게 설정할 수 있는 변수"가 같은 호스트 변수로 정의되는 것을 유의해야 합니다.

또한, 앤서블에서 특정 목적으로 사용되거나 자동으로 설정되는 변수 이름은 매직 변수라고 하는 일부를 제외하고는 대부분이 ansible_로 시작합니다. ansible_로 시작하는 변수 이름은 시스템에서 예약 접두사(prefix)로 파악하므로 사용자가 생성하는 변수명으로 사용하지 말아야 합니다.

2.6. 설정 파일 만들기

다음으로 앤서블의 설정 파일을 생성해보겠습니다. 앤서블의 설정 파일은 인벤터리 파일과 같은 INI 형식의 설정 파일로 다음 경로에 위치할 수 있습니다.

- ANSIBLE_CONFIG 환경 변수에서 지정한 파일
- 현재 디렉터리에 있는 ansible.cfg 파일
- 사용자 홈 디렉터리 아래의 .ansible.cfg 파일. 사용자 레벨의 기본 설정(. [도트]로 시작하는 숨겨진 파일임을 주의)
- /etc/ansible/ansible.cfg 파일(글로벌한 기본 설정)

위에 있을수록 우선 순위가 높습니다. 아무런 파일도 없을 때는 모든 설정이 기본 상태로 동작합니다.

앤서블은 설정 파일이 없을 때에도 동작하는 것에는 문제가 없으나, 여기에서는 로컬 개발 환경의 편의성을 위해 host_key_checking을 비활성화합니다. 기본 설정은 이 항목이 활성화되어 있어 ~/.ssh/

known_hosts 파일을 기반으로 알 수 없는 호스트에 SSH로 접속할 때에 접속을 확인해서 마지막으로 접속한 호스트의 정보와 다를 경우 접속 에러를 발생시킵니다. 보안을 생각하면 이 항목을 활성화해야 하지만, 생성과 삭제를 반복해야 하는 가상 머신이 생성될 때마다 접속을 확인하거나 known_hosts 파일을 다시 작성해야 하는 것은 사용자로서 무척이나 귀찮은 일입니다. 이와 같이 편의성을 위해 현재 디렉터리 내의 ansible.cfg 파일을 비활성화합니다.

```
[defaults]
host_key_checking = False
```

이외의 설정 파일에서 사용할 수 있는 항목들은 공식 도큐먼트[8]에서 확인할 수 있습니다.

2.7. 작업 대상에 접속한 것을 확인한다

인벤터리 파일의 설정이 끝나면 방금 로컬 호스트에서 시도했던 것처럼 ping 모듈을 사용해 접속을 확인해보겠습니다.

```
$ ansible all -i hosts -m ping
```

all은 인벤터리에 정의된 모든 호스트에 해당하는 특별한 그룹 이름입니다. 또한, -i 옵션에서 인벤터리 파일의 경로를 지정할 수 있으므로 만들었던 hosts 파일을 지정합니다.

로컬에서 실행했을 때와 마찬가지로 이 명령을 실행한 결과가 다음과 같이 출력되면 성공한 것입니다.

```
vagrant-machine | SUCCESS => {
   "changed": false,
   "ping": "pong"
}
```

이번에는 제대로 인벤터리 파일이 지정돼 있으므로 앞에서처럼 경고 메시지가 출력되지 않습니다.

---

8 http://docs.ansible.com/ansible/intro_configuration.html

2.8. 플레이북에 대해서

이것으로 앤서블에서 SSH를 통해 작업 대상을 배포할 준비가 끝났습니다. 이제부터는 플레이북을 생생하고, 실제로 베이그런트 머신을 실행해보겠습니다. 플레이북은 YAML 형식으로 쓰인 시스템 정의서 같은 것으로 앤서블에서는 "자동으로 실행된 코드"가 됩니다. 여러 개의 파일을 묶어서 복잡한 플레이북을 생성할 수도 있겠지만, 여기서는 1개의 파일로 구성된 엔진엑스를 배포하는 간단한 플레이북을 만들어 보겠습니다. site.yml을 ansible-tutorial 디렉터리에 구현합니다[9]. 또한, 플레이북의 최종 파일 구성은 그림 2.2와 같습니다.

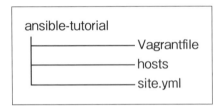

그림 2.2 플레이북의 파일 구성

2.9. site.yml의 생성

제일 먼저 플레이북의 기본형을 만들어 보겠습니다.

site.yml

```
---
- name: 플레이북 튜토리얼
  hosts: all
  tasks:
```

단 3줄, 이것뿐입니다.

제일 앞부분의 ---은 YAML 도큐먼트임을 선언하는 것이지만, 입력하지 않아도 문제없이 동작합니다. 엄밀히 말하면 의미가 있긴 하지만, 여기에서는 "이 파일은 YAML이다"라는 것을 명시하기 위한 표시

9 　덧붙여서 말하자면 site.yml이란 이름은 플레이북의 파일 이름을 관례로 사용한 것이며, 특히 튜토리얼에서는 많이 볼 수 있습니다. site.yml이란 이름을 써야 하는가에 대해서는 딱히 정해진 것이 없습니다. 여러 개의 파일로 구성하는 경우 "거점"이 되는 파일이라는 정도의 의미가 아닐까 생각됩니다.

정도로 생각해도 됩니다[10]. 이 예제에서는 다음과 같은 정도만 이해해도 문제없습니다.

- - 로 시작하는 3줄이 한 블록이다.

- " : "으로 구분해 항목명과 값을 설정한 이른바 키-값 형식으로 되어 있다.

- 항목명의 위치가 정렬돼 있다 → YAML은 들여쓰기가 데이터 구조의 깊이가 된다.

각 항목명의 의미는 다음과 같습니다.

- **name**
  로그에 표시되는 이름

- **hosts**
  배포 대상 호스트를 지정. all은 인벤터리로 정의된 모든 호스트를 대상으로 한다.

- **tasks**
  실제 태스크를 정의한다. 현재 시점으로는 공백으로 처리

플레이북에서 YAML의 키(여기서는 name, hosts, taske)는 앤서블에서 특정 의미/역할이 정의돼 있으므로 (앞에서 설명한 ansible_*로 시작하는 호스트 변수와 비슷하다) 정해진 항목명으로 설정해야 한다. 공식 도큐먼트에서는 이런 항목 이름을 지시자(Directive)와 속성(Attribute)이라고 하지만, 이 책에서는 지시자라고 하겠습니다.

2.9.1. 플레이

위에서 언급한 플레이북 튜토리얼처럼 플레이북에서 한 블록은 플레이(Play)입니다. 여기서는 모든 호스트(all)에서 실행하는 플레이를 1개로 정의했으나, 다음과 같이 여러 개의 플레이를 1개의 플레이북 안에 기술할 수도 있습니다(YAML의 -는 리스트의 요소를 나타냅니다).

```
---
- name: 데이터베이스 서버를 설정
  hosts: db-hosts
  …
```

---

10 YAML 문법은 부록에 설명했으므로 YAML이 익숙하지 않은 독자는 참고하기 바랍니다.

```
  - name: 웹 서버를 설정
    hosts: web-hosts
    ...
```

이처럼 플레이북 안에 플레이를 여러 개 정의해서 다양한 역할을 하는 호스트로 구성된 복잡한 시스템도 일괄로 배포할 수 있습니다.

2.10. 플레이북의 실행

이제 플레이북을 실행해 보겠습니다. tasks에 아무것도 정의돼 있지 않으므로 아무 일도 일어나지 않을 것입니다. 플레이북은 명령 줄에서 실행하고, 인벤터리 파일은 베이그런트에서 만든 hosts를 이용합니다.

```
$ cd ansible-tutorial
$ ansible-playbook -i hosts site.yml
```

실행에 성공하면 다음과 같은 결과가 표시됩니다.

```
PLAY [플레이북 튜토리얼] ************************************************************

TASK [setup] *******************************************************************
ok: [vagrant-machine]

PLAY RECAP *********************************************************************
vagrant-machine                : ok=1    changed=0    unreachable=0    failed=0
```

tasks에 아무것도 정의하지 않았는데 setup이라는 태스크가 실행됐습니다. 왜일까요?

2.10.1. setup에 의한 서버 내 정보 자동 수집

플레이북을 실행할 때에는 처음에 자동으로 setup이라는 모듈이 실행되어, 각 호스트 정보를 수집합니다. setup으로 수집된 정보는 Facts라고 하는데, 호스트 접속 정보의 변수와 같이 ansible_*과 같은 이름의 변수로써 설정됩니다. 이런 값들은 이후에 플레이북에서 참조할 수 있습니다.

실제로 수집된 값들의 목록은 명령 줄에서 다음과 같이 실행해 확인할 수 있습니다.

```
$ ansible all -i hosts -m setup
```

다양한 설정값들이 있으므로 꼭 한번 확인해보기 바랍니다.

Facts의 수집은 앤서블의 용이성에서 중요한 요점 중 하나로, 기본 상태 그대로 두어도 좋습니다.

- 파이썬 환경이 준비되지 않은 호스트에 배포하려고 한다.

- Facts를 사용할 필요가 없고, 조금이라도 배포에 걸리는 시간을 줄이고 싶다.

위 경우에는 다음과 같이 플레이의 지시자인 gather_facts를 무효(false)로 설정하면 Facts 실행을 취소할 수 있습니다.

```
- hosts: all
  gather_facts: false
```

2.11. 플레이 내에서 태스크 구현 – 엔진엑스의 배포

여기서부터는 앞서 생성한 최소한의 플레이북인 site.yml을 수정해서 엔진엑스 배포에 필요한 실제 태스크를 플레이북으로 만들어보겠습니다.

2.11.1. 관리자 권한으로 실행

엔진엑스를 설치할 때는 RHEL 계열 OS에서 사용되는 패키지 매니저인 Yum을 이용하지만, yum으로 설치할 때는 관리자 권한이 필요합니다. 관리자 권한으로 실행하기 위한 become이라는 지시자가 있으므로 예제 2.2와 같이 become 지시자의 값을 true로 설정합니다.

예제 2.2 site.yml(관리자 권한으로 설정)

```
---
- name: 플레이북 튜토리얼
  hosts: all
  become: true
  tasks:
```

또한 root 이외의 사용자에게 관리자 권한을 부여하고자 할 때는 become_user 지시자를 사용해 사용자 이름을 지정합니다[11].

become
become은 앤서블 1.9에 새롭게 도입됐습니다. 이전에는 sudo: true, su: true와 같이 구체적으로 권한을 부여하는 방법이 있었으나, become으로 통합됐습니다. 기본적으로 권한을 부여할 때에 sudo를 사용하지만, su를 사용할 경우에는 become_method: su와 같이 become_method 지시자를 사용할 수 있습니다. 또한, 권한 부여는 변수 ansible_become_method를 사용해 호스트와 그룹 단위로 권한을 부여할 수 있습니다. su/sudo 어느 쪽을 사용하든 처리하는 내용에는 크게 영향이 없으므로 기본적으로 플레이북에는 become: true만 작성해 두고, 필요에 따라 호스트/그룹 쪽에서 ansible_become_method를 사용하는 것이 좋습니다.

2.11.2. 최초의 태스크 – SE리눅스 대응

엔진엑스를 설치하기 전에 앤서블 모듈에서 CentOS 7.x에 기본 설정된 보안 모듈인 SE리눅스를 파이썬에서 사용할 수 있도록 libselinux-python을 yum으로 설치해 보겠습니다. SE리눅스는 지원하지 않는 환경에 설치해도 시스템에 별다른 영향이 없으므로 RHEL 계열의 서버에 앤서블을 사용할 때에는 설치해 두는 것을 추천합니다. 플레이에서 실행하는 태스크는 tasks 지시자에 목록으로 설정하므로 site.yml은 예제 2.3과 같이 됩니다.

예제 2.3 site.yml(SELinux 대응)

```
- name: 플레이북 튜토리얼
  hosts: all
  become: true
  tasks:
    - name: libselinux-python 설치
      yum:
        name: libselinux-python
        state: present
```

---

11 생략하면 become_user: root와 같은 의미입니다.

여기서는 yum 모듈을 사용해서 libselinux-python을 설치하고 있습니다. state는 설치 상태를 지정하는 인수로 present(설치된 상태, alias는 installed), absent(미설치 상태, alias는 removed), latest(최신판이 설치된 상태) 중에서 선택할 수 있습니다. state의 기본값은 present이므로 설정하지 않아도 되지만, 위의 예제에서는 상태를 명시하기 위해 설정했습니다. 또한, 데비안 계열의 배포판을 사용하는 경우는 yum 대신 apt를 이용하지만, name과 state라는 속성은 공통이므로 동일하게 사용할 수 있습니다. 또한, package 모듈을 사용하면 앤서블에서 이용하는 패키지 관리 도구를 자동으로 선택하게 할 수 있습니다. 여기서는 도구의 고유한 설정이 필요한 경우에는 사용할 수 없지만, 여러 개의 배포판에 관리하는 경우에 단순히 패키지를 설치하는 것이라면 사용해 보는 것도 좋습니다.

2.11.3. 태스크 작성 방법

처음으로 플레이북에서 태스크를 실행하는 것이므로 다른 모듈에도 적용할 수 있는 일반적인 작성 방법을 설명해 보겠습니다. 태스크를 실행하는 양식은 다음과 같습니다(〈~〉로 싸고 있는 부분에는 개별 명칭을 기입합니다).

```
- name: 〈 태스크를 알기 쉽게 정한 이름 〉
  〈 module name 〉:
    〈 module arg1 〉: 〈 arg value1 〉
    〈 module arg2 〉: 〈 arg value2 〉
    ...
  〈 task directive2 〉: 〈 directive value2 〉
  ...
```

* name
  실행할 태스크 이름. 필수 항목은 아니지만, 플레이북에서 가독성/유지 보수성을 높이고 로그를 쉽게 확인하기 위해 모든 태스크에 이름을 입력하는 것이 좋습니다.

* module_name
  사용하는 모듈의 이름. 앞서 설명한 예에서 yum에 해당. 앤서블에는 기본으로 500개가 넘는 모듈들이 내장돼 있어서 "앤서블 공식 문서의 모듈 인덱스[12]" 또는 ansible-doc ㅓ 명령어로 참조할 수 있습니다.

---

12 http://docs.ansible.com/ansible/modules_by_category.html

- **module_arg**

  모듈에 건네주는 인수. 인수의 형식은 모듈별로 정해져 있으므로 모듈별 문서를 참조해서 설정값을 확인해야 합니다. 모듈의 인수는 앤서블 공식 문서를 참조하거나 ansible-doc 〈모듈 이름〉으로 확인할 수 있습니다.

- **task_directive**

  태스크를 실행 단위별로 지정할 수 있는 지시자가 여기에 기술됩니다. 위 예제에서는 지시자를 사용하고 있지 않지만, 다음과 같은 다양한 제어를 태스크 지시자에 설정할 수 있습니다.

  - 태스크 리턴 값을 변수에 설정

  - 태스크 루프 설정

  - 태스크 성공/실패 룰의 변경

  - 태스크 실행 조건의 설정

모듈 인수의 다른 표현

모듈 인수는 위에서 설명한 YAML에서 표현하는 것 이외에도 =을 연결 문자열로 사용하여 값을 설정할 수도 있습니다.

```yaml
  - name: libselinux-python 설치
    yum: name=libselinux-python state=present
```

공식 문서를 포함하여, 인터넷에 있는 예제에서는 = 연결 형식을 사용하는 경우도 많지만, 이것은 오래된 작성 방법이므로 이 책에서는 보다 가독성과 유연성이 높은 YAML을 사용한 작성 방법을 이용하겠습니다.

2.11.4. EPEL 리포지터리의 설치

다음으로 엔진엑스의 설치를 준비하겠습니다.

CentOS 공식 Yum 리포지터리는 상당히 보수적이기 때문에, 비교적 새로운 패키지라고 해도 엔진엑스나 레디스(Redis)와 같은 주류에 포함되지 않은 것이 많습니다. 엔진엑스는 yum으로 설치하지 않으면 불편하므로 이런 패키지가 포함된 외부 리포지터리인 EPEL을 사용하는 것이 좋습니다. EPEL은 페도라 프로젝트(Fedora Project)에서 관리하고 있고 페도라에서 이용할 수 있는 패키지의 RHEL/CentOS 판을 제공하고 있는 리포지터리입니다.

EPEL 리포지터리 그 자체는 CentOS의 공식 리포지터리를 포함하고 있으므로 yum에서 도입할 수 있습니다.

```
- name: EPEL 리포지터리 설치
  yum:
    name: epel-release
    state: present
```

2.11.5. 엔진엑스 설치와 시작

EPEL의 설치가 끝나면 다음은 EPEL 리포지터리를 설치할 때와 마찬가지로 yum을 사용해서 엔진엑스를 설치합니다. 서비스를 시작하려면 service 모듈에서 제어할 수 있습니다.

```
- name: 엔진엑스 설치
  yum:
    name: nginx
    state: present

- name: 엔진엑스 서비스 시작과 자동 시작 설정
  service:
    name: nginx
    state: started
    enabled: true
```

덧붙여서 말하자면 yum 모듈의 state는 present, absent, latest 중에서 선택할 수 있는 것과 마찬가지로 service 모듈의 state도 다음과 같은 상태 중에서 선택할 수 있습니다.

- **started**
  시작 상태

- **stoped**
  정지 상태

- **restarted**
  재시작(정지 + 시작) 실시

- **reloaded**
  리로드 처리 실시. 엔진엑스는 워커 프로세스만 재시작

상태명이 전부 과거 분사로 되어 있는 점이 중요한 요점으로 start와 stop이 아닌 것에 주의해주십시오. 이런 표현이 사용되는 이유는 앤서블의 기본 이념 중의 하나인 멱등성에 있습니다. 예를 들어, 튜토리얼과 같이 state: started를 지정한 경우를 생각해보면 여기서 표시한 내용은 "엔진엑스가 시작 상태인지 확인한다(Ensure nginx being started)"이지 "시작한다(Start nginx)"가 아닙니다. 실제로 이미 시작 상태라면 이 태스크는 어떤 처리도 하지 않습니다.

실행해야 할 순서를 절차적으로 정의하는 것이 아닌, 최종적으로 완료돼야 할 상태를 선언적으로 정의하는 것으로 앤서블 모듈은 멱등성을 보장합니다.

조금 논점을 벗어났지만 이런 정도의 작성만으로 엔진엑스의 설치부터 기동까지 플레이북 작업이 완료됩니다.

2.12. 플레이북 실행과 상태 확인

여기까지 태스크를 작성한 site.yml의 내용을 확인해 보면 예제 2.4와 같습니다.

예제 2.4 엔진엑스를 도입하는 site.yml

```
---
- name: 플레이북 튜토리얼
  hosts: all
  become: true
  tasks:
    - name: libselinux-python 설치
      yum:
        name: libselinux-python
        state: present

    - name: EPEL 리포지터리 설치
      yum:
        name: epel-release
        state: present

    - name: 엔진엑스 설치
      yum:
        name: nginx
```

```
      state: present

  - name: 엔진엑스 서비스 시작과 자동 시작 설정
    service:
      name: nginx
      state: started
      enabled: true
```

이제 다시 플레이북을 실행해 보겠습니다.

```
$ cd ansible-tutorial
$ ansible-playbook -i hosts site.yml
```

실행 결과는 다음과 같습니다.

```
PLAY [플레이북 튜토리얼] ***********************************************************

TASK [setup] *****************************************************************
ok: [vagrant-machine]

TASK [libselinux-python 설치] ***********************************************
ok: [vagrant-machine]

TASK [EPEL 리포지터리 설치] **************************************************
changed: [vagrant-machine]

TASK [엔진엑스 설치] **********************************************************
changed: [vagrant-machine]

TASK [엔진엑스 서비스 시작과 자동 시작 설정] ***********************************
changed: [vagrant-machine]

PLAY RECAP ******************************************************************
vagrant-machine              : ok=5    changed=3    unreachable=0    failed=0
```

ok, changed와 같은 표시가 태스크를 실행한 결과입니다. 결과가 ok가 되느냐 changed가 되느냐는
플레이북을 실행하는 시점에 작업 대상이 되는 서버의 상태에 따라 바뀌지만, 어느 쪽이라도 태스크 실
행에 성공했다는 것을 나타냅니다. 위에서 출력되지 않은 실패를 나타내는 상태도 포함하면 앤서블 태
스크를 실행한 결과의 상태는 4종류가 있습니다.

- **ok**

  상태가 수정되지 않았거나 부작용이 없는지 확인했다.

- **changed**

  상태를 변경하는 처리가 실행됐다.

- **failed**

  처리에 실패했다.

- **unreachable**

  작업 대상에 접속을 실패했다.

베이그런트의 bento/centos-7.2가 초기 상태라면 libselinux-python의 설치가 기본으로 설정돼 있으므로 상태가 ok이지만, 다른 태스크의 상태는 changed로 변경 여부를 알 수 있습니다.

2.12.1. 플레이북의 재실행

여기서 한 번 더 ansible-playbook 명령을 실행합니다. changed가 0개로 모두 ok 상태가 됩니다. 이것은 실행한 앤서블 모듈에 멱등성이 있기 때문에 이미 변경이 완료된 상태라면 변경과 관련된 처리가 아무것도 실행되지 않는다는 것을 나타냅니다.

2.12.2. 웹 브라우저에서 엔진엑스 기동 확인

여기까지 엔진엑스의 배포는 정상적으로 완료했습니다. 이번에는 실제로 엔진엑스가 정상적으로 기동됐는지 웹 브라우저에서 액세스하여 확인해 보겠습니다.

브라우저에서 베이그런트 서버를 기동한 다음 Vagrantfile에 설정한 private_network의 IP 주소(기본은 http://192.168.33.10/)를 입력합니다. 플레이북이 제대로 동작하면 다음과 같이 엔진엑스의 기본 페이지가 표시됩니다

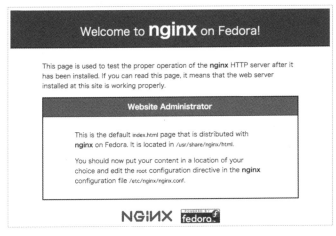

그림 2.3 엔진엑스 기본 페이지

처음으로 플레이북을 사용해 엔진엑스의 배포를 완료했습니다.

2.13. 자주 사용하는 모듈

계속해서 리눅스 서버에서 작업할 때 빈번하게 사용되지만, 주의가 필요한 파일 조작 계열 모듈과 명령 어 실행 계열의 모듈에 대한 사용 방법을 소개하겠습니다.

또한, 모듈 인수에 대해서는 앤서블 2.2 시점으로 필수가 아닌 인수에 대해서는 대표적인 것만 살펴보 겠습니다. 더욱 자세한 내용은 공식 사이트의 모듈 목록[13] 또는 명령 줄에서 다음과 같이 실행해 확인할 수 있습니다.

```
$ ansible-doc 〈 모듈 이름 〉
```

각 모듈의 사용 방법을 확인하는 것은 플레이북을 구현할 때 매번 해야 하는 중요한 일이므로 되도록 익혀두는 것이 좋습니다.

---

13 http://docs.ansible.com/ansible/modules_by_category.html

2.13.1. 파일 작업

파일 작업은 시스템 운용에 없어서는 안 될 자주 하는 작업입니다. 물론 앤서블에서는 파일 작업 시에
필요한 각종 작업을 쉽게 해주는 모듈들이 있습니다.

■ file – 파일과 디렉터리의 상태 작업

file 모듈을 사용할 때 파일과 디렉터리를 생성, 삭제하고 권한을 변경할 수 있습니다. 전형적인 사용
방법으로 디렉터리를 생성하려면 다음과 같이 할 수 있습니다.

```
- name: /tmp/dir1을 작성
  file:
    path: /tmp/dir1
    state: directory
```

위와 같이 state: directory를 지정하는 것으로 존재하지 않는 디렉터리를 새로 생성할 수 있습니다. 그
밖에도 state에 다음과 같은 값을 설정할 수 있습니다.

- **file**

  기본값. 아래에서 설명할 파일의 속성을 변경할 때 이용한다. 파일을 새로 생성하지 않고 없을 때는 에러가 발생한다.

- **touch**

  파일이 없을 때 빈 파일로 생성하고 기존 파일은 타임스탬프가 변경된다(touch 명령과 동일한 작동)

- **link**

  심볼릭 링크를 생성

- **hard**

  하드 링크를 생성

- **absent**

  path가 존재하는 경우, 파일과 디렉터리를 삭제. 디렉터리도 재귀적으로 삭제되므로 주의

link, hard는 원본의 경로를 지정해야 하므로 다음과 같이 path 대신에 src(원본)과 dest(대상)을 지정
해야 합니다.

```
- name: 링크를 생성하는 샘플 플레이
  hosts: all
  tasks:
    - name: /tmp/dir1의 심볼릭 링크를 /tmp/link_to_dir1에 생성
      file:
        src: /tmp/dir1
        dest: /tmp/link_to_dir1
        state: link
```

또는 디렉터리와 파일을 생성하거나 삭제하는 것 이외에 권한을 변경할 수 있습니다.

```
- name: 권한을 변경하는 샘플 플레이
  hosts: all
  become: true
  tasks:
    - name: /tmp/dir1을 ansibleAdmin 사용자/그룹 소유로 해서 모든 사용자가 실행할 수 있다
      file:
        path: /tmp/dir1
        state: directory
        owner: ansibleAdmin
        group: ansibleAdmin
        mode: "u=rwx,g=rx,o=rx"
```

위와 같이 owner, group에서 파일을 소유할 사용자와 그룹을 설정하고, mode에서 권한을 설정할 수 있습니다. u는 소유할 사용자, g는 그룹, o는 그 외의 사용자를 가리킵니다. chmod 명령과 마찬가지로 모드는 0755와 같이 8진수로 설정할 수 있으나, 제일 처음에 0(제로)을 붙이지 않으면 보통은 10진법의 정수로 간주하여 의도하지 않은 값이 되어버릴 수 있습니다.

디렉터리의 권한을 지정할 때 인수에 recursive: true를 추가하면 디렉터리 아래에 있는 모든 파일의 권한을 변경할 수 있습니다(chmod, chown 명령의 -R 옵션과 동일). 또한, owner, group, mode와 같은 권한을 설정하는 인수는 나중에 설명할 파일 작업의 모듈들에서도 공통으로 사용할 수 있습니다.

■ copy – 파일을 작업 대상에게 전송

copy 모듈을 이용해서 앤서블 운용 서버에 존재하는 파일을 작업 대상 서버에 전송할 수 있습니다.

```
- name: 파일을 복사하는 샘플 플레이
  hosts: all
  tasks:
    - name: 앤서블 운용 서버의 파일을 원격으로 복사
      copy:
        src: original_file
        dest: ~/copied_file
```

src에 복사 원본의 경로를, dest에 복사 대상의 경로를 지정하는 것만으로 복사할 수 있습니다. 위의 예와 같이 src에 대상 경로를 지정하면 플레이북 파일을 기점으로 파일을 검색합니다.

scr에 절대 경로를 지정할 수 있으나 실제로는 플레이북에서 이동성이 있는(앤서블만 설치하면 어디라도 같은 플레이북이 실행된다) 것이 바람직하므로 기본적으로 원본 파일은 플레이북 아래에 두고 파일의 위치를 상대 경로로 지정해서 플레이북과 함께 버전 관리를 하는 것이 좋습니다.

예상하지 못한 변경된 파일이 있는 경우, 모듈 인수에 force: false를 추가하면 이미 다른 파일이 있을 때 그 파일을 덮어쓰지 않고 에러로 처리합니다.

다만 파일을 덮어써도 좋으나, 만일을 위해 원본의 내용을 남겨두고 싶을 때는 backup: true 인수를 추가합니다. 원래 파일의 끝에 2017-01-01@00:00:00와 같은 형식으로 백업 날짜를 넣은 백업 파일이 생성됩니다. 기본적으로 backup: true를 설정했다 해도 파일의 용량이 증가하는 것 외에는 없으나, 예를 들어 어떤 디렉터리 안에 있는 모든 파일이 설정 파일로 로드된 경우에는 백업 파일이 실제 설정 파일과 충돌할 수 있으니 주의해야 합니다.

copy와 비슷한 모듈로서 직접 파일을 복사하는 것이 아니라 변수 정보를 포함한 템플릿으로 확장해서 복사하는 template 모듈이 있으나, 변수와 템플릿에 대해서는 다음 장에서 설명하므로 자세한 설명은 생략하겠습니다.

또한, copy 모듈에는 파일 하나가 아닌 디렉터리 자체를 지정해서 재귀적으로 복사하는 옵션이 있으나, sftp 또는 scp를 통해 파일 하나하나에 차이가 있는지 검증하면서 복사를 실행하기 때문에 파일의 수가 많은 디렉터리를 복사하는 것은 지양하기 바랍니다. 그런 경우에는 rsync 명령을 사용해서 효율적으로 파일을 동기화해주는 synchronize 모듈을 사용할 수 있습니다. 앤서블 운용 서버와 실행 대상 서버 양쪽에 rsync가 설치돼 있어야 하지만, copy 모듈의 대안으로써 앤서블 운용 서버에서 실행 대상으로 복사만 하는 것이라면 copy 모듈과 마찬가지로 src와 dest를 지정하면 됩니다.

■ lineinfile - 기존 파일을 행 단위로 수정

copy가 파일 자체를 바꾸는 것이라면 lineinfile을 이용하면 기존 파일의 내용을 행 단위로 바꿀 수 있습니다. OS 기본 파일에 설정을 추가하고 싶을 때 이 모듈을 사용하는 것이 효율적입니다.

예를 들어, root 사용자가 SSH 로그인을 할 때, 패스워드를 사용할 수 없도록 설정하려면 다음과 같이 작성하면 됩니다.

```
- name: sshd 설정 플레이
  hosts: all
  become: true
  tasks:
    - name: root가 패스워드로 SSH 로그인하는 것을 금지
      lineinfile:
        dest: /etc/ssh/sshd_config
        regexp: '^PermitRootLogin\s+'
        line: PermitRootLogin without-password
        validate: sshd -t -f %s
      notify:
        - sshd 재시작
  handlers:
    - name: sshd 재시작
      service:
        name: sshd
        state: restarted
```

regexp에서 변경할 행의 패턴을 정규 표현식으로 설정합니다. 이런 정규 표현과 일치하는 행이 있다면 line에서 지정한 값으로 그 행이 변경되고 일치하지 않으면 단순히 값이 추가됩니다.

정규 표현에 관해서는 설명하지 않겠지만, 여기에서는 PermitRootLogin으로 시작하는 행이 치환 대상이 됩니다. 앤서블에서는 파이썬의 정규 표현을 채용하고 있으므로 상세한 설명은 파이썬 문서[14]를 참고해 주십시오. 덧붙여 말하자면 정규 표현으로 일치되는 행을 치환하지 않고 삭제하고 싶을 때는 line 대신에 state: absent 인수를 지정합니다.

---

14 http://docs.python.jp/2.7/howto/regex.html

validate에 설정한 대로 수정이 끝난 파일을 검증하는 명령을 실행하고 반환 코드가 0이 되는 경우는 검증에 성공한 것으로 dest에서 지정한 파일의 내용이 변경됩니다. 그 외의 코드일 때는 에러인 것으로 파일을 변경하기 전에 처리가 중단됩니다. 여기서는 sshd 명령의 -t(설정 파일 테스트) 옵션을 이용해서 파일에 문제가 없음을 확인합니다. 주의해야 할 곳은 명령 뒷부분의 -f %s 부분입니다. -f는 설정 파일의 경로를 지정하는 옵션으로, %s에 앤서블을 설치할 때 임시 파일을 저장하는 경로가 자동으로 입력됩니다. 이것은 비정상 상태의 파일이 원래의 경로에 설치되기 전에 validate를 실행하기 위한 것입니다. sshd -t와 같이 설정 파일의 경로를 지정하지 않거나, sshd -t -f /etc/ssh/sshd_config와 같이 dest에서 지정한 경로를 설정해서 테스트하면 변경하기 전의 파일을 테스트하는 것으로 validate를 할 의미가 없습니다. validate를 사용할 때는 항상 %s로 임시 파일을 지정하고 그에 대한 테스트를 해야 합니다.

notify는 4장에서 자세히 설명하겠으나, 태스크의 실행 결과가 changed일 경우에는 지정된 이름의 핸들러(Handler, handlers 안에 정의된 태스크)를 플레이 실행 시 맨 마지막으로 처리하므로 재기동을 하거나 원격 등에서 "맨 마지막으로 실행하고 싶은" 처리를 예약할 수 있게 설정합니다. 여기서는 sshd_config를 변경할 때 필요한 sshd 서비스를 재시작하는 것을 notify에 설정했습니다.

lineinfile과 비슷한 모듈로는 패턴과 일치하면 여러 행을 치환하는 replace, 1행만 치환하는 것이 아니라 여러 행의 묶음(즉, 블록 단위)을 치환하는 blockinfile이 있습니다. 필요에 따라 적절히 사용하기 바랍니다.

2.13.2. 명령어 실행 모듈

앤서블은 다수의 모듈로 구성돼 있습니다. 하지만 모듈화되어 있지 않은 작업을 해야 할 경우도 있습니다. 그럴 때 앤서블에는 명령어를 직접 실행하는 모듈들이 있습니다.

■ command - 임의의 명령을 실행

command 모듈은 이름 그대로 앤서블에서 임의의 명령을 실행하기 위한 모듈입니다. 기존의 모듈로 할 수 없는 작업은 기본적으로 이 모듈을 사용해야 합니다. command 모듈을 사용하는 방법을 SSH 키를 생성하는 과정을 통해 확인해 보겠습니다[15].

---

15 user 모듈에서 generate_ssh_key: true를 설정해 사용자의 SSH 키를 생성할 수 있으나, 여기에서는 리눅스에서 실행하는 전형적인 예를 들겠습니다.

```
- name: SSH 키를 생성하는 샘플 플레이
  hosts: all
  tasks:
    - name: tmp 템플릿 내에서 암호 없는 SSH 키를 생성
      command: "/usr/bin/ssh-keygen -b 2048 -t rsa -N '' -f /tmp/new-id_rsa"
      args:
        creates: /tmp/new-id_rsa
```

가장 큰 특징은 command 모듈로 실행하는 명령들이 모듈 이름 뒤쪽에 기술돼야 한다는 점입니다. 이 형식은 대부분 모듈에서 사용하고 있는 명명된 인수 대신, 명명되지 않은 인수를 사용하는 것으로 생각하면 이해하기 쉽습니다. 추가로 옵션을 설정해야 할 때는 args 지시자 안에 일반적인 모듈과 같이 명명된 인수를 정의할 수 있습니다.

command 모듈에서 지정할 수 있는 옵션 인수로는 다음과 같은 것들이 있습니다.

- **creates**

  명령을 실행한 후에 생성될 파일의 경로를 지정. 파일이 존재하지 않는 경우에만 생성한다.

- **removes**

  명령을 실행한 후에 삭제될 파일의 경로를 지정. 파일이 존재하는 경우만 삭제한다.

- **chdir**

  명령을 실행할 때의 기점이 되는 디렉터리를 지정

- **executable**

  명령을 실행할 때에 사용될 셸의 경로. 지정하지 않으면 사용자의 기본 로그인 셸을 사용한다.

이 예제에서 볼 수 있듯이 ssh-keygen 명령을 사용해 /tmp/new-id_rsa에 대한 2,048비트의 RSA 비밀키를 생성합니다. creates 인수를 지정하여 키 파일이 없는 경우에만 키를 생성하게 했습니다.

■ command 모듈을 사용할 때의 주의점

command 모듈의 실행 결과는 어떤 명령을 실행했는지와는 관계없이 다음과 같이 됩니다.

- 명령을 실행한 후, 종료 상태가 0일 때 성공, 그 외에는 실패가 된다.
- 성공 시 실행 결과는 항상 changed 상태가 된다.

이 사양은 대부분의 명령에서 안전하고 좋지만, "종료 상태가 0인데도 출력된 내용에 따라 처리가 실패된 경우가 있다.", "변경이 정확하게 처리됐는지 판정하고 싶다"라고 했을 때는 changed_when, failed_when 태스크라는 실행된 결과를 재기록하기 위한 지시자가 포함돼 있습니다[16].

또한, command 모듈을 통해서 명령을 실행할 때에 일반적으로 로그인 셸에서 명령을 실행할 경우와 다르게 처리될 수 있으므로 다음 내용을 확인해두기 바랍니다.

- 셸의 고유한 기능인 파이프(|)와 리다이렉트(), ()는 쓰지 않는다.

- $ 기호를 사용한 환경 변수는 참조할 수 없다.

셸의 기능을 사용하고 싶을 경우 command 대신에 shell 모듈을 사용해야 합니다. 다만 파이프로 여러 개의 처리를 묶거나 리다이렉트를 사용할 때에는 보안과 예상 못한 동작이 나타날 수 있으므로 특별한 경우 외에는 command 모듈을 사용하는 것이 좋습니다. 특히 변수를 사용하는 경우는 다음에서 설명하는 quote 필터를 이용해서 항상 값을 깨끗하게 하도록 합니다.

명령을 실행하는 중에 환경 변수를 참조하려면 일반적으로 셸에서 $를 사용하는 것 대신에 앤서블의 변수를 호출하는 {{ ansible_env.〈변수 이름〉 | quote }}를 쓸 수 있습니다. ansible_env는 setup을 실행하는 시점에 환경 변수가 있는 사전이고, quote는 값을 셸에서 사용해도 안전한 문자열로 깨끗하게 변경해주는 필터입니다[17]. 예를 들어, 환경 변수 HOME에서 지정된 디렉터리를 출력할 경우에는 다음과 같이 작성할 수 있습니다[18].

```
- name: 환경 변수를 출력하는 플레이
  hosts: all
  tasks:
    - name: HOME의 환경 변수를 출력
      command: "echo {{ ansible_env.HOME | quote }}"
```

단, ansible_env라는 변수는 앞서 설명한 바와 같이 setup 태스크를 실행할 때 이미 설정된 것으로 모듈을 실행할 때 실시간으로 설정된 값은 아닙니다. 값을 실시간으로 설정하려면 앤서블의 각 태스크에서 environment 지시자로 임의의 환경 변수를 설정한 후에 모듈을 실행하면 됩니다.

---

16 결과를 재기록하는 것에 관한 구체적인 방법은 다음 장에서 설명하겠습니다.
17 필터에 대한 자세한 설명은 다음 장에서 설명하겠습니다.
18 실행한 내용을 확인하려면 ansible-playbook 명령에 -v 옵션을 붙여서 실행합니다.

```
- name: 환경 변수 에러가 발생하는 샘플 플레이
  hosts: all
  tasks:
    - name: 에러가 발생하는 환경 변수 읽기의 예
      command: "echo {{ ansible_env.NEW_ENV }}"
        environment:
          NEW_ENV: "new environment variable"
```

실시간으로 설정한 환경 변수를 ansible_env에서 참조하는 것은 불가능하므로 주의가 필요합니다.

■ raw – 파이썬을 거치지 않는 명령을 저레벨로 실행

기본적으로 전체 앤서블 모듈은 command 모듈을 포함하여 작업 대상의 서버 안에 설치된 (앤서블이 대응하는 버전 2.4 이상으로 JSON을 사용할 수 있는) 파이썬을 거쳐서 실행되지만, raw 모듈을 사용하면 파이썬이 설치되지 않은 환경에서도 SSH를 통해서 명령어를 직접 실행할 수 있습니다. raw 모듈은 앤서블의 모듈 구조를 따르지 않는 특수한 모듈로 다음의 경우 이외에는 사용하지 않는 것이 좋습니다.

- **앤서블에 대응하는 파이썬을 설치하기 위해 사용한다.**
  파이썬 2.4 이상 2.6 미만이 내장된 경우에는 JSON 작업용 라이브러리인 simplejson만 설치하는 것은 문제없다.

- **네트워크 기기 등, 파이썬이 내장되지 않은 환경을 조작하기 위해 사용한다.**
  해당 네트워크 장비의 작동 모듈이 존재할[19] 경우는 raw를 사용할 필요가 없습니다.

예를 들어 파이썬 2.4.x를 사용하는 CentOS 5 환경에서 유지 보수해야 할 경우에 다음과 같이 플레이를 처음 실행하면 그 후에는 파이썬을 통해 일반 모듈을 실행할 수 있습니다.

```
- name: CentOS 5 환경에서 앤서블에 대응
  gather_facts: false
  hosts: all
  become: true
  tasks:
    - name: yum으로 python-simplejson 설치
      raw: yum -y install python-simplejson
```

---

19 네트워크 모듈의 목록: http://docs.ansible.com/ansible/list_of_network_modules.html

자, 지금까지 앤서블과 플레이북의 기초에 대해 알아봤습니다. yum, service와 파일 작업, 명령 작업을 실행하는 모듈들에 한해서 알아봤지만, 이것만으로도 상당량의 작업이 플레이북처럼 되었다고 생각합니다. 그렇지만 앤서블을 사용하는 데 중요한 인벤터리와 변수에 관해서는 충분히 설명하지 않았고, 플레이북도 고정된 인수를 사용하여 모듈을 단지 실행한 상태만 설명했습니다. 다음 장부터는 설명한 항목들에 대해 더욱 깊이 알아보고, 앤서블을 보다 편리하고 똑똑하게 사용하기 위한 방법을 설명하겠습니다.

제 3 장

———

앤서블의
상세 기능

이번 장에서는 앞 장에 나왔던 인벤터리, 변수, 플레이북의 세 가지 요소를 알아보고, 앤서블의 실제 사용법을 설명하겠습니다.

3.1. 인벤터리

앞 장에서 설명했던 것처럼 인벤터리란 앤서블에서 작업할 대상 호스트를 정의한 것으로 "무엇을 어떻게 실행할까?"의 "어떻게"에 해당하는 부분입니다. 인벤터리 구조를 사용해 앤서블에서 여러 개의 호스트를 그룹화해 관리할 수 있습니다.

인벤터리는 정적 인벤터리 파일 또는 동적 인벤터리 스크립트로 정의되며, 각각은 다음과 같은 특징이 있습니다.

- **인벤터리 파일**
  - INI 형식의 파일에 호스트 정보를 간단하게 기술할 수 있다.
  - 작업 대상 호스트의 접속 정보를 미리 알고 있는 것을 전제로 한다.

- **동적 인벤터리 스크립트**
  - 호스트 정보를 JSON 형식의 표준 출력으로 표시할 스크립트
  - 앤서블 명령을 실행할 때 실시간으로 스크립트가 실행된다.
  - 스크립트에서 외부 시스템에 접근할 때, 동적으로 호스트 정보를 가져올 수 있다.

시스템의 정보가 고정적이고 소규모라면 인벤터리 파일로 정의할 수 있지만, 호스트 수와 접속 정보(IP 주소 등)가 자주 바뀌거나 관리하는 호스트 수가 대규모일 때는 인벤터리 파일에 호스트 정보를 반영하는 것만으로도 업무 부담이 큽니다. 이런 경우에는 동적 인벤터리를 이용해서 IaaS의 API와 각종 관리 시스템에서 동적으로 호스트 정보를 가져오는 편이 좋습니다.

그렇다고 해도 인벤터리 파일과 동적 인벤터리 스크립트 간에 반영되는 내용이 다르지 않고, 단순히 정보를 정적으로 정의하느냐 동적으로 생성하느냐의 차이만 있을 뿐입니다. 지금부터 인벤터리 파일로 인벤터리를 구성하는 방법을 알아본 다음, 동적 인벤터리를 살펴보는 순서로 설명하겠습니다.

3.1.1. 정적 인벤터리 파일을 작성하는 방법

앞 장에서 그룹화하지 않은 단일 구성의 인벤터리 파일을 다뤘습니다만, 여러 대로 구성된 시스템일 때에는 그룹화해야 합니다. 다음은 app(애플리케이션 서버용 그룹), db(데이터베이스 서버용 그룹) 두 개의 그룹에 호스트가 각각 2대씩 있는, 총 4대의 호스트로 구성된 인벤터리 파일을 설치하는 예입니다.

```
[app]
app1 ansible_host=some.app.host
app2 ansible_host=another.app.host

[db]
db1 ansible_host=db.1.host
db2 ansible_host=db.2.host
```

[app] 아래의 app1과 app2, [db] 아래의 db1, db2라는 호스트를 정의했습니다. 각 호스트를 정의한 행 중에 ansible_host=… 부분은 앞 장에서도 설명했던 호스트의 접속 정보를 설정하는 변수입니다.

[app], [db]와 같이 [...]으로 구분된 부분은 섹션이라 하고, INI 형식에서 제목 역할을 합니다. 인벤터리 파일에서는 [⟨그룹 이름⟩] 형식으로 섹션을 지정해 호스트를 특정 그룹에 할당할 수 있습니다. 또한, 이 예제에서는 보기 편하게 섹션 사이에 빈 행을 넣어 구분하고 있으나, 실제로 파일이 로드될 때 빈 행은 무시됩니다. 따라서 db1과 db2 사이에 빈 행이 여러 줄 있어도 db2 호스트는 db 그룹에 속합니다.

■ 그룹 변수를 정의한다

인벤터리 파일에서 호스트 단위로 변수를 정의할 수 있을 뿐만 아니라 그룹 단위로 변수를 정의할 수도 있습니다. 그룹 변수를 정의하는 방법은 호스트 변수를 정의할 때와 달리 [그룹 이름:vars] 형식으로 그룹 변수 전용 섹션을 사용합니다.

예를 들어, 루트(root)가 아닌 작업 관리자의 이름과 UID를 각각 admin_username, amdin_uid라는 이름의 그룹으로 지정하고 싶을 때는 다음과 같이 작성합니다.

```
[app]
app1 ansible_host=some.app.host
app2 ansible_host=another.app.host
```

```
[db]
db1 ansible_host=db.1.host
db2 ansible_host=db.2.host

[app:vars]
admin_username=app_user
admin_uid=1001

[db:vars]
admin_username=db_user
admin_uid=1002
```

그룹 변수와 호스트 변수를 같은 이름으로 중복해서 정의할 수 있으나, 이런 경우의 우선순위는 호스트 변수가 높습니다. 따라서 그룹 변수에 호스트 간에 공통으로 쓰는 기본값을 설정해 두고, 필요에 따라 호스트 단위로 변수 정의를 덮어쓰는 방식으로 운용할 수 있습니다.

또한, 인벤터리 파일에 변수를 정의할 때는 다음 사항에 유의하기 바랍니다.

- 부울값을 사용하는 경우는 True/False와 같이 대문자로 시작해야 한다(이 밖의 경우에는 YAML의 문법(true/false 등)에 부합하더라도 문자열로 취급된다).
- 목록, 사전과 같은 복잡한 구조는 처리할 수 없다.

위의 제약은 그룹 변수뿐만 아니라, 호스트 변수를 정의할 때도 적용됩니다. 자유도가 높은 변수를 정의할 때에는 인벤터리 파일과는 별도로 인벤터리 변수를 정의하는 YAML 파일을 사용해야 합니다. 그 문법은 나중에 설명하겠습니다.

■ 호스트를 여러 그룹에 할당한다.

위 예에서는 app, db와 같이 호스트의 역할별로 인벤터리를 그룹화했으나, 이 외에도 호스트의 위치에 따른 리전, 시스템의 운용 단계(프로덕션 가동 환경, 동작 검증용 환경……) 등에 따라 파라미터를 변경하는 경우도 있습니다. 이럴 때는 1개의 호스트를 여러 그룹에 추가할 수 있습니다.

예를 들어, 호스트가 있는 리전을 고려해 app1과 db1은 koreaeast 그룹에, app2와 db2는 koreawest 그룹에 할당했다면 인벤터리 파일은 다음과 같이 구성됩니다.

```
[app]
app1 ansible_host=some.app.host
app2 ansible_host=another.app.host

[db]
db1 ansible_host=db.1.host
db2 ansible_host=db.2.host

[koreaeast]
app1
db1

[koreawest]
app2
db2
```

호스트 변수는 처음에 정의해 두면 그 뒤에는 중복해서 정의하지 않아도 됩니다.

또한, 호스트를 여러 그룹에 할당하는 경우에는 다음 사항에 유의하기 바랍니다.

- **그룹 간에 변수를 중복해서 정의하면 안 된다.**
  변수 이름을 중복해서 설정한 경우는 나중에 로드된 그룹 변수의 정의가 사용된다. 단, 그룹이 로드되는 순서는 사용자가
  제어할 수 없다. 따라서 1개의 호스트를 여러 그룹에 동시에 할당할 경우에는 변수 이름을 다르게 사용하는 것이 좋다.

- **호스트 이름이 같은 경우는 항상 같은 호스트로 다뤄진다.**
  호스트 수가 특히 많을 때는 실수로 다른 호스트에 같은 이름을 붙이지 않도록 주의한다.

3.1.2. 인벤터리 변수를 YAML 파일에 정의한다

앞에서 설명했던 것처럼 인벤터리 변수는 전용 YAML 파일에 정의할 수 있습니다. 지금까지 튜토리얼
에서는 호스트 변수와 그룹 변수도 인벤터리 파일에 작성했지만, 값을 지정하는 방법이 YAML과 다르
거나 호스트 변수를 1줄로 써야 한다면 값을 세세하게 설정할 때에 불편할 수 있습니다. 그럴 때는 다
음과 같은 방법을 사용합니다.

■ 변수를 정의하는 파일 이름의 규칙

인벤터리 변수를 설정한 YAML 파일의 저장 장소와 파일 이름의 규칙은 앤서블에서 다음과 같이 정해
져 있습니다.

- 호스트 변수를 정의하는 파일은 host_vars/〈호스트 이름〉.yml로 한다.

- 그룹 변수를 정의하는 파일은 group_vars/〈그룹 이름〉.yml로 한다.

- host_vars 디렉터리, group_vars 디렉터리는 인벤터리 파일 또는 플레이북 파일과 같은 디렉터리에 있어야 한다.

또한, 파일 이름에 .yml 확장자가 없더라도 변수를 로드할 수 있으나, 파일 형식을 명확하게 하기 위해서는 항상 확장자를 붙이는 것이 좋습니다.

예를 들어, 앞에서 설명한 4대의 호스트로 구성된 인벤터리 파일을 hosts란 이름으로 작성한 경우에 파일 구조(그림 3.1)는 다음(예제 3.1~예제 3.3)과 같습니다[1].

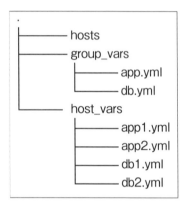

그림 3.1 샘플 파일의 구성

예제 3.1 group_vars/app.yml

```
---
admin_username: app_user
admin_uid: 1001
```

예제 3.2 group_vars/db.yml

```
---
admin_username: db_user
admin_uid: 1002
```

---

[1] 다른 호스트의 변수 파일을 정의하는 것은 내용이 같으므로 설명을 생략하겠습니다.

예제 3.3 host_vars/app1.yml

```
---
ansible_host: some.app.host
```

여기에서는 hosts라는 인벤터리 파일을 예로 들었지만 플레이북 파일도 구조는 같습니다. 예를 들어, site.yml이란 플레이북에서 인벤터리 변수를 정의하려면 위의 hosts 파일을 site.yml로 바꿔서 로드합니다.

또한, 여러 부분에서 인벤터리 변수를 정의했을 때의 우선순위는 다음과 같습니다.

(우선순위 높음)

- 플레이북에 있는 변수를 정의한 YAML 파일

- 인벤터리에 있는 변수를 정의한 YAML 파일

- 인벤터리 파일에서 정의한 변수

(우선순위 낮음)

호스트 변수는 그룹 변수보다 우선순위가 높으나, 위의 변수를 정의하는 부분 3곳에서 각각 우선순위를 재평가합니다. 따라서 인벤터리 파일에서 호스트 변수를 정의하고 플레이북에 그룹 변수를 파일로 정의하면 후자, 즉 그룹 변수를 정의한 쪽의 우선순위가 높습니다.

■ 기본값을 정의하는 그룹 변수 파일

앞 장에서 all이라는 이름이 "인벤터리 내의 모든 호스트가 할당된 특별한 그룹 이름"이라 했습니다. all 그룹도 대부분 그룹과 마찬가지로 변수를 정의할 수 있습니다. group_vars/all.yml이라는 변수 파일을 사용하면 모든 호스트에 적용되는 변수를 정의할 수 있습니다.

group_vars/all.yml에 변수를 정의하면 다른 어떤 그룹 변수를 정의하는 것보다 우선순위가 낮게 설정되므로 역할 관계를 확인하면 아래와 같습니다.

all 그룹 변수 〈 다른 그룹 변수 〈 호스트 변수

all.yml은 변수의 기본값을 설정할 때 편리합니다.

3.1.3. 동적 인벤터리 스크립트

정적 인벤터리 파일과 인벤터리 변수에 대해 이해했다는 전제하에 동적 인벤터리에 관해 이야기하겠습니다. 앞서 말했듯이 동적 인벤터리는 스크립트를 실행해서 외부 시스템에서 동적으로 인벤터리 정보를 생성하는 구조입니다.

앤서블은 공식 깃허브 리포지터리에서 각종 동적 인벤터리 스크립트를 배포하고 있으므로 아래와 같은 서비스에서 호스트 정보를 가져오는 동적 인벤터리를 내려받는 것만으로도 쉽게 시작할 수 있습니다[2].

- 각종 IaaS(애저, AWS EC2, 오픈스택 등)
- 모니터링 시스템(Nagios, Zabbix 등)
- 오케스트레이션(Orchestration) 도구 (Serf, Consul 등)

■ 베이그런트와 연동

공식적으로 제공되는 동적 인벤터리 중에는 베이그런트와의 연동 스크립트도 있으므로 앞 장에서 작성했던 베이그런트 환경 정보를 어떻게 얻을 수 있을지 실제로 확인해 보겠습니다.

다음과 같이 Vagrantfile이 있는 디렉터리로 가서 가상 머신을 시작합니다.

```
$ cd ansible-tutorial
$ vagrant up
```

■ 1. 베이그런트 용 동적 인벤터리 내려받기

먼저, curl 명령을 사용해 베이그런트 용 동적 인벤터리 스크립트인 vagrant.py를 깃허브에서 내려받습니다.

```
$ curl -O https://raw.githubusercontent.com/ansible/ansible/devel/contrib/inventory/vagrant.py
```

---

2 https://github.com/ansible/ansible/tree/devel/contrib/inventory

▪ 2. 내려받은 파일에 실행 권한 부여하기

내려받은 파일은 실행 권한이 없으므로 스크립트로 직접 실행할 수 없습니다. 다음과 같이 앤서블은 정적 인벤터리 파일인지 동적 인벤터리 스크립트인지 파일을 실행하는 권한이 있느냐 없느냐로 판단하므로 미리 실행 권한을 부여해야 합니다.

- 실행 권한이 없는 파일은 정적 인벤터리로 다룬다.
- 실행 권한이 있으면 동적 인벤터리 스크립트로 간주한다.

chmod 명령을 사용해서 실행 권한을 추가합니다. 여기에서는 모든 사용자에게 실행 권한을 부여하겠습니다.

```
$ chmod a+x ./vagrant.py
```

▪ 3. 동적 인벤터리를 단독으로 실행하기

동적 인벤터리는 앤서블과 같이 사용되지 않아도 단독으로 사용할 수 있게 스크립트로 구현돼 있으므로 올바른 베이그런트 호스트 정보를 얻을 수 있는지 직접 확인해 보겠습니다. 스크립트에서 --list 옵션을 추가해서 실행하면 동적 인벤터리에서 검색한 호스트 목록을 출력할 수 있습니다.

```
$ ./vagrant.py --list
```

실행하면 다음과 같은 JSON이 출력됩니다.

```
{
  "vagrant": [
    "default"
  ],
  "_meta": {
    "hostvars": {
      "default": {
        "ansible_ssh_host": "127.0.0.1",
        "ansible_ssh_port": "2222",
        "ansible_ssh_user": "vagrant",
        "ansible_ssh_private_key_file": "/Users/username/ansible-tutorial/.vagrant/machines/
default/virtualbox/private_key"
      }
    }
  }
}
```

이처럼 동적 인벤터리를 사용하면 수동으로 입력했던 인벤터리 정보를 자동으로 얻을 수 있습니다.

또한, 동적 인벤터리에서 --list 외에 --host=〈호스트 이름〉과 같은 형식으로 개별 호스트 단위의 정보를 얻을 수 있으나, 이 예제는 --list를 사용해서 출력된 내용과 같으므로 설명을 생략하겠습니다.

■ 4. 앤서블에서 동적 인벤터리 사용하기

앞 장에서 구현한 플레이북의 site.yml을 동적 인벤터리를 사용해서 실행해 보겠습니다. 실행 방법 자체는 정적 인벤터리 파일을 실행할 때와 같고, -i 옵션을 사용해 동적 인벤터리 경로를 지정합니다.

```
$ ansible-playbook -i vagrant.py site.yml
```

2장에서 플레이북을 실행했을 때와 비교하면 호스트 이름이 default인 것 외에 나머지는 같다는 것을 알 수 있습니다.

여러 개의 인벤터리 파일을 동시에 처리하기

위 예에서는 인벤터리에 단일 파일을 지정했으나, 온프리미스 환경과 공용 클라우드 환경으로 하이브리드 구성을 할 때처럼 정적 인벤터리 파일과 여러 개의 동적 인벤터리를 같이 사용하고 싶은 경우가 있습니다. 이럴 경우에 앤서블에서는 인벤터리용 디렉터리를 생성하고 그 안에 여러 개의 인벤터리를 정의할 수 있습니다.

```
inventories
├─ on-premis      ← 정적 인벤터리
├─ azure_rm.py    ← 애저용 동적 인벤터리
└─ openstack.py   ← 오픈스택용 동적 인벤터리
```

예를 들어, inventories 디렉터리에 다음과 같이 파일을 구성한 후 ansible-playbook -i inventories …라는 명령을 실행하면 디렉터리에 있는 파일 3개가 합해져서 1개의 인벤터리로 다뤄집니다.

3.1.4. 플레이북에서 인벤터리 작업

지금까지 소개한 인벤터리 정의는 정적이든 동적이든 앤서블 실행 시점에 이미 존재하는 호스트를 작업 대상으로 한 것이었습니다. 하지만 이것만으로는 "플레이북에서 가상머신을 생성해 구축이 완료된 가상머신에 설치 작업을 실행한다" 등과 같이 앤서블을 실행하는 시점에 호스트가 아직 존재하지 않는

경우에는 대응할 수 없습니다. 이런 경우를 위해서 앤서블에는 플레이북에서 인벤터리를 작업할 수 있는 모듈이 갖춰져 있습니다.

■ add_host – 호스트 정보 추가

add_host 모듈을 사용해 플레이북의 인벤터리에 새로운 호스트를 추가할 수 있습니다. 다음과 같이 작성해 새로운 호스트를 추가합니다.

```
- name: 새로 작성된 애플리케이션용 호스트 정보를 인벤터리에 추가
  add_host:
    name: created-host
    groups: created,app3
    ansible_host: "{{ created_host_ip }}"
    ansible_port: 22
```

위의 예에서 사용된 인수는 다음과 같습니다.

- **name**

  앤서블에서 사용할 호스트 이름

- **groups**

  호스트를 등록할 그룹을 , (콤마)로 구별해서 여러 개 등록한다.

- **기타**

  임의의 변수를 등록할 수 있다(위의 예에서는 ansible_host, ansible_port를 등록해서 접속 정보를 지정).

add_host로 등록된 호스트 정보를 사용할 수 있는 것은 다음과 같이 호스트를 추가한 이후의 플레이부터라는 점에 주의해야 합니다.

```
- name: 호스트를 새로 작성할 플레이   ← 내부에서 add_host를 이용
  hosts: localhost
  tasks:
    …
- name: 새로운 호스트를 인벤터리에 추가
  add_host:
  name: created-host
  groups: created
  ansible_host: "{{ created_host_ip }}"
```

```
 - name: 새로 작성한 호스트를 배포하는 플레이 ←여기부터 add_host에 추가한 정보가 유효화됨
   hosts: created
   tasks:
   ...
```

■ group by – 등록된 호스트를 새로 그룹화한다

group by 모듈에서 기존의 호스트를 새로운 기준으로 그룹화할 수 있습니다. 예를 들어 레드햇 계열과 데비안 계열의 OS가 섞여서 사용되는 환경을 한 번에 수정해야 할 상황이라고 가정해 보겠습니다. OS 정보가 잘 관리되지 않고 있다고 해도 이 모듈을 사용하면 setup 모듈이 자동으로 OS 정보 변수(ansible_os_family)를 확인하고, 그것을 기준으로 다음과 같이 OS별로 호스트를 그룹화할 수 있습니다.

```
 - name: OS별로 그룹화
   hosts: all
   tasks:
     - name: 변수 정보를 사용하여 레드햇 계열은 'RedHat', 데비안 계열은 'Debian' 그룹으로 나눌 수 있습니다.
       group_by:
         key: "{{ ansible_os_family }}"
 - name: 레드햇 계열 업데이트용 플레이
   hosts: Red Hat
   ...

 - name: 데비안 계열 업데이트용 플레이
   hosts: Debian
   ...
```

위의 예처럼 group_by 인수는 1개밖에 없습니다.

- **key**
  새롭게 등록할 그룹 이름(호스트별로 변수의 값에 따라 소속 그룹이 바뀝니다)

또한, 앤서블에서는 그룹 이름에 공백이 있으면 안 되므로 key에 공백이 있을 때는 자동으로 – 으로 변환됩니다.

이처럼 앤서블에서는 그룹화하는 방법과 다음과 같이 여러 개의 인벤터리를 정의하는 방법이 있어서 어떠한 시스템이라도 유연하게 호스트를 구성할 수 있습니다.

- 정적 인벤터리 파일

- 동적 인벤터리 스크립트

- 인벤터리 작업 모듈

3.2. 변수

이번 장에서는 앤서블에서 변수를 다루는 방법에 관해서 자세히 살펴보겠습니다.

3.2.1. 무엇을 위해서 변수를 사용할 것인가?

앤서블에서 변수를 사용하는 패턴은 다음과 같습니다.

- **환경에 따라 값을 다르게 사용하는 데 사용**

  - 사람이 정한 "보통 변수"와 호스트가 상태에 따라 자동으로 값을 설정하는 "Facts"로 구분된다.

  - 코드를 변경하지 않고 다양한 환경에서 플레이북을 사용할 수 있다.

  - → 플레이북의 범용성이 향상됨

- **반복해서 나오는 값의 정의를 정리하는 데 사용**

  - 파일 경로가 반복해서 나오는 경우 등에 유효하다.

  - 입력할 때 실수하는 것을 방지하고 값을 바꿀 때도 한 곳만 변경하면 수정된다.

  - → 플레이북의 유지 보수성이 향상됨

Anisble에서 변수화라고 하면 첫 번째 경우가 생각나겠지만, 두 번째 경우도 개발/디버그 단계에서는 중요한 사항입니다. "변수화하면 안 되는 값"은 없으므로 인지되는 부분은 변수화를 진행해서 범용성/ 유지 보수성이 높은 플레이북을 만들어 갑시다.

3.2.2. 변수 이름을 작성하는 규칙

앤서블에서는 변수 이름에 알파벳 대소문자와 숫자, 언더바(_)를 사용할 수 있습니다. 그러나 변수 이름을 숫자로 시작할 수는 없습니다. 변수 이름에 하이픈(-)과 공백(스페이스)을 포함시키거나 한글을 사용할 수는 없습니다. 또한, 변수 이름은 앤서블에서 파이썬의 속성으로 처리되므로 파이썬에서 예약어로 쓰고 있는 and, form, to와 같은 것도 사용할 수 없습니다.

하지만 사용할 수 없는 문자열을 모두 기억할 필요는 없습니다. 변수 이름에 사용할 수 없는 문자가 있는 경우에는 플레이북이 실행되기 전에 앤서블이 자동으로 다음과 같은 에러를 발생시킵니다.

```
ERROR! Invalid variable name in vars specified for Play: 'and' is not a valid variable name

The error appears to have been in '/playbook/site.yml': line 5, column 5, but maybe elsewhere in
the file depending on the exact syntax problem.

The offending line appears to be:

  vars:
    and: invalid value
    ^ here
```

위의 예에서는 and를 변수 이름으로 사용하려고 했기 때문에 에러 메시지에 '/playbook/site.yml': line 5, column 5와 같이 문제가 있는 부분과 실제 YAML 파일의 내용을 보기 쉽게 표시하고 있습니다.

3.2.3. 변수를 정의하는 방법

앤서블에서 변수를 정의하는 방법을 알아봅시다.

앤서블에서 변수를 정의하는 레이어는 다음과 같이 크게 4개로 구분할 수 있습니다.

1. 모듈이 자동으로 정의(Facts)
2. 인벤터리(그룹/호스트) 레벨에서 정의
3. 앤서블이 실행될 때 정의
4. 플레이북에서 정의

1과 2에 대해서는 충분히 설명했으므로 이번 절에서는 3번, 앤서블이 실행될 때 어떻게 변수를 정의하는지부터 설명하겠습니다.

■ 앤서블을 실행할 때 변수를 정의하는 옵션

ansible과 ansible-playbook 명령에는 앤서블을 실행할 때 변수 정의를 전달하는 옵션인 --extra-vars(생략형은 -e)가 있습니다. 이 옵션을 사용하면 다음과 같이 띄어쓰기로 구별한 key=value 형식으로 변수를 전달할 수 있습니다.

```
$ ansible-playbook -i hosts -e 'nginx_version=1.10.2 nginx_user=nginx' site.yml
```

위와 같이 작성해 플레이북의 nginx_version, nginx_user 변수에 명령 줄로 값을 지정할 수 있습니다. =으로 연결해서 변수를 간단히 정의할 수 있으나, 값을 모두 문자열로 다뤄야 하는 한계가 있어서 다른 형태(수치, 부울값 등)의 값을 다루려면 다음과 같이 JSON 형식으로 정의해야 합니다.

```
$ ansible-playbook -i hosts -e '{"nginx_port": 8080}' site.yml
```

위와 같이 작성하면 플레이북에서 nginx_port 변수는 정숫값으로 다뤄집니다.

다만 변수가 많거나 여러 개의 값을 전달할 때는 인라인으로 JSON을 입력하는 것이 어렵습니다. 그런 경우에는 인수의 앞에 @을 붙이면 YAML 형식으로 변수를 정의한 파일을 읽어 들일 수 있습니다.

```
$ ansible-playbook -i hosts -e '@extra-vars.yml' site.yml
```

위 명령은 extra-vars.yml 파일에 작성된 변수를 읽어 들입니다.

엑스트라 변수를 정의하는 옵션으로 지정한 변수는 다른 곳에서 정의한 변수보다 우선순위가 높습니다. 플레이북의 여러 곳에서 이름이 같은 변수를 정의하고 각각 다른 값을 대입했을 때에 예상하지 못하는 부분까지 값이 바뀔 수 있으므로 엑스트라 변수를 사용할 때는 주의해야 합니다.

■ 플레이북에서 변수를 정의

다음은 플레이북에서 변수를 정의하는 방법을 살펴보겠습니다. 플레이북에서 변수를 정의하는 방법은 여러 가지가 있으므로 각 방법을 확인해보겠습니다.

vars 지시자로 직접 정의

vars 지시자를 사용하면 플레이북의 플레이와 태스크에서 변수를 직접 지정할 수 있습니다. 이 사용 방법은 외부에서 값을 바꾸기보다는 값을 재사용하거나 변수를 수정해 새로운 변수로 정의할 때 좋습니다.

플레이에서 변수를 정의하는 방법은 다음과 같습니다.

```
---
- name: 포트 번호를 사용하는 플레이
  hosts: all
  vars:
    nginx_http_port: 80
    mysql_port: 3306
    ...
```

위의 예에서 엔진엑스의 HTTP 공개 포트와 MySQL의 접속 포트를 변수로 설정했습니다. 개별 태스크에서 변수를 정의할 때도 그 방법은 같습니다. 또한, vars 지시자로 정의한 변수 정보는 해당 플레이, 태스크에서만 유효합니다. 다음 플레이와 태스크를 실행하면 vars에서 정의한 변수는 더는 사용할 수 없습니다.

vars와 비슷한 지시자로는 vars_files가 있으므로 두 개를 같이 설명하겠습니다. 다만 vars_files 지시자는 vars와는 다르게 플레이에서만 정의할 수 있습니다.

외부 파일에서 변수 읽어 들이기 - vars_files 지시자

vars_files는 변수를 정의한 YAML 파일의 경로를 다음과 같이 여러 줄로 지정하면 한꺼번에 읽어 들입니다.

```
vars_files:
  - some_vars.yml
  - another_v ars.yml
```

위에서 보는 것처럼 변수 정의는 외부 파일에서 읽어 들입니다.

이 밖에 플레이북을 실행할 때에 프롬프트에서 변수의 설정값을 수동으로 입력하는 vars_promt 지시자도 있으나, 프롬프트를 주로 사용하게 되면 플레이북을 자동으로 실행할 수 없게 되므로 이 지시자는 제한적으로 사용해야 합니다.

3.2.4. 변수의 우선순위

이 절에서는 앤서블에서 변수의 우선순위에 관해 설명하겠습니다.

앞에서 설명한 것과 같이 앤서블에서는 변수를 여러 부분에서 정의할 수 있어서 높은 범용성을 실현하고 있습니다. 여러 부분에서 정의할 수 있다는 것은 바꿔 말하면 어느 부분에서 정의한 변수가 다른 곳에서 정의한 변수를 덮어쓸 수 있다는 뜻이기도 합니다.

변수들이 서로 덮어쓸 수 있는 것은 앤서블을 사용할 때 혼란스러운 부분이므로 이 절에서는 변수의 우선순위에 관해 확인하겠습니다[3].

(우선순위 높음)

- 엑스트라 변수(명령을 실행할 때에 −e로 전달한 것)

- 태스크 변수(지정한 태스크에서만 유효)

- 블록 변수(태스크를 모아 놓은 블록에서만 유효)

- 롤의 vars에서 변수를 정의한 파일 / include_vars 모듈로 읽은 변수를 정의한 파일

- 플레이의 vars_files 지시자로 읽은 변수를 정의한 파일

- 플레이의 vars_prompt 지시자로 입력한 변수

- 플레이에서 vars로 정의한 변수

- set_fact로 지정한 값

- register로 저장한 값

- Host의 Fact 정보(setup이 수집한 정보)

- 플레이북 디렉터리에서 host_vars의 호스트 변수를 정의한 파일

- 플레이북 디렉터리에서 group_vars의 그룹 변수를 정의한 파일

- 인벤터리 디렉터리에서 host_vars의 호스트 변수를 정의한 파일

- 인벤터리 디렉터리에서 group_vars의 그룹 변수를 정의한 파일

- 인벤터리 파일(Dynamic 포함)에서 정의한 변수

- 롤의 defaults에서 디폴트 변수를 정의한 파일

(우선순위 낮음)

---

3 이 우선순위에는 뒤에서 설명할 플레이북의 변수를 설정하는 여러 방법들도 함께 기술했습니다.

변수의 우선순위를 파악하는 것은 중요합니다만, 꽤 세세한 부분이기도 합니다. 플레이북을 구현하면 서 모르는 부분이 있을 때마다 확인하면 됩니다.

3.3. 진자2를 이용한 변수 확장

변수를 이용하는 목적과 정의하는 방법에 이어서 실제로 플레이북에서 변수가 어떻게 사용되는지 살펴 보겠습니다.

3.3.1. 진자2란?

이 절의 제목에서도 볼 수 있듯이 앤서블에서 변수 확장에는 파이썬으로 작성된 진자2(Jinja2)라는 템 플릿 엔진이 쓰입니다.

진자2는 원래 앤서블 용으로 만들어진 것이 아니라 플라스크(Flask)라는 파이썬의 웹 애플리케이션 프 레임워크로 HTML에 동적인 값을 설정할 때 사용되는 템플릿 엔진입니다.

진자2가 원래 웹 애플리케이션 용도였다 해도 진자2의 "템플릿의 변수 정보를 확장하고 출력한다"라는 구조 자체는 일반적이므로 앤서블에서 템플릿 모듈을 사용해 파일을 확장하는 것은 물론이고, 플레이 북에 있는 변수 정보를 확장할 때도 진자2를 사용합니다.

3.3.2. 변수를 활용하는 방법

그러면 변수를 활용하는 방법을 살펴보겠습니다. 여기서는 debug 모듈을 이용해 디버깅 메시지를 출 력하는 간단한 플레이북이 어떻게 동작하는지 확인해보겠습니다.

먼저 다음과 같이 debug-var.yml이라는 플레이북을 작성합니다.

```
---
- name: 변수의 동작을 확인
  hosts: localhost
  vars:
    my_var: jung
```

```
tasks:
  - name: my_var 값을 디버깅으로 확인
    debug:
      msg: "변수 my_var 값은 {{ my_var }}이다"
```

위에서 보는 것과 같이 my_var라는 변수에 jung이란 값을 설정한 다음 debug에서 {{ my_var }} 형식으로 위에서 정의한 변수를 불러올 수 있습니다. 이 플레이북을 실행해 보면 어떻게 출력되는지 확인할 수 있습니다.

```
$ ansible-playbook debug-var.yml
```

실행하면 다음과 같이 로그가 출력됩니다.

```
PLAY [변수의 동작을 확인] *********************************************************

TASK [setup] ******************************************************************
ok: [localhost]

TASK [my_var 값을 디버깅으로 확인] ************************************************
ok: [localhost] => {
    "msg": "변수 my_var 값은 jung이다"
}

PLAY RECAP ********************************************************************
localhost                  : ok=2    changed=0    unreachable=0    failed=0
```

디버그를 실행한 결과로 "msg": "변수 my_var 값은 jung이다"라는 문자열이 표시되는 것을 알 수 있습니다.

위와 같이 변수를 {{, }}로 묶으면 앤서블을 실행할 때에 변수가 값으로 변경되는 것이 앤서블에서 진자2를 사용하는 가장 기본적이고 중요한 방법입니다.

또한, YAML의 문법상 제약에서 문자열의 앞, 뒷부분에 변수를 활용할 때에는 다음과 같이 "(큰따옴표)로 묶어야 합니다.

```
- debug:
    msg: "{{ my_var }}은 my_var 값이다"
```

이렇게 하지 않으면 YAML 구문 에러(Syntax Error)가 납니다. 변수를 사용할 때에는 변수가 어느 부분에 오는지와 상관없이 "변수가 나올 때마다 반드시 큰따옴표로 변수를 묶는다"라고 생각하면 에러가 나지 않습니다.

또한, 다음 예와 같이 계층 구조로 된 데이터를 다루기도 할텐데, 진자2를 이용하면 계층 구조로 이뤄진 데이터도 .(도트)로 연결해 간단하게 데이터에 접근할 수 있습니다.

예를 들어, 이름과 UID 정보를 속성으로 가진 admin_user란 변수를 다음과 같이 정의해 보겠습니다.

```
admin_user:
  name: suji
  uid: 1001
```

이런 경우, 다음과 같은 템플릿으로 작성할 수 있습니다.

```
사용자 이름 {{ admin_user.name }}의 UID는 {{ admin_user.uid }}입니다.
```

이 템플릿의 결과는 아래와 같습니다.

```
사용자 이름 suji의 UID는 1001입니다.
```

admin_user.name을 작성하는 또 다른 방법으로 admin_user['name']과 같이 속성 이름을 [~]안에 작성해 데이터에 접근하는 방법이 있습니다. 이 방법은 약간 프로그래밍같이 보일 수 있으나, 일단은 기억하는 정도로 알아둡시다. 접근해야 하는 속성 이름 자체가 변수로 되어 있는 (admin_user 예에서 name이란 이름 자체는 다른 변수에 값이 들어 있다) 경우에는 .(도트)로 연결한 작성 방법을 사용하지 않으므로 위와 같은 작성 방법을 알아두어야 합니다[4].

3.3.3. 진자2의 여러 가지 기능

진자2 템플릿에는 변수를 활용하는 방법만 있는 것이 아니라 다양한 제어를 사용하거나 변숫값을 가공

---

[4] 이 예에 한하지 않고 앤서블을 쓰면 쓸수록 프로그래밍 언어, 보다 구체적으로 파이썬을 기본적으로 이해하는 편이 좋겠다고 생각할지도 모릅니다. 그럴 때는 The Quick Python Book(나오미 시더 지음, 2010년, Manning)과 같은 초급자용 파이썬 해설집을 읽어보십시오.

할 수 있습니다. 이 절에서는 진자2의 여러 가지 기능 중에서 앤서블을 사용할 때 유용한 몇 가지 기능을 소개하겠습니다.

■ 조건 분기에 사용하는 if

진자2 템플릿에는 일반적인 프로그래밍 언어 같은 if… elif… else 문을 사용한 조건 분기가 있습니다[5]. 앞에서 나왔던 ansible_os_family 변수를 사용한 if 조건 분기의 예를 살펴보겠습니다.

```
{% if ansible_os_family == 'RedHat' %}
이 서버는 레드햇 계열이다
{% elif ansible_os_family == 'Debian' %}
이 서버는 데비안 계열이다.
{% else %}
이 서버는 레드햇 계열도 데비안 계열도 아니다.
{% endif %}
```

프로그래밍을 경험해 본 사람이라면 알겠지만, ansible_os_family == 'RedHat'은 "ansible_os_family의 값이 RedHat과 같다"는 뜻입니다.

진자2 템플릿에서 제어 구조를 활용할 때의 규칙은 다음과 같습니다.

- 제어 구조를 표시할 때는 {%와 %}로 묶는다
- 제어 구조의 마지막에는 {% end… %}가 필요하다
  - … 부분은 제어 이름에 대응되고 if 문이 끝날 때는 {% endif %}가 된다

또한, elif 절은 필요한 분기의 수만큼 여러 번 반복하거나 생략해도 됩니다. else 절도 생략할 수 있습니다.

if 문에서 사용하는 자주 나오는 조건 비교 방법에는 다음과 같은 것들이 있습니다.

- !=
  값이 같지 않을 때 참

---

5 elseif와 else if가 아닌 elif는 파이썬 계열의 작성 방법입니다.

- >, >=, <=, <

  "초과", "이상", "이하", "미만"일 때에 참

- not

  조건의 부정. not jung == 'JUNG'과 jung != 'JUNG'은 같은 형식

- and, or

  "그리고", "또는"의 의미로 여러 조건을 조합하는 것이 가능

- in

  값이 포함된 경우에 참. 예를 들어, 2 in "1, 2, 3"과 'Ansible' in 'Ansible is great'는 참

- is defined

  변수가 정의된 경우 참. my_var is defined 같이 사용

조건을 비교하는 방법은 뒤에서 살펴볼 "플레이북에서의 태스크 실행 제어"에서도 많이 사용되므로 확실히 알아두는 것이 좋습니다.

■ 반복에 사용하는 for

템플릿에서 목록을 다룰 때 for를 사용해 목록 안의 요소를 반복해서 다룰 수 있습니다.

다음과 같이 admin_users란 이름의 여러 사용자 정보가 정의된 경우를 생각해 보겠습니다.

```
admin_users:
  - name: suji
    uid: 1001
  - name: jiseong
    uid: 1002
  - name: jia
    uid: 1003
```

이런 경우 진자2 템플릿에서 for 문을 사용해서 admin_users 안의 각 사용자 정보를 출력할 수 있습니다.

```
{% for user in admin_users %}
사용자 이름 {{ user.name }}의 UID는 {{ user.uid }}입니다.
{% endfor %}
```

{%, %}로 묶은 작성 방법은 if와 같으며, 이 템플릿을 활용한 결과는 다음과 같습니다.

```
사용자 이름 suji의 UID는 1001입니다.
사용자 이름 jiseong의 UID는 1002입니다.
사용자 이름 jia의 UID는 1003입니다.
```

조금 응용하면 for 문 안에서 if 문을 사용해 반복 대상이 되는 요소를 좁힐 수 있습니다.

```
{% for user in admin_users if user.name == 'suji' %}
```

위와 같이 쓰면 admin_users에 포함된 사용자 중에 name이 suji인 경우만 반복됩니다.

또한, 반복 중에만 사용할 수 있는 특수 변수인 loop를 사용하면 다음과 같이 반복 정보를 사용할 수 있습니다.

- **loop.index**
  1부터 시작한 현재의 반복 횟수. index0이면 0으로 시작.

- **loop.revindex**
  뒤에서부터 센 반복 횟수. 1부터 시작. revindex0도 사용할 수 있다.

- **loop.first**
  반복의 첫 번째 요소인 경우 True

- **loop.last**
  반복의 마지막 요소인 경우 True

■ 필터로 값을 처리

다음은 제어 구조가 아닌 {{ ~ }}로 묶은 변수를 평가하는 것 중에 값을 처리하는 기능인 필터를 소개하겠습니다. 먼저 간단한 필터의 예로 알파벳 문자열을 소문자로 변환하는 lower를 살펴보겠습니다.

```
{{ 'SAMPLE STRING' | lower }}
```

이처럼 |로 연결된 값을 필터에 전달할 수 있습니다. 서버를 운용해 본 경험이 있는 사람이라면 셸에서의 파이프와 같은 작성 방법이라고 생각하면 됩니다.

이 필터를 사용한 템플릿을 진자2로 처리하면 다음과 같이 소문자로 바뀐 문자열이 출력됩니다.

```
sample string
```

또한, 필터는 |로 구분해 여러 개를 연결할 수 있습니다. 이것도 셸의 파이프와 같습니다.

앤서블에서 기본적으로 사용할 수 있는 필터의 목록은 다음 사이트에서 확인할 수 있습니다.

- **진자2의 기본 필터 목록**
  http://jinja.pocoo.org/docs/dev/templates/#builtin-filters

- **앤서블에서 독자적으로 정의한 필터**
  http://docs.ansible.com/ansible/playbooks_filters.html

이 책에서도 예제에서 여러 가지 필터가 나오지만, 모든 필터를 다루지는 못합니다. 필요한 기능이 필터로 구현돼 있는지 알고 싶을 때는 위의 URL을 참고해 주십시오.

필터 중에 원하는 기능으로 구현된 것이 없다면 앤서블의 확장 플러그인 중 하나인 필터 플러그인 (Filter Plugin)으로 필요한 필터를 작성할 수 있습니다. 플러그인은 파이썬으로 구현해야 하지만 그렇게 어렵지 않으므로 앤서블의 기본 필터 플러그인 소스[6] 등을 참고해서 필터 플러그인을 작성해 보는 것도 좋은 방법입니다.

진자2에는 이외에도 매크로 정의와 외부 파일을 인로드 하는 여러 가지 기능이 있습니다. 하지만 앤서블과 같이 사용하는 경우는 여기서 소개한 4개의 기능만 알고 있어도 사용하기에 충분합니다.

3.4. 플레이북에서의 태스크 실행 제어와 지시자

다음으로 플레이북에서 태스크 실행 제어를 사용하는 각종 지시자와 사용 방법을 살펴보겠습니다.

---

6 https://github.com/ansible/ansible/blob/devel/lib/ansible/plugins/filter/core.py

3.4.1. 태스크 실행 결과를 변수로 저장 - register

태스크를 실행한 결과를 변수로 저장해서 후속 태스크에서 참조할 수 있게 하는 register 지시문을 소개하겠습니다.

여기서는 지금까지 튜토리얼에서 사용한 베이그런트 머신을 사용해서 command 모듈에서 /etc/passwd 파일(리눅스 사용자 정보가 있는 파일)을 읽어 들여 사용자 이름의 목록을 얻는 플레이북을 예로 들어 설명하겠습니다.

먼저 플레이북 get-users.yml을 다음과 같이 작성합니다.

예제 3.4 get-users.yml

```
- name: 호스트의 사용자 목록을 얻는다
  hosts: all
  tasks:
    - name: /etc/passwd에서 사용자 이름 추출
      command: cut --delimiter=':' --fields=1 /etc/passwd
      register: usernames_result

    - name: usernames_result 변수를 디버깅으로 표시
      debug:
        var: usernames_result
```

먼저 첫 번째 태스크에서 cut 명령을 사용해 /etc/passwd에서 사용자 이름만 추출한 다음[7] 그 결과를 register를 사용해 usernames_result란 이름의 변수에 저장합니다. 이렇게 register 지시자로 변수 이름을 지정하면 그 변수에 태스크의 실행 결과가 대입됩니다. register에서 지정한 변수도 다른 변수를 다룰 때와 다르지 않으므로 일반적인 변수를 사용할 때와 마찬가지로 변수 이름이 중복되지 않게 주의해야 합니다.

간단히 변수에 태스크 실행 결과를 저장하는 것만으로는 아무 일도 일어나지 않으므로 두 번째 태스크에서는 debug 모듈을 사용해 register를 사용한 변수의 내용을 표시합니다. 진자2 템플릿에서 내용을 확인할 때는 debug 모듈에 msg 인수로 템플릿 문자열을 전달하는 대신에 var 인수에 변수 이름을 지정하면 변수 내용을 직접 표시할 수 있습니다.

---

7 /etc/passwd는 : (콜론)으로 구분된 사용자 정보를 포함하고 있으며 그 중 첫 번째 항목은 사용자 이름입니다.

플레이북을 실행해 보겠습니다. 인벤터리에는 동적 인벤터리 설명에서 사용한 vagrant.py를 사용합니다.

```
$ vagrant up ← 베이그런트 서버가 기동되지 않았을 경우에만 실행
$ ansible-playbook -i vagrant.py get-users.yml
```

실행 로그는 다음과 같습니다.

```
PLAY [호스트의 사용자 목록을 얻는다] *****************************************************

TASK [setup] ***********************************************************************
ok: [default]

TASK [/etc/passwd에서 사용자 이름을 추출] ********************************************
changed: [default]

TASK [usernames_result 변수를 디버깅으로 표시] ***********************************
ok: [default] => {
    "usernames_result": {
        "changed": true,
        "cmd": [
            "cut",
            "--delimiter=:",
            "--fields=1",
            "/etc/passwd"
        ],
        "delta": "0:00:00.002390",
        "end": "2016-11-08 11:51:34.284528",
        "rc": 0,
        "start": "2016-11-08 11:51:34.282138",
        "stderr": "",
        "stdout": "root\nbin\ndaemon\nadm\nlp\nsync\nshutdown\nhalt\nmail\noperator\ngames\nftp\nnobody\navahi-autoipd\nsystemd-bus-proxy\nsystemd-network\ndbus\npolkitd\nrpc\ntss\nrpcuser\nnfsnobody\npostfix\nsshd\nvagrant\nvboxadd",
        "stdout_lines": [
            "root",
            "bin",
            "daemon",
            "adm",
            "lp",
            "sync",
```

```
        "shutdown",
        "halt",
        "mail",
        "operator",
        "games",
        "ftp",
        "nobody",
        "avahi-autoipd",
        "systemd-bus-proxy",
        "systemd-network",
        "dbus",
        "polkitd",
        "rpc",
        "tss",
        "rpcuser",
        "nfsnobody",
        "postfix",
        "sshd",
        "vagrant",
        "vboxadd"
    ],
    "warnings": []
  }
}

TASK [vagrant 사용자가 있는 경우에 실행] ***********************************************
skipping: [default]

PLAY RECAP ****************************************************************************
default :                    ok=3      changed=1    unreachable=0     failed=0
```

출력된 결과에는 사용자 이름의 목록이라고 생각되는 문자열과 함께 여러 가지 정보가 출력됩니다. 이 JSON 형식 그대로의 출력 순서도, 알파벳 순서도 읽기 어려우므로 역할별로 출력 항목을 묶어서 정리하겠습니다.

모듈 간에 공통된 항목

- **changed**
  변경 계열의 처리를 할 경우는 true, 그렇지 않으면 false

- **start**
  태스크 실행 시작 시각을 UTC(세계표준시)로 입력

- **end**

  태스크 실행 종료 시각. 여기도 UTC

- **delta**

  태스크를 실행하는 시간. end에서 start를 뺀 값

- **warnings**

  모듈이 경고를 출력하면 여기에 입력. 자동으로 실행 로그 중에 경고문이 출력된다

command 모듈 고유의 항목(형제 모듈 shell도 마찬가지)

- **cmd**

  실행한 명령 문자열을 띄어쓰기로 구분한 목록

- **rc**

  명령 실행의 반환 코드. 일반적으로 성공했을 경우는 0, 그 외에는 에러

- **stderr**

  명령의 표준 에러

- **stdout**

  명령의 표준 출력

- **stdout_lines**

  표준 출력을 행 단위로 구분한 목록

이렇듯 실행 결과에는 공통 항목과 모듈별 고유 항목이 있습니다.

공통 항목에 잘 사용되는 값은 changed로 이를 확인하면 모듈이 변경 처리를 했는지 확인할 수 있습니다. 또한, command 모듈의 고유 항목에는 반환 코드, 표준 출력, 표준 에러와 같은 명령을 실행한 결과를 나타내는 항목들이 포함돼 있습니다.

지금까지 명령에 성공한 경우를 예로 들어 설명했으나, 에러가 났을 때 다른 동작을 하므로 여기서는 결과 형식만 확인해 보겠습니다. 다음 로그는 위의 플레이북에서 파일 이름 /etc/passwd를 /etc/passwdd라고 잘못 설정한 경우에 앤서블 실행 로그의 해당 부분을 발췌한 것입니다.

```
TASK [/etc/passwd 에서 사용자 이름을 추출] ********************************************
fatal: [default]: FAILED! => {"changed": true, "cmd": ["cut", "--delimiter=:","--fields=1", "/
etc/passwdd"], "delta": "0:00:00.002777", "end": "2016-11-08 11:55:32.655984", "failed": true,
"rc": 1, "start": "2016-11-08 11:55:32.653207","stderr": "cut: /etc/passwdd: 그런 파일과 디렉터리
가 없습니다. ", "stdout":"", "stdout_lines": [], "warnings": []}
```

debug 모듈의 표시와 다르게 모든 정보가 1줄로 표시되어 보기 어렵지만, 성공 시에 있던 항목 값이 변한 것(rc가 1이 되고, stderr에 에러 메시지가 들어있다) 외에 성공 시에 없었던 failed: true 항목이 추가돼 있습니다.

failed는 모듈들의 공통 항목으로 실패했을 때 true가 입력됩니다[8]. 호스트에서 태스크 실행에 실패했을 때 플레이북 실행이 취소되므로 이 경우는 debug 모듈이 실행되지 않습니다.

■ 각 모듈의 실행 결과를 확인하는 방법

여기서는 command 모듈을 실행한 결과를 설명했지만, 다른 모듈에서 register 지시자를 사용하려면 각 모듈의 실행 결과 형식을 미리 확인해 둬야 합니다.

공식 문서에는 각 모듈의 상세 페이지에 사양이 쓰여있는 것도 있지만, 문서에 실행 결과의 형식 없는 모듈도 많고, 온라인에서 제공되는 공식 문서는 최신 개발판과 통합, 변경되고 있어 현재 사용 중인 앤서블 버전에는 없는 항목도 많이 있습니다. 모듈을 확인하는 가장 쉬운 방법은 사용자가 모듈을 실행해 내용을 확인하는 것입니다.

모듈을 실행한 결과를 확인하기 위한 대표적인 방법으로 지금까지 설명한 debug를 사용한 방법 외에 다음과 같은 방법을 들 수 있습니다.

- ansible 명령에서 모듈을 직접 실행한다.
- ansible-playbook 명령에 -v 옵션을 붙여 버보스(verbose) 모드로 실행한다.

ansible-playbook 버보스 모드의 패턴은 플레이북 전체를 디버깅하고 싶을 때 유용하지만, 실행 결과의 JSON이 (에러 표시와 마찬가지로) 1줄로 표시되어 읽기 어렵고, 태스크 수가 많을 때는 보고 싶은 곳을 찾기 어렵습니다. 특정 모듈의 실행 결과 형식을 베이그런트와 같은 일회성 환경에서 조사하는 것 뿐이라면 ansible 명령으로 결과를 확인하는 것으로도 충분합니다.

---

8   성공했을 때 이 항목 자체에는 결과가 포함되어 있지 않으므로 실제로 true 이외의 값이 입력되지 않습니다.

3.4.2. 태스크에 조건을 추가해서 실행 – when

다음으로 소개할 지시자는 지정한 조건이 만족했을 때만 태스크를 실행하는 when 지시자입니다. 이 지시자에서 진자2의 if를 설명할 때 소개했던 조건식을 쓰면 그 식이 참이 될 때 태스크가 실행되고 그 외에는 태스크가 실행되지 않습니다.

실제로 어떻게 동작하는지 get-users.yml을 실행해보겠습니다. 앞에서 register에서 저장한 usernames_result를 사용해서 vagrant란 사용자가 존재하는지 판정한 다음 존재하는 경우에만 "이 서버에는 vagrant 사용자가 존재합니다."라고 디버깅 메시지를 표시하려고 합니다.

앞의 디버깅 표시에서 봤듯이 username_result.stdout_lines를 실행한 결과가 표준 출력에 "행 단위로 구분된 목록 = 존재하는 사용자 목록"으로 표시되므로 이 목록을 진위 판정에 사용하려 합니다. 단, usernames_result.stdout_lines란 이름을 그대로 사용하면 다음에 플레이북을 확인하는 사람에게 이 이름이 어떤 의미로 사용되는지 전달하기 어렵습니다. 플레이북을 확인하는 사람에게 의미를 전달하려면 username_list라는 변수를 새로 만들어 값을 할당하는 것이 의미를 전달하기 좋습니다. 이런 경우에 플레이북에서 새로운 변수를 만들려면 set_fact 모듈을 사용합니다.

예제 3.5 get-users.yml (계속)

```
- name: 명령을 실행한 결과에서 존재하는 사용자 이름을 목록으로 생성
  set_fact:
    username_list: "{{ usernames_result.stdout_lines }}"
```

이 목록에 vagrant란 요소가 있으면 vagrant 사용자가 존재한다고 할 수 있습니다.

예제 3.6 get-users.yml (계속)

```
- name: vagrant 사용자가 있으면 메시지를 출력
  debug:
    msg: 이 서버에는 vagrant 사용자가 존재합니다.
  when: "'vagrant' in username_list"
```

위에서 살펴본 바와 같이 username_list에는 명령을 실행한 결과의 표준 출력이 행 단위로 구분된 목록이 있으므로 이 예제에서는 표준 출력값이 그대로 "호스트에 존재하는 기존 사용자 이름의 목록"이 됩니다. when 지시자에서 지정한 판정식에서 사용자 목록에 vagrant가 있는지 in 연산자를 사용해 확인합니다.

또한, when에 작성한 판정식은 진자2 템플릿의 조건 판정식과는 상관없이 {, }와 % if %로 묶여있지 않습니다. 이것은 원래 when에는 진자2 템플릿에 쓰는 조건식만 쓸 수 있으므로 진자2 형식임을 선언할 필요가 없습니다. when 계열의 지시문(다음에 설명할 changed_when과 failed_when을 포함해) 이외에는 모든 지시문에서 진자2 템플릿을 활용할 때 묶음 처리를 해야 하고, when 계열의 지시자는 다른 지시자와는 다르게 동작하는 점을 주의하십시오.

그럼 앞에서와 같이 플레이북을 실행해 보겠습니다. 베이그런트 서버에 배포하고 있는 한 다음과 같은 메시지가 표시될 것입니다.

```
TASK [명령을 실행한 결과에서 존재하는 사용자 이름을 목록으로 생성] ****************************
ok: [default]

TASK [vagrant 사용자가 있으면 메시지를 출력] *********************************************
ok: [default] => {
  "msg": "이 서버에는 vagrant 사용자가 존재합니다."
}
```

한편 vagrant 사용자가 없는 경우에 어떻게 동작할까요? 베이그런트 환경 외에 SSH로 접속할 수 있는 리눅스 서버일 때는 서버 쪽에서 플레이북을 실행하면 되겠지만, 그렇지 않은 경우는 태스크에서 vagrant란 사용자 이름을 Vagrant 등으로 변경합니다. 리눅스 시스템에서 문자열은 대문자, 소문자를 구별하므로 사용자 이름을 변경해 사용자가 없으면 어떻게 동작하는지 확인할 수 있습니다.

예제 3.7 get-users.yml (계속)

```
- name: vagrant 사용자가 있으면 메시지를 출력
  debug:
    msg: 이 서버에는 vagrant 사용자가 존재합니다.
  when: "'Vagrant' in usernames_result.stdout_lines"
```

위와 같이 하면 플레이북에서 실행한 결과가 다음과 같이 바뀝니다.

```
TASK [vagrant 사용자가 있으면 메시지를 출력] *******************************
skipping: [default]
```

skipping이라는 새로운 태스크의 실행 상태가 출력되는데, 이것은 "태스크가 실행되지 않고 무시됐다"는 표시입니다. 이는 when에서 지정한 조건을 만족하지 않았을 때 하는 동작입니다.

■ 태스크의 실행 결과 상태를 조건으로 설정

이번 예제는 명령을 실행한 결과의 표준 출력을 조건을 판정하는 기준으로 삼고 있으나, 태스크의 실행 결과 상태를 바탕으로 다음 태스크를 실행할 것인지 판정하고 싶은 경우입니다. 앤서블에서는 register 한 실행 결과 상태를 간단히 판정할 수 있게 다음과 같은 필터가 준비돼 있습니다.

- **succeeded/success**
  태스크가 성공했다(변경 여부를 묻지 않고)

- **changed/change**
  태스크가 변경에 따른 처리를 했다.

- **failed/failure**
  태스크가 실패했다

- **skipped/skip**
  태스크가 무시됐다

각각 2개씩 이름이 있는 이유는 영어가 문법적으로 과거분사/명사로 되어 있기 때문입니다. 의미는 같으므로 어느 쪽이든 용어를 통일하는 것이 좋습니다[9]. 예를 들어, when: task_result | changed와 같이 작성하면 사전에 태스크가 변경돼야 하는 경우에만 실행되는 태스크를 작성할 수 있습니다.

그런데 앞에서 "태스크가 실행에 실패하면 그 전의 태스크는 실행하지 않는다"는 것이 failed 필터를 사용해서가 아닐까 하는 의구심이 듭니다. 답은 Yes입니다. 사실 앤서블에는 ignore_errors라는 에러를 무시하는 지시문이 있어서 ignore_errors: true를 태스크에 추가하면 태스크가 실패해도 플레이북이 실행됩니다.

기본적으로는 이런 특수한 상황이 없는 것이 플레이북을 구현하기에 간단하지만, 현실적인 문제는 그렇게 간단하지 않으므로 필요한 때에 필터를 적절히 사용하는 것이 좋습니다. 그렇지만 이런 특수한 설정들이 많아지면 플레이북이 복잡해지고 테스트/유지보수 저하로 이어지므로 일단 "정말 이 방법 외에는 없을까?"라고 생각해본 후에 사용하는 것이 좋습니다.

---

9 앤서블 2.1까지는 과거분사와 명사가 혼재돼 있어 통일감이 없었습니다.

■ changed_when과 failed_when

when 계열의 지시자 중에 changed_when과 failed_when에 관해 설명하겠습니다. 둘 다 태스크 실행 결과의 상태를 변경하는 것으로 이름과 같이 changed와 failed 조건을 대신해서 쓸 수 있습니다.

앤서블 모듈이 실행 내용에 대해서 적절하게 changed, failed를 설정해주므로 일반적으로 상태를 변경할 필요가 없습니다. 이런 지시자가 필요한 경우는 command 계열의 모듈을 사용할 때입니다. command에서 임의의 명령을 실행할 경우 실행 결과로써 실제로 어떤 일이 일어나는지 앤서블이 자동으로 판정할 수 없으므로 기본적으로 다음과 같은 방법을 취하고 있습니다.

- 어떤 명령이라도 실행된 경우에는 태스크 실행 상태를 항상 changed로 한다.
- 명령을 실행한 경우에 반환 코드가 0이 아니면 failed로 처리한다.

위의 방법만으로는 부족한 부분이 있어 changed_when을 붙여서 사용하는 것이 좋습니다. 그 예로써 get-users.yml에서 나왔던 "/etc/passwd에서 사용자 이름을 추출하는" 태스크를 살펴보겠습니다.

지금까지의 플레이북 실행 로그를 살펴보면 태스크의 실행 결과가 항상 changed인 것을 알 수 있습니다. 하지만 실제로 태스크는 기존의 passwd 파일을 읽어 데이터를 가공하고 출력하고 있는 것으로 변경 작업은 일절 없습니다. 이번 예제에서는 changed로 되어 있다고 해도 실제로 어떠한 손실이 있는 것은 아니지만, 앤서블이 중요시하는 멱등성을 기본으로 해 올바른 설정을 해보겠습니다.

예제 3.8 get-users.yml (계속)

```
- name: /etc/passwd에서 사용자 이름 추출
  command: cut --delimiter=':' --fields=1 /etc/passwd
  register: usernames_result
  changed_when: false
```

원래 변경이 일어나지 않는 태스크이므로 changed_when: false를 설정하는 것만으로 충분합니다.

이 외에 변경 여부에 따라 출력 내용이 바뀌는 명령일 때에는 다음과 같이 설정해 실행 결과에서 변경할 것인지 판단할 수 있습니다.

```
- name: 변경 여부에 따라 출력이 바뀌는 명령을 실행
  command: /some/setup/command
  register: task_result
  changed_when: not 'already finished' in task_result.stdout
```

이 예는 일부러 보여주기 위해 만든 것입니다. 이 예에서 실행이 끝나면 표준 출력에 already finished 라는 문자열이 출력된다고 하면 이 문자열이 출력되지 않았을 때 "변경됐음"이라고 해도 좋습니다.

이렇게 태스크의 실행 결과를 이용해 변경할지 판단하는 경우에는 후속 태스크에서 실행 결과를 사용 하지 않아도 항상 register를 사용해 실행 결과를 저장해야 합니다.

failed_when의 사용 방법도 changed_when과 같습니다. 예를 들어, 처리에 실패했을 때 반환 코드 가 0(=명령 자체는 성공으로 취급)인 것과 표준 에러에 [ERROR] 이후 메시지가 출력되는 명령이 있습 니다. 이 경우 command 모듈의 기본 동작에서 명령이 실행되는 중에 에러가 발생하는 것과 상관없이 태스크 실행에 성공했다고 하는 것은 큰 문제가 됩니다. 그런 경우는 다음과 같이 failed_when을 적절 히 설정해 줄 필요가 있습니다.

```
- name: 실행 상태가 성공이지만 에러를 반환하는 명령
  command: /another/setup/command
  register: task_result
  failed_when: (task_result | failed) or ('[ERROR]' in task_result.stderr)
```

(task_result | failed) or ...처럼 원래 failed 상태인 경우도 조건에 포함한 이유는 failed_when으로 실패를 판단하는 것을 다시 작성했기 때문입니다. 이렇게 하지 않으면 명령을 실행하는 것 그 자체가 실패했을 때(명령의 반환 코드가 0이 아닐 때) 태스크에 성공했다고 다뤄집니다.

3.4.3. with_items를 사용한 태스크의 반복

마지막으로 플레이북에서 태스크를 반복하는 방법을 소개하는 것으로 이 장을 마무리하겠습니다.

플레이북에서 나열된 여러 개의 항목을 다루고 싶을 때가 자주 있습니다. 특히 자주 나오는 예는 패키 지 관리 도구에서 패키지를 묶어서 설치하는 경우가 있으며, 이번 예제처럼 여러 사용자 정보를 다루는 경우가 있습니다.

여기서는 사용자 목록이 올바른가를 user 모듈을 실행해 확인해 보겠습니다. user 모듈은 필수 인수 name에 사용자 이름을 넣어야 하므로 username_list를 반복해서 name에 사용자 이름을 대입하겠습 니다.

태스크의 반복은 with_items 지시문에 반복할 목록을 전달하는 것만으로 각 요소에서 item이라는 변 수로 데이터에 접근할 수 있습니다.

예제 3.9 get-users.yml (계속)

```
- name: 모든 사용자가 있는지 확인
  user:
    name: "{{ item }}"
    createhome: false
  with_items: "{{ username_list }}"
```

createhome: false로 설정한 것은 일부 시스템 사용자에게 passwd 파일에서 지정한 홈 디렉터리가 없을 때를 위해서입니다. 이 사용자들은 실제로 로그인하지 않으므로 일반적으로 더미 홈 디렉터리를 지정합니다. 이 자체는 문제가 없으나 user 기본 동작은 홈 디렉터리가 없으면 새롭게 생성하므로 이 인수로 홈 디렉터리를 생성하지 않도록 합니다.

with_items 지시자에 대해 조금 더 설명하겠습니다. 이 예제에서는 변수 목록을 사용하지만, 다음과 같이 목록을 직접 지정할 수도 있습니다.

```
- name: yum으로 의존 패키지를 설치
  yum:
    name: "{{ item }}"
  with_items:
    - gcc
    - make
```

또한, with_items는 보통 프로그래밍 언어에서의 반복과 다른 동작을 하는 부분이 있습니다. 여러 목록을 묶어서 반복할 수 있는 점입니다. 위의 yum과 비슷한 예로 다음과 같이 설치하려는 패키지 목록이 2개의 변수로 나뉘어 있다고 가정하겠습니다.

```
development_packages:
  - gcc
  - make
openssl_packages:
  - openssl
  - openssl-devel
```

이처럼 2개(또는 그 이상)의 목록에서도 with_items는 다음과 같이 반복할 수 있습니다.

```
- name: yum으로 의존 패키지를 설치
  yum:
```

```
    name: "{{ item }}"
  with_items:
    - "{{ development_packages }}"
    - "{{ openssl_packages }}"
```

"목록 안의 목록이 1개의 목록으로써 반복된다"는 것은 직관적이지 않지만, 앤서블에서는 반복을 보다 실용적으로 간단하게 구현할 수 있습니다.

item 이외의 변수 이름을 사용

with_items에 의해 반복된 각 요소는 item이라는 변수로 접근할 수 있다고 했는데, 실은 다른 변수를 사용할 수도 있습니다.

```
  - name: yum으로 의존 패키지를 설치
    yum:
      name: "{{ package_name }}"
    with_items:
      - "{{ development_packages }}"
      - "{{ openssl_packages }}"
    loop_control:
      loop_var: package_name
```

이처럼 loop_control 지시자에서 loop_var를 이용해 item 대신에 좋아하는 변수 이름을 설정할 수 있습니다.

■ 그 외의 반복문

앤서블에는 with_items 이외에 with_*라고 이름이 붙은 반복문이 많습니다. 이는 각 반복문을 용도에 맞게 사용자가 자유롭게 만들 수 있기 때문입니다. 또한, 각각의 반복문은 룩업 플러그인(Lookup Plugin)이라는 플러그인으로 구현돼 있습니다. 비교적 자주 사용되는 반복문으로는 다음과 같은 것들이 있습니다.

- **with_sequence**
  숫자로 범위(1~10까지 등)를 지정해 반복

- **with_dict**
  목록이 아닌 사전 형식의 데이터를 반복한다

- **with_fileglob**
  존재하는 파일을 셸의 glob 형식(*로 와일드카드를 지정)을 사용해 찾는다.

- with_nested

  중첩 구조의 반복을 만들 수 있다.

여기에서는 각각의 반복문에 대한 자세한 설명은 생략했지만, with_* 지시자로 반복의 원래 데이터를 지정해서 태스크 안에서 "{{ item }}" 형태의 데이터를 추출한 점은 같습니다. 일반적인 반복문에서 부족한 부분이 있으면 앤서블의 내장 룩업 플러그인[10]을 찾아보기 바랍니다.

조금 이론적인 이야기가 계속됐는데, 여기까지의 내용을 알아두면 그다음은 앤서블을 사용하면서 알아가면 됩니다. 다음 장에서는 지금까지 나오지 않았던 큰 개념인 롤에 관해 설명하겠습니다.

매직 변수에 대해

앤서블에서 사용되는 변수의 종류는 다음과 같이 2가지가 있습니다.

- 사용자 정의 변수
- setup 모듈로 얻은 호스트의 상태 변수(Facts)

앤서블 자체는 자동으로 설정한 매직 변수(Magic Variables)라 부르는 내장 변수가 있습니다. 이 매직 변수에는 각각 정해진 의미가 있어서 플레이북에서 활용할 수 있으므로 매직 변수에 어떤 값이 들어가는지 살펴보겠습니다.

이 칼럼에서는 로컬에서 동작을 확인하기 위해 다음과 같은 샘플 인벤터리(column-magic-vars-playbooks/hosts) 파일을 이용해서 설명하겠습니다.

```
localhost ansible_connection=local

[group-a]
host1 ansible_host=localhost ansible_connection=local
host2 ansible_host=localhost ansible_connection=local

[group-b]
host3 ansible_host=localhost ansible_connection=local

[another-group]
host1
host3
```

localhost를 host1, host3이라는 이름으로 추가해 1개의 localhost가 여러 대의 서버인 것처럼 보이게 했습니다[a].

■ **모든 호스트의 변수 정보**

hostvars 변수는 말하자면 모든 변수의 정보가 들어있는 큰 상자와 같습니다. 인벤터리에 포함된 모든 호스트의 변수 정보를 가지고 있습니다. 이 hostvars를 참조하면 플레이북의 어디에서나 호스트 변수를 참조할 수 있으므로 여러 대로 구성된 환경을 다루는 플레이북의 태스크에서 다른 호스트 정보를 다루고 싶을 때 편리합니다. hostvars는 진자2 템플릿에서 다음과 같이 값을 추출합니다.

```
{{ hostvars['<호스트 이름>']" }}
```

<호스트 이름>에는 변수를 추출할 호스트의 인벤터리에서 설정한 호스트 이름을 입력합니다. 예를 들어, host1의 OS 정보를 디버깅으로 표시한 플레이는 다음과 같이 작성합니다(column-magic-vars-playbooks/site.yml).

```
---
- name: 매직 변수의 동작을 확인하기 위한 플레이
  hosts: all
  tasks:
    - name: host1의 OS 정보를 한 번만 표시
      debug:
        msg: "{{ hostvars['host1'].ansible_distribution }}"
      run_once: true  # 인벤터리의 호스트 수와 관계없이 한 번만 실행
```

다음 명령을 실행해서 플레이북을 실행합니다.

```
$ ansible-playbook -i column-magic-vars-playbooks/hosts column-magic-vars-playbooks/site.yml
```

실행한 결과는 다음과 같이 출력됩니다(태스크 실행 부분만 발췌, 맥 OS에서 앤서블을 실행한 예).

```
TASK [host1의 OS 정보를 한 번만 표시] ********************************************************
ok: [localhost] => {
    "msg": "MacOSX"
}
```

■ **groups, group_names - 그룹 관련 정보**

groups와 group_names는 어느 쪽이든 인벤터리 그룹 정보에 관한 매직 변수이지만, 값은 다릅니다.

- groups

  인벤터리에 존재하는 그룹과 그 그룹에 할당된 호스트 목록

- group_names

  호스트가 할당된 그룹의 목록

이름이 비슷하므로 혼동되지 않게 주의하세요.

설명만으로는 실제 값의 형식을 알 수 없으므로 플레이북을 작성해 확인해 보겠습니다(column-magic-vars-playbooks/site.yml (계속)).

```
- name: 인벤터리 전체의 그룹 정보를 표시
  debug:
    var: groups
  run_once: true

- name: 각 호스트에 할당된 그룹을 표시
  debug:
    var: group_names
```

다음 실행 결과는 hostvars의 예와 마찬가지로 ansible-playbook 명령을 실행한 것입니다.

```
TASK [인벤터리 전체의 그룹 정보를 표시] *********************************************
ok: [localhost] => {
  "groups": {
    "all": [
      "localhost",
      "host1",
      "host2",
      "host3"
    ],
    "another-group": [
      "host1",
      "host3"
    ],
    "group-a": [
      "host1",
      "host2"
    ],
    "group-b": [
      "host3"
    ],
    "ungrouped": [
      "localhost"
    ]
  }
}
```

```
TASK [각 호스트에 할당된 그룹을 표시] ******************************************************
ok: [localhost] => {
  "group_names": [
    "ungrouped"
  ]
}
ok: [host1] => {
  "group_names": [
    "another-group",
    "group-a"
  ]
}
ok: [host2] => {
  "group_names": [
    "group-a"
  ]
}
ok: [host3] => {
  "group_names": [
    "another-group",
    "group-b"
  ]
}
```

출력을 보면 groups 쪽에는 인벤터리 파일에 정의되지 않은 그룹이 2개 존재하는 것을 알 수 있습니다. 이 그룹들은 앤서블이 자동으로 설정한 것으로, all은 본문 중에도 나왔듯이 인벤터리에 정의된 모든 호스트가 암묵적으로 할당된 그룹이고 ungrouped는 all을 제외한 어떤 그룹에도 할당되지 않은 호스트에 자동으로 할당된 그룹입니다.

group_names는 인벤터리 파일에 정의된 것과 같이 할당돼 있으나, all은 모든 호스트가 할당된 그룹으로 전제되어 있으므로 생략돼 있습니다.

■ 그 외의 매직 변수

앤서블 실행 머신의 정보

- playbook_dir : 플레이북 파일이 있는 디렉터리의 경로

- inventory_dir : 인벤터리 파일이 있는 디렉터리의 경로

- inventory_file : 인벤터리 파일 자신의 경로(인벤터리를 디렉터리에서 지정한 경우는 디렉터리)

- ansible_playbook_python : 앤서블 실행 머신에서 ansible-playbook 명령을 실행하는 파이썬 경로(앤서블 2.3부터 사용 가능). 작업 대상 머신에서 모듈을 실행하는 파이썬 경로를 지정하는 Factansible_python과 다르다

- ansible_check_mode : ansible-playbook 명령에서 –check 옵션을 추가해서 체크 모드로 동작하는 경우는 True, 그렇지 않으면 False

인벤터리와 관련된 정보

- inventory_hostname : 인벤터리에서 붙여진 호스트 이름. 작업 대상 머신의 실제 호스트 이름(hostname 명령을 실행한 결과)이 들어있는 ansible_hostname과 다르므로 주의

- ansible_play_hosts : 플레이에서 배포 대상이 되는 호스트 이름의 목록

- ansible_play_batch : 롤링 업데이트(10장 P.291 참조)를 실행하는 경우에 현재 배포 중인 호스트 이름의 목록. 대부분 배포할 때에 ansible_play_hosts의 값과 같다

■ **실제 예 – 다른 호스트의 IP 주소를 참조한다**

마지막으로 매직 변수를 사용한 실제 예를 살펴보겠습니다.

- 데이터베이스의 마스터를 설치한 db-master 호스트 1대

- 애플리케이션 설치용 그룹 app-hosts에 할당된 호스트 2대

다음과 같이 구성합니다.

```
db-master

[app-hosts]
app-host1
app-host2
```

위와 같이 인벤터리 구성을 가정해서(접속 정보는 포함돼 있지 않다) app-hosts 그룹이 접근할 수 있도록 db-master의 Firewalld를 설정하는 방법을 살펴보겠습니다.

이처럼 태스크를 구현하려면 db-master 배포용 플레이에서 app-hosts 그룹에 할당된 호스트의 IP 주소를 참조해야 하지만, 이 칼럼에서 소개한 hostvars와 groups 매직 변수를 사용해서 구현할 수 있습니다.

다음 예는 이 요소를 실현하기 위해 간단한 플레이북을 구현한 것입니다.

```
- name: 모든 호스트에 대한 setup만 실행
  hosts: all

- name: DB 마스터 배포
  hosts: db-master
  become: true
```

```
tasks:
  - name: app-hosts 그룹에서 mysql 기본 포트에 접속을 허가
    firewalld:
      source: "{{ hostvars[item].ansible_default_ipv4.address }}"
      service: mysql
      permanent: true
      state: enabled
    with_items: "{{ groups['app-hosts'] }}"
```

여기서는 firewalld 모듈을 사용해 mysql 서비스 포트의 개방을 설정하고 있으나[b], with_items를 사용한 반복 설정과 접근 허가 소스를 설정하기 위한 인수 source에서 매직 변수를 사용하고 있습니다.

먼저 with_items에서는 groups['app-hosts']와 같이 설정해 그룹에 할당된 호스트 이름을 반복하고, 각 호스트에 대응한 처리를 실행할 수 있게 했습니다. 반복된 각 호스트 이름에 대해 source 인수에서 hostvars[item]으로 각 호스트의 변수를 추출한 다음 ansible_default_ipv4.address 같이 호스트의 기본 IP 주소를 참조합니다. 여기서 참조하는 ansible_default_ip4 변수는 각 머신의 기본 네트워크 카드의 IPv4 관련 정보가 저장된 Fact로 address 속성이 머신의 IP 주소입니다.

덧붙여서 말하자면 처음에 모든 호스트에 실제로 어떠한 처리도 하지 않는 플레이를 실행하는 것은 app-hosts 그룹의 호스트 Facts를 얻을 수 있기 때문입니다. 이미 setup이 끝난 상태로 해 두지 않으면 ansible_default_ip4 변수는 미설정 상태가 되어 에러가 발생하므로 주의해야 합니다.

이렇듯 매직 변수, 특히 hostvars와 groups는 여러 대로 구성된 시스템을 배포할 때 호스트 간의 연동을 구축하려면 필수 항목입니다. 꼭 잘 다룰 수 있도록 확인해 둡시다.

---

[a] 이것은 어디까지나 간편하게 변수의 정보를 확인하기 위해 만든 인벤터리입니다. 이런 인벤터리에서 태스크를 실행하면 서버 1대에서 동일한 처리가 병렬로 실행되어 에러가 발생합니다.

[b] firewalld에서 자주 사용되는 미들웨어용 포트를 설정하는 것은 서비스로 정의돼 있습니다. 정의된 서비스 목록은 sudo firewall-cmd --get-services 명령으로 확인할 수 있습니다.

---

paramiko 모듈이 없다는 임포트 에러 발생시

앤서블 2.2.X은 파이썬 2.x 버전으로 실행되는 것을 전제로 합니다. 만일 실행했을 때 "ImportError: No module named paramiko" 에러가 출력되면 현재 사용하는 파이썬 버전을 확인하기 바랍니다.

앤서블 2.2.X 버전에서 파이썬 3.x 버전으로 실행하려면 아래의 URL를 참고하기 바랍니다.

http://docs.ansible.com/ansible/latest/python_3_support.html

## 제 4 장

롤을 이용한
플레이북의
공통 부품화

이 장에서는 롤 관리 명령인 ansible-galaxy를 사용해 nginx 롤을 구현하면서 플레이북을 구성하는 큰 요소인 롤에 대해서 설명하겠습니다.

4.1. 롤 만들기

롤이란 무엇일까요? 한마디로 말하자면 "플레이북 내용을 기능 단위로 나누어 공통 부품으로 관리/재사용하기 위한 구조"라고 할 수 있습니다. 롤 단위로 나누는 데는 특별한 제약이 없고 일련의 정리된 작업이라면 어떤 것이라도 롤로 구성할 수 있습니다. 그러나 범용성과 재사용성을 생각하면 다음과 같은 기준으로 롤을 구성할 수 있습니다.

- 여러 시스템에서 사용될 것
- 독립적으로 계속 활용할 수 있는 기능일 것

이 조건들을 만족하는 가장 전형적인 것은 미들웨어 설치 작업을 롤로 만드는 것입니다.

그런 이유로 지금부터 미들웨어 설치 작업을 롤로 만들어보겠습니다. 2장에서 다룬 엔진엑스 설치 작업을 바탕으로 nginx라는 이름의 롤을 구현하겠습니다.

제일 먼저 롤을 구성하는 디렉터리를 생성하기 위해 앤서블의 롤 관리 명령인 ansible-galaxy를 사용합니다. ansible-galaxy의 init 명령으로 롤에 필요한 디렉터리와 파일을 한 번에 생성합니다. 다음과 같이 ansible-tutorial 디렉터리에서 명령을 실행해 nginx 롤의 기초 구성을 생성합니다.

```
$ cd ansible-tutorial
$ ansible-galaxy init --init-path=roles nginx
```

위와 같이 실행하면 그림 4.1과 같은 구조로 ansible-tutorial에 롤용 디렉터리가 생성됩니다.

nginx 롤의 디렉터리가 roles 디렉터리에 생성된 이유는 초기화를 실행했을 때 --init-path 옵션을 사용해서 롤 초기화 디렉터리를 지정했기 때문입니다.

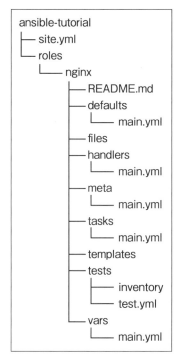

```
ansible-tutorial
├── site.yml
└── roles
    └── nginx
        ├── README.md
        ├── defaults
        │   └── main.yml
        ├── files
        ├── handlers
        │   └── main.yml
        ├── meta
        │   └── main.yml
        ├── tasks
        │   └── main.yml
        ├── templates
        ├── tests
        │   ├── inventory
        │   └── test.yml
        └── vars
            └── main.yml
```

그림 4.1 초기화 상태의 롤 디렉터리

글로벌 롤의 배치

롤을 플레이북에서만이 아니라 서버 어디서든 사용할 수 있는 글로벌한 롤로 만들려면 롤을 /etc/ansible/roles에 배치해야 합니다.

/etc 디렉터리에서는 일반적으로 루트 권한이 있어야 작업할 수 있으므로 사용자 권한으로 작업할 수 있는 곳에 글로벌한 롤을 배치하고 싶을 때는 앤서블 설정 파일에서 [defaults] 블록의 role_path나 환경 변수 ANSIBLE_ROLES_PATH를 사용해서 /etc/ansible/roles가 아닌 경로를 롤을 배치할 디렉터리로 설정할 수 있습니다. PATH 환경 변수 등에서 설정한 것처럼 :(콜론)으로 구분하여 여러 개의 경로를 지정할 수도 있습니다. 플레이북의 roles에서 생성한 롤과 글로벌한 롤의 이름이 중복될 때는 플레이북의 롤이 사용됩니다.

구축된 nginx 디렉터리에는 조금 전에 열거했던 대로 몇 개의 디렉터리와 YAML 파일이 생성돼 있습니다. 각각의 디렉터리는 다음과 같은 역할을 합니다.

- defaults
  롤에서 사용하는 변수의 기본값 정의

- files
  작업 대상 호스트에 복사할 파일을 배치할 디렉터리

- handlers
  핸들러로 사용할 태스크 정의

- meta
  롤의 의존 관계 정의

- tasks
  롤에서 실행할 태스크 정의

- templates
  작업 대상 호스트에 활용할 진자2 템플릿 배치

- tests
  롤을 테스트하기 위한 플레이북(test.yml)과 인벤터리 정의(inventory) 배치

- vars
  롤에서 사용할 변수 정의

태스크와 변수 등을 정의하기 위해 YAML 파일이 필요한 디렉터리에는 main.yml 파일이 만들어져 있습니다. defaults와 vars는 모두 변수를 정의하기 위한 디렉터리지만, 3장에서 설명한 변수의 우선순위(P.71)처럼, defaults에는 우선순위가 가장 낮은(=변경할 수 있는) 변수를 정의하고, 반면에 vars에는 변경할 수 없는(=개별적으로 변경할 수 없는) 인벤터리 변수를 정의합니다. 이처럼 롤은 사전에 "역할이 정해진" 디렉터리 구조로 구성되고, 각 디렉터리에는 그 역할에 맞게 파일을 작성해야 하며, ansible-galaxy init 명령으로 간단하게 초기화할 수 있습니다.

4.2. nginx 롤 구현

다음으로 nginx 롤의 내용을 작성해 보겠습니다. 엔진엑스 서버의 설치와 시작은 2장에서 이미 플레이북으로 작성했으므로 2장에서 작성한 site.yml을 다시 살펴보겠습니다.

예제 4.1 site.yml

```
---
- name: 플레이북 튜토리얼
  hosts: all
  become: true
  tasks:
    - name: libselinux-python 설치
      yum:
        name: libselinux-python
        state: present

    - name: EPEL 리포지터리 설치
      yum:
        name: epel-release
        state: present

    - name: 엔진엑스 설치
      yum:
        name: nginx
        state: present

    - name: 엔진엑스 시작과 자동 시작 설정
      service:
        name: nginx
        state: started
        enabled: true
```

이 tasks의 내용을 롤의 tasks/main.yml에 작성합니다.

예제 4.2 roles/nginx/tasks/main.yml

```
---
- name: libselinux-python과 EPEL 리포지터리 설치
  yum:
    name: "{{ item }}"
    state: present
  with_items:
    - libselinux-python
    - epel-release

- name: 엔진엑스 설치
```

```
  yum:
    name: nginx
    state: present

- name: 엔진엑스 시작과 자동 시작 설정
  service:
    name: nginx
    state: started
    enabled: true
```

실행 내용은 같지만, 이식성을 높이기 위해 libselinux-python과 epel-release의 설치 프로세스를 with_items에 작성했습니다[1].

4.2.1. 롤 실행

nginx 롤이 정확히 동작하는지 확인하기 위해 site.yml의 태스크에서 롤을 호출하는 것으로 변경하여 테스트해 보겠습니다.

예제 4.3 site.yml

```
---
- name: 플레이북 튜토리얼
  hosts: all
  become: true
  roles:
    - role: nginx
```

원래는 task 지시자이지만, nginx 롤을 호출하는 roles 지시자로 변경했습니다. 여기서는 nginx만 실행하지만, 필요에 따라 여러 개의 롤을 지정할 수도 있습니다. 또한, 플레이북에서 롤을 호출하는 태스크를 같이 정의하고 싶을 때는 다음 지시자를 사용해 롤을 실행하기 전후로 태스크를 정의할 수 있습니다.

- **pre-tasks**
  롤의 실행을 시작하기 전에 실행할 태스크

---

[1] 엔진엑스의 설치는 EPEL 리포지터리의 설치가 끝난 후에만 실행할 수 있으므로 별도의 태스크로 나눠야 하는 점에 주의해야 합니다.

- **post-tasks**

  모든 롤의 실행이 끝난 후에 실행할 태스크

그러면 플레이북을 실행해 보겠습니다.

```
$ ansible-playbook -i vagrant.py site.yml
```

명령을 실행한 결과는 다음과 같습니다.

```
PLAY [플레이북 튜토리얼] ***********************************************************

TASK [setup] ****************************************************************
ok: [default]

TASK [nginx : libselinux-python과 EPEL 리포지터리 설치] ****************************
ok: [default] => (item=[u'libselinux-python', u'epel-release'])

TASK [nginx : 엔진엑스 설치] **************************************************
ok: [default]

TASK [nginx : 엔진엑스 시작과 자동 시작 설정] ***********************************
ok: [default]

PLAY RECAP *****************************************************************
default                         : ok=4    changed=0    unreachable=0    failed=0
```

보는 바와 같이 각 태스크 이름 앞에 nginx : 와 같은 롤 이름이 표시되어 로그에서도 어떤 롤의 태스크가 실행되고 있는지 알 수 있습니다.

고작 이 정도의 작업으로 nginx 롤을 구현할 수 있었습니다. 하지만 엔진엑스를 기본 상태로 시작하는 작업만 구현했으므로 계속해서 좀 더 "롤다운" 기능을 추가해 보겠습니다.

4.2.2. 엔진엑스 시작 포트를 변수로 구성

엔진엑스 설치를 롤로 구성할 때, 환경별로 값이 변경되는 경우가 많은(=변수로 만들고 싶은) 항목 중에서 일부를 변수로 만들어보겠습니다. 먼저 엔진엑스 설정 파일을 활용한 진자2 템플릿인 nginx.j2.conf를 다음과 같이 작성해 templates 디렉터리에 배치합니다.

예제 **4.4** roles/nginx/templates/nginx.j2.conf

```
# {{ ansible_managed }}
user {{ nginx_user }} {{ nginx_group }};
worker_processes auto;
error_log /var/log/nginx/error.log;
pid /run/nginx.pid;

# Load dynamic modules. See /usr/share/nginx/README.dynamic.
include /usr/share/nginx/modules/*.conf;

events {
    worker_connections 1024;
}

http {
    log_format main 'remote_addr - $remote_user [$time_local] "$request" '
                    '$status $body_bytes_sent "$http_referer" '
                    '$http_user_agent" "$http_x_forwarded_for"';

    access_log /var/log/nginx/access.log main;

    sendfile            on;
    tcp_nopush          on;
    tcp_nodelay         on;
    keepalive_timeout   65;
    types_hash_max_size 2048;

    include             /etc/nginx/mime.types;
    default_type        application/octet-stream;

    # Load modular configuration files from the /etc/nginx/conf.d directory.
    # See http://nginx.org/en/docs/ngx_core_module.html#include
    # for more information.
    include {{ nginx_config_dir }}/*.conf;

    server {
        listen          {{ nginx_default_port }} default_server;
        listen          [::]:{{ nginx_default_port }} default_server;
        server_name     _;
        root            /usr/share/nginx/html;
```

```
    # Load configuration files for the default server block.
    include /etc/nginx/default.d/*.conf;

    location / {
    }

    error_page 404 /404.html;
        location = /40x.html {
    }

    error_page 500 502 503 504 /50x.html;
        location = /50x.html {
    }
    }
}
```

설정 파일은 엔진엑스를 설치할 때의 기본 설정[2]을 바탕으로 해서 다음과 같이 수정합니다.

- 맨 앞부분에 # {{ ansible_managed }}로 기술한 행 추가

- user(엔진엑스를 시작할 수 있는 사용자/그룹 설정)를 nginx에서 {{ nginx_user }} {{ nginx_group }}으로 변경

- 엔진엑스 설정 파일을 배치할 디렉터리를 /etc/nginx/conf.d에서 {{ nginx_config_dir }}로 변경

- 기본 포트 번호 80을 {{ nginx_default_port }}로 변경

첫 번째 행에서 주석 처리된 {{ ansible_managed }} 변수는 템플릿이 실행될 때 Ansible managed란 메시지로 변경되므로 그 파일이 앤서블에 의해 설치된 것임을 알 수 있습니다. 호스트에서 앤서블을 관리하는 외에 직접 작업하는 경우에 "이 파일은 자동으로 생성된 것이므로 임의로 직접 수정하지 말 것"이라는 의미를 전달하는 데 도움이 됩니다.

이 외의 4개의 변수는 위의 예제에서는 모두 변수 이름이 nginx_로 시작됩니다. 롤에서 변수 이름을 정하는 방법은 롤을 만드는 데 있어서 아주 중요한 요소 중 하나입니다.

롤 안의 변수는 롤 이름으로 시작하기

롤 안에서 정의되는 변수 이름은 롤 이름을 변수 이름의 맨 앞에 붙입니다. 이 규칙은 롤 디렉터리를 구성하는 것과 같이 앤서블에서 정한 필수 규칙은 아닙니다. 그러나 변수 이름을 임의로 작성하면 롤 자신이 어떤 플레이북에서 호출됐는지, 어떤 롤과 같이 구성되어 사용되는지 알 수 없게 되므로 롤 사이에 서로 다른 의미의 변수가 같은 이름으로 쓰이게 되면 그 정의가 충돌할 수 있습니다.

플레이북에서 호출되는 롤 이름은 유일하므로(같은 이름의 다른 롤을 하나의 플레이북에서 동시에 사용할 수는 없음) 모든 롤의 변수 이름을 롤 이름으로 시작하면 서로 다른 롤끼리 변수 이름이 중복되는 것을 피할 수 있습니다.

■ 변수의 기본값을 지정

변수를 넣은 템플릿을 설치했으니 각 변수의 기본값을 설정해 보겠습니다. 기본값을 설정해 두지 않으면 인벤터리 또는 플레이북에서 값을 설정하지 않을 경우에 변수 미정의 에러가 발생합니다.

변수의 값을 플레이북에서 설정하고 싶으면 기본값을 설정하지 않은 채로 둘 수도 있겠지만, 앞서 변수로 구성한 항목이라면 롤에서 기본값을 설정하는 것이 좋습니다. 변수의 기본값은 defaults에 다음과 같이 작성합니다.

예제 4.5 roles/nginx/defaults/main.yml

```
---
nginx_user: nginx
nginx_group: nginx
nginx_config_dir: /etc/nginx/conf.d
nginx_default_port: 80
```

■ 설정 파일/템플릿을 활용해 태스크 작성

마지막으로 tasks에 template 모듈을 사용하여 템플릿을 활용하는 태스크를 생성해보겠습니다.

예제 4.6 roles/nginx/tasks/main.yml (계속)

```
- name: nginx.conf 템플릿 활용
  template:
    src: nginx.j2.conf
    dest: /etc/nginx/nginx.conf
```

teamplates 디렉터리에 있는 파일이라면 디렉터리 경로를 지정하지 않아도 templates 모듈의 src 옵션을 지정할 수 있습니다.

이 옵션만으로도 nginx.conf 파일의 템플릿을 활용할 수 있지만, 포트 번호를 잘못 지정하는 경우를 확인할 수 없습니다.

HTTP 서버의 공개 포트 번호는 최대 65535까지의 자연수로 설정해야 합니다. 포트 번호에 범위 밖의 숫자를 지정하거나, 문자열을 입력하면 유효하지 않은 설정 파일이 적용되어 다음 번에 엔진엑스를 재시작할 때 문법 에러가 발생하여 서버가 재시작되지 않는 최악의 상황이 일어납니다. 이런 상황을 막기 위해 엔진엑스 명령 줄에는 nginx -t -c /etc/nginx/nginx.conf와 같이 설정 에러를 확인하는 기능이 있습니다. 공식적으로 제공하는 확인 기능이 있으므로 이 방법을 사용하는 것이 좋습니다.

■ validate로 파일을 검증하는 명령어 실행

template과 copy 등의 파일을 조작하는 모듈에서는 필요에 따라 validate 옵션에 인수를 사용해서 파일을 설치하기 전에 검증 명령어를 실행할 수 있습니다. 만약 validate에서 지정된 검증 명령이 실패하면 유효하지 않은 값이 파일에 있는 것으로 판정되어 dest에 지정한 경로에 파일이 복사되기 전에 태스크가 실패하게 됩니다.

"nginx.conf 템플릿 활용" 태스크의 validate에서 엔진엑스의 설정을 검증하는 태스크는 예제 4.7과 같습니다.

예제 4.7 roles/nginx/tasks/main.yml (수정)

```
- name: nginx.conf 템플릿 활용
  template:
    src: nginx.j2.conf
    dest: /etc/nginx/nginx.conf
    validate: nginx -t -c %s
```

%s에는 플레이북이 실행될 때 앤서블이 자동으로 생성하는 임시 파일의 경로가 설정됩니다. validate 에서 지정한 명령어가 실행되는 것은 실제 설치 경로(위의 dest)에 파일이 적용되기 전이므로 경로를 직접 지정하더라도 정상적으로 동작하지 않는다는 점에 주의해야 합니다.

4.2.3. 엔진엑스 리로드용 핸들러 추가

"nginx.conf 템플릿 활용" 태스크에서 엔진엑스의 공개 포트를 변수로 설정해서 지정할 수 있습니다. 하지만 일단 엔진엑스가 시작되면 설정 파일을 수정해도 서버에 변경 사항이 반영되지 않습니다. 변경 사항을 반영하려면 엔진엑스 서비스를 리로드(워커만 재시작)해야 합니다. 리로드하려면 service 모듈 의 state 옵션에 reloaded를 지정하면 됩니다. 다만 번거로운 점은 리로드는 설정 파일이 변경된 경우 에만 해야 하는 것 외에도, 리로드나 재시작 계열의 작업은 다른 설정이 처리된 후에 "맨 마지막에 한 번만" 실행해야 한다는 점입니다.

일반적으로 플레이북의 태스크는 정의된 순서대로 실행되므로 "맨 마지막에 한 번"과 같은 작업에 적합 하지 않습니다. 그래서 앤서블에는 핸들러(Handler)라는 지연 실행 전용으로 태스크를 정의하는 방법 이 있습니다.

핸들러에는 다음과 같은 특징이 있습니다.

- 롤의 handlers/main.yml 또는 플레이의 handlers 지시자에 정의한다.
- 핸들러는 일반적인 태스크의 notify 지시자에서 등록할 수 있다.
- 핸들러는 notify한 태스크가 변경과 관련된 처리를 수행한 경우에만 등록될 수 있다.
- 등록된 핸들러는 플레이 실행에서 맨 마지막에 한 번만 실행된다.

핸들러를 사용함으로써 리로드/재시작 계열의 처리를 맨 마지막에 모아서 효율적으로 실행할 수 있습 니다.

그러면 엔진엑스를 리로드하기 위한 핸들러를 구현하고, "nginx.conf 템플릿 활용" 태스크에 등록해 보겠습니다.

예제 4.8 roles/nginx/handlers/main.yml

```
---
- name: 엔진엑스 리로드
  service:
    name: nginx
    state: reloaded
```

이처럼 핸들러도 일반적인 태스크와 똑같이 정의할 수 있습니다. 남은 것은 태스크에 notify를 정의하 는 것뿐입니다.

예제 4.9 roles/nginx/tasks/main.yml (수정)

```
- name: nginx.conf 템플릿 활용
  template:
    src: nginx.j2.conf
    dest: /etc/nginx/nginx.conf
    validate: nginx -t -c %s
  notify:
    - 엔진엑스 리로드
```

이것으로 엔진엑스의 설정 파일을 활용하여 필요에 따라 엔진엑스를 리로드할 수 있게 됐습니다.

4.2.4. 엔진엑스용 사용자/그룹 작성

변수에서 지정한 nginx_user와 nginx_group은 기본 설정에서는 엔진엑스를 설치할 때 자동으로 생성되지만, 설정값을 변경하고 싶을 때를 대비하여 변수 작성을 추가하겠습니다.

예제 4.10 roles/nginx/tasks/main.yml (추가)

```
- name: 엔진엑스용 그룹 작성
  group:
    name: "{{ nginx_group }}"
    system: true

- name: 엔진엑스용 사용자 작성
  user:
    name: "{{ nginx_user }}"
    home: /var/lib/nginx
    shell: /sbin/nologin
    groups: "{{ nginx_group }}"
    append: true
    system: true
```

위와 같이 group 모듈에 그룹을 작성한 다음 user 모듈에 사용자를 작성합니다. name 이외에 양쪽에 지정한 system: true는 프로세스를 시작할 수 있는 전용 시스템 사용자/그룹을 의미합니다. 또한, user 모듈에서 다음 인수를 사용합니다.

- home

  사용자의 홈 경로. /var/lib/nginx는 nginx 사용자의 홈

- shell

  사용자의 로그인용 셸. /sbin/nologin은 로그인하지 않는 사용자의 설정

- groups

  사용자가 할당될 그룹. 여러 개 지정할 때는 ,(콤마)로 구분

- append

  false면 (기본값) 사용자가 할당될 그룹을 groups에 설정된 값으로 변경함. true면 변경하지 않고 그룹에 추가

4.2.5. nginx 롤의 동작 확인

마지막으로 다시 플레이북을 동작해 보겠습니다. 롤이 잘 동작하면 롤 작성이 끝납니다.

```
$ ansible-playbook -i vagrant.py site.yml
```

올바르게 작성했다면 다음과 같이 출력됩니다.

```
PLAY [플레이북 튜토리얼] ********************************************************

TASK [setup] ****************************************************************
ok: [default]

TASK [nginx : libselinux-python과 EPEL 리포지터리 설치] ************************************
changed: [default] => (item=[u'libselinux-python', u'epel-release'])

TASK [nginx : 엔진엑스 설치] **********************************************************
changed: [default]

TASK [nginx : 엔진엑스 시작과 자동 시작 설정] ******************************************
changed: [default]

TASK [nginx : nginx.conf 템플릿 활용] **********************************************
changed: [default]

TASK [nginx : 엔진엑스용 그룹 작성] ************************************************
ok: [default]
```

```
TASK [nginx : 엔진엑스용 사용자 작성] ***************************************************
changed: [default]

RUNNING HANDLER [nginx : 엔진엑스 리로드] ********************************************
changed: [default]

PLAY RECAP *********************************************************************
default                           : ok=8    changed=6    unreachable=0    failed=0
```

이것으로 롤 작성을 마칩니다. 다음 절에서는 롤의 개념과 기능에 관해 좀 더 자세히 설명하겠습니다. 진도를 빨리 나가고 싶으면 다음 장 워드프레스로 넘어가기 바랍니다. 다음 장을 보다가 궁금한 점이 나오면 이 장으로 돌아와서 찾아보는 것도 좋은 방법입니다.

4.3. 롤의 의미

생각해보면 앞에서 작성했던 플레이북은 모두 단일 YAML 파일이었습니다. "1 플레이북 = 1 YAML 파일" 구성은 지금까지 튜토리얼에서 다뤘던 몇몇 태스크를 처리하는 작은 플레이북이라면 아무런 문제가 없습니다. 오히려 간단한 구성이 더 바람직하다고 할 수 있습니다.

그러나 시스템 환경 운용 설정을 전부 앤서블로 만들려면 OS 설정/미들웨어 도입/애플리케이션 실행 설정 등과 같은 플레이북의 태스크 수가 수십에서 복잡한 시스템이라면 수백 단위로 늘어나는 일이 빈번하게 일어납니다. 이렇게 늘어나면 플레이북을 여러 개의 파일로 나눠 파악하기 쉽게 하는 것이 좋습니다. 플레이북에서는 이를 위해 롤보다 훨씬 원시적으로 부품화 할 수 있는 방법이 있습니다. include 지시자를 이용해 외부의 YAML 파일을 읽어 들이는 방법을 살펴보겠습니다.

4.3.1. include로 외부 파일 로드

예를 들어, 다음과 같이 yum 모듈을 사용해 패키지 설치 태스크만 작성한 yum_install.yml 파일이 있다고 가정하겠습니다.

예제 4.11 yum_install.yml

```
---
- name: yum 패키지 설치
  yum:
    name: "{{ item }}"
  with_items: "{{ yum_packages }}"
```

설치할 패키지들은 yum_package라는 변수 이름으로 목록을 지정할 수 있습니다. with_items는 앞
장에서 나왔던 목록을 반복하는 방법입니다.

yum_install.yml은 보는 바와 같이 태스크를 정의하는 것으로 시작하므로 단독으로는 플레이북으로
사용할 수 없습니다[3]. 이처럼 단독으로는 동작하지 않는 YAML 파일도 include를 사용하면 부품으로
서 플레이북에서 다룰 수 있게 됩니다.

실제로 플레이북 파일(여기서는 master.yml)에서 yum_install.yml을 호출하면 다음과 같이 됩니다.

예제 4.12 master.yml(새로운 플레이북 파일)

```
---
- name: gcc와 make를 설치하는 플레이
  hosts: all
  become: true
  tasks:
    - include: yum_install.yml
      vars:
        yum_packages:
          - gcc
          - make
```

이처럼 include를 사용하여 독립적인 YAML 파일을 "부품으로" 플레이북에서 사용할 수 있게 됐습
니다.

이를테면 include로 읽어 들일 YAML 파일의 이름을 변수를 사용하여 동적으로 지정하거나 with_
items를 사용해 여러 개의 파일을 반복해서 읽어 들일 수도 있습니다. 동적인 include를 많이 쓰면 실

---

[3] 다시 말하지만 플레이북의 최상위의 요소는 항상 플레이이어야 합니다.

제로 배포하지 않고서는 플레이북이 어떤 동작을 하는지 알기 어렵게 되므로 테스트와 가독성이 떨어집니다. 기본적으로 동적인 include는 가급적 사용하지 않는 것이 좋습니다.

4.3.2. include와 롤의 차이

include는 위에서 살펴본 것처럼 단순히 외부 파일을 읽어 들이는 방법입니다. 파일을 원하는 순간에 읽어 들이거나, 변수를 사용해 동적으로 로드하는 등과 같이 자유도는 높지만, 반대로 언제 어떻게 include가 사용되는지 플레이북 내용을 보지 않으면 알기 어렵습니다. include를 많이 사용하면 나중에 유지보수성과 재사용성이 저하될 수 있습니다.

반면에 롤은 단순히 태스크를 외부에서 정의하는 것에 그치지 않고 변수 정의와 핸들러 등을 포함한 플레이북 전체를 기능 단위로 묶어서 캡슐화하기 위한 것이라고 할 수 있습니다. 따라서 롤은 다음과 같은 의의를 가진다고 할 수 있습니다.

- 기능 단위로 나누는 것으로 플레이북 전체의 가독성을 개선한다.
- 롤을 여러 플레이북에서 사용할 수 있어 플레이북의 재사용성이 높아진다.

또한, "디렉터리 구조와 롤의 호출 방식이 이미 정해져 있다"는 점도 롤의 독자성으로 보면 매우 중요합니다. 이것을 "롤은 자유도가 낮아서 직관적이지 않다"고 말할 수도 있습니다[4]. 그러나 이런 독자성에 의해 롤은 "누가 언제 어떻게 만들어도 같은 구조를 유지한다"는 큰 장점이 있습니다.

앤서블을 계속 사용함에 따라 롤의 변형이 증가해서 플레이북을 작성하는 것은 점차 "YAML에 개별 작업을 정의하는" 작업에서 "필요한 롤을 선택해 조합하고, 적절한 매개 변수를 부여하는" 작업으로 옮겨가고 있습니다. 그런 의미로 롤이야말로 앤서블에 있어 "자산"의 근간이라 해도 과언이 아닙니다.

---

4 앤서블 2.2에 추가된 include_role이란 새로운 기능을 사용하면 include와 일반적인 롤의 중간이라고 할 수 있는 방법을 사용할 수 있습니다.

앤서블 갤럭시를 사용한 공개 롤의 활용

앤서블 갤럭시[a]는 앤서블이 공식적으로 운용하고 있는 롤의 등록/공유 서비스로 이 서비스를 활용하여 다른 앤서블 사용자가 공개해 놓은 다양한 롤을 자신의 플레이북에서도 사용할 수 있습니다.

그림 4.2 앤서블 갤럭시

이번 예제에서는 인기 있는 롤 등록자인 geerlingguy가 작성한 nginx라는 롤[b]을 예로 들어, 앤서블 갤럭시 명령어를 사용한 공개 롤의 사용법을 알아보겠습니다. 또한, 이 롤은 레드햇 계열의 OS와 데비안 계열의 OS를 모두 지원하여 범용성이 높지만, 다른 롤 중에는 레드햇 계열 또는 데비안 계열만 지원하도록 한정적으로 작성된 롤도 적지 않으므로 롤을 사용할 때에는 갤럭시의 각 롤을 설명하는 페이지에서 Supported Platforms란을 확인해 주세요.

■ 롤의 설치

갤럭시에서 공개된 롤을 설치하는 방법은 다음 순서로 실행합니다.

```
$ sudo ansible-galaxy install geerlingguy.nginx
```

실행 결과는 다음과 같습니다.

```
- downloading role 'nginx', owned by geerlingguy
- downloading role from https://github.com/geerlingguy/ansible-role-nginx/archive/1.9.6.tar.gz
- extracting geerlingguy.nginx to /etc/ansible/roles/geerlingguy.nginx
- geerlingguy.nginx was installed successfully
```

geerlingguy.nginx은 갤럭시에서의 롤 이름입니다[c]. 이것으로 /etc/ansible/roles/geerlingguy.nginx에 롤이 설치됐습니다. 이 롤은 의존 관계가 없지만, 의존 관계가 있는 롤인 경우에는 자동으로 의존 관계가 해결되어 필요한 롤한 세트만 설치되므로 설치 순서는 같습니다.

또한, 4장 본문에서 설명한 것처럼 /etc/ansible/roles는 글로벌 롤이 위치하는 기본값이지만, 이 값은 설정 파일의 roles_path로 덮어쓸 수 있습니다. 글로벌한 경로가 아닌 사용자 단위의 영역에 롤을 배치하고자 할 경우에는 ~/.ansible.cfg를 다음과 같이 설정합니다.

```
[defaults]
[defaults]
roles_path = ~/.ansible/roles
```

이처럼 사용자용 설정 파일이 존재하면 설치한 롤은 홈 디렉터리 아래의 ansible/roles 디렉터리에 설치됩니다. 이렇게 하면 ansible-galaxy 명령어를 실행할 때에 sudo 권한은 필요 없습니다. 또한, 기본 롤이 위치할 디렉터리가 아닌 임의의 디렉터리에 롤을 내려받을 때에는 --roles-path (-p) 옵션에 경로를 지정할 수도 있습니다.

■ 롤의 설치 상태 표시

그러면 다음은 롤이 제대로 설치돼 있는지 확인하기 위해 설치가 완료된 롤 목록을 표시해 보겠습니다.

```
$ ansible-galaxy list
```

실행 결과는 다음과 같습니다.

```
- geerlingguy.nginx, 1.9.6
```

버전(1.9.6)은 설치 실행 시점에 최신 버전으로 geerlingguy.ginx가 제대로 설치됐음을 알 수 있습니다. 출력이 -로 시작하는 부분에서 무엇인가 떠오르는 분들도 있을지 모르겠지만, 실은 이 ansible-galaxy list의 출력 자체가 YAML 형식으로 되어 있으므로 다음과 같이 롤의 설치 상태를 저장할 수 있습니다.

```
$ ansible-galaxy list > role_dependencies.yml
```

일단 롤의 설치 상태를 저장하면 다음과 같이 설치할 때 -r 옵션에 설치 상태가 저장된 YAML 파일을 지정해 롤의 설치 상태를 재현할 수 있습니다.

```
$ ansible-galaxy install -f -r role_dependencies.yml
```

-f는 설치가 완료된 롤도 강제로 재설치하는 옵션입니다. 이 옵션을 지정하지 않으면 같은 롤이지만 버전은 다른 롤이

YAML 파일에 지정돼 있어도 설치 완료로 취급되어 재설치되지 않습니다. 버전 정보까지 정확히 반영하고 싶다면 -f 옵션을 붙이는 것이 좋습니다.

▪ 플레이북에서의 롤 이용 방법

일단 설치만 되면 플레이북에서 이용하는 방법은 직접 만든 롤이든 갤럭시에서 설치한 롤이든 같습니다. site.yml의 예를 살펴보겠습니다.

```
- name: 엔진엑스 설치
  hosts: all
  become: true
  roles:
    - role: geerlingguy.nginx
```

플레이북을 새로운 CentOS 7.2 베이그런트 서버에서 실행한 결과는 다음과 같습니다.

```
PLAY [엔진엑스 설치] *******************************************************

TASK [setup] *************************************************************
ok: [default]

TASK [geerlingguy.nginx : Include OS-specific variables.] ********************
ok: [default]

TASK [geerlingguy.nginx : Define nginx_user.] *******************************
ok: [default]

TASK [geerlingguy.nginx : Enable nginx repo.] *******************************
changed: [default]

TASK [geerlingguy.nginx : Ensure nginx is installed.] **************************
changed: [default]

…(CentOS에서는 실행되지 않는 레드햇 계열 이외의 배포판 전용 처리 결과를 생략)…

TASK [geerlingguy.nginx : Remove default nginx vhost config file (if configured).] ***
skipping: [default]

TASK [geerlingguy.nginx : Ensure nginx_vhost_path exists.] *********************
ok: [default]
```

```
TASK [geerlingguy.nginx : Add managed vhost config file (if any vhosts are configured).] ***
skipping: [default]

TASK [geerlingguy.nginx : Remove managed vhost config file (if no vhosts are configured).] ***
ok: [default]

TASK [geerlingguy.nginx : Copy nginx configuration in place.] ******************
changed: [default]

TASK [geerlingguy.nginx : Ensure nginx is started and enabled to start at boot.] ***
changed: [default]

RUNNING HANDLER [geerlingguy.nginx : reload nginx] *****************************
changed: [default]

PLAY RECAP *********************************************************************
default : ok=10 changed=5 unreachable=0 failed=0
```

실행 내용은 엔진엑스 설치와 설정 파일의 배치, 시작으로 4장 본문에서 작성한 엔진엑스 롤과 거의 비슷하지만, 여기서 작성한 롤이 여러 개의 배포판에 대응하고, 유연하게 변수를 설정한다는 점에서 더욱 범용적으로 작성됐다고 할 수 있습니다. 구체적인 변수의 설명과 사용 방법에 대해서는 README를 확인해보기 바랍니다. README는 롤의 상세 페이지[d]나, ansible-galaxy info 명령어로 확인할 수 있습니다.

```
$ ansible-galaxy info geerlingguy.nginx
```

이처럼 앤서블 갤럭시에 공개된 롤을 활용하면 플레이북을 작성하는 부담이 줄어들 수 있습니다. 물론 공개된 공유 플랫폼이라는 특성상 많은 사람이 유사한 롤을 올리고 있으므로 (엔진엑스 등 중요한 것들은 100건 이상) 어떤 것이 "쓸만한 롤"인지 직접 판단해 봐야 합니다. 그러나 그대로 사용할 수 있는 것이 없다고 해도 플레이북을 작성할 때 참고할 수 있습니다. 적극적으로 갤럭시에 공개된 롤을 사용해보기 바랍니다.

---

[a] https://galaxy.ansible.com/
[b] https://galaxy.ansible.com/geerlingguy/nginx/
[c] 갤럭시에는 다른 사람이 작성해 놓은 같은 기능의 롤끼리 이름이 중복되지 않도록 사용자 이름.롤 이름으로 명명 규칙을 정하고 있습니다.
[d] https://galaxy.ansible.com/geerlingguy/nginx/

제 5 장

플레이북으로
워드프레스 환경
구축하기

이 장에서는 지금까지 배운 내용을 종합해서 PHP로 만든 블로그/CMS 플랫폼인 워드프레스 환경을 플레이북을 이용해 구축해 보겠습니다. 워드프레스를 설치하면 서버를 설치할 때 기본적으로 해보는 Hello World를 실행하는 것과 같이 앤서블을 전체적으로 파악하는 데 도움이 될 것입니다.

5.1. 플레이북 전체 구성

구현하기 전에, 먼저 플레이북 구성을 결정합니다.

워드프레스는 PHP로 구현된 웹 애플리케이션으로 소위 LAMP라고 말하는 구성 위에서 동작합니다. LAMP란 리눅스(OS), 아파치(웹 서버), MySQL(관계형 데이터베이스), PHP/Perl/Python(스크립트 언어)의 첫 글자를 딴 용어로 동적인 웹 애플리케이션을 구성할 때 필요한 백엔드를 나타냅니다. 오늘날 웹 애플리케이션 구성에서는 위의 LAMP가 뜻하는 것들을 포함하는 것 외에도 선택할 수 있는 것들이 있어서 엄밀히 말하면 LAMP 구성을 선택하지 않는 경우도 있습니다. 그러나 다음과 같은 요소로 구성된 웹 시스템이라면 넓은 의미로 LAMP 구성이라고 할 수 있습니다.

- 범용 OS
- 관계형 데이터베이스
- 웹 서버
- 스크립트 언어 환경(+ 애플리케이션 서버)

이번에는 다음과 같은 백엔드 구성을 이용해 각각의 롤을 실행하면서 워드프레스 환경을 구축하겠습니다[1].

표 5.1 롤로 구성해 실행할 시스템 구성

카테고리	소프트웨어	롤 이름
범용OS	CentOS 7	common
관계형 데이터베이스	MariaDB	mariadb
웹 서버	Nginx	nginx
PHP 애플리케이션 서버	PHP-fpm	php-fpm

---

1   마리아DB는 CentOS 7에서 표준 리포지터리인 MySQL과 호환되는 데이터베이스입니다.

이 외에도 워드프레스를 설정하는 wordpress 롤뿐만이 아니라, 워드프레스를 구성할 때 필요한 롤이 있습니다.

5.2. 플레이북 구현

여기부터는 지금까지 튜토리얼을 실습했던 ansible-tutorial 디렉터리에서 베이그런트 머신(bento/centos-7.2 이미지)에 단일 구성인 워드프레스를 실행시키는 플레이북을 구현해 보겠습니다.

5.2.1. 각 롤의 초기화

먼저 앞 장에서와 마찬가지로 ansible-galaxy 명령으로 롤을 초기화하겠습니다. nginx는 앞 장에서 만든 것으로도 충분하므로 그 외의 롤을 초기화합니다.

```
$ roles=(common mariadb php-fpm wordpress)
$ for role in ${roles[@]}; do ansible-galaxy init --init-path=roles $role; done
```

작성된 각 롤의 구성은 앞 장에서 확인한 그대로입니다.

다음으로 각 롤을 로드하는 새로운 플레이북인 wordpress.yml을 작성합니다.

예제 5.1 wordpress.yml

```
---
- name: CentOS 7에서 워드프레스 설치
  hosts: all
  become: true
  roles:
    - name: common
      tags:
        - common
    - name: mariadb
      tags:
        - mariadb
    - name: php-fpm
      tags:
```

```
        - php-fpm
    - name: nginx
      tags:
        - nginx
    - name: wordpress
      tags:
        - wordpress
```

모든 롤에 태그를 추가해서 롤 단위로 플레이북을 실행할 수 있게 합니다. 태그는 필수 항목은 아니지만, 태그를 작성해두면 플레이북을 구현할 때나 작은 단위로 반복되는 태스크를 실행할 때 편합니다.

예를 들어, common과 mariadb만 실행하고 싶을 때는 다음과 같이 ,(콤마)로 태그를 구분하여 실행합니다.

```
$ ansible-playbook -i vagrant.py wordpress.yml --tags="common,mariadb"
```

튜토리얼에서는 롤 단위로 태그를 지정했지만, 실제로 플레이북을 작성할 때는 필요한 작업 단위로 태그를 붙이는 것이 좋습니다.

이것으로 워드프레스를 로드할 플레이북 템플릿을 작성했으므로 계속해서 각 롤에서 태스크를 구체적으로 구현하겠습니다.

5.2.2. 롤 구현 1 – common

common 롤에서는 OS 기본 설정을 하겠습니다. 여기서는 작업 환경을 보호하기 위한 전제로써 다음과 같은 처리가 필요합니다.

- SE리눅스 라이브러리 설치

- SE리눅스 비활성화

- SE리눅스 상태를 변경할 때 OS 재시작

- 방화벽 활성화

■ 1. SE리눅스 라이브러리 설치

먼저 앤서블에서 SE리눅스를 다룬 라이브러리에 필요한 libselinux-python과 policycoreutils-python을 yum 모듈을 사용해 설치합니다. 덧붙여 말하자면 with_items를 사용한 반복은 일반적으로 독립 태스크로 실행되지만, yum과 apt 등의 패키지 관리 모듈에서는 모듈을 실행하기 전에 반복문이 실행되어 리포지터리를 참조하는 것처럼 비용이 드는 처리 등은 묶어서 한 번에 효율적으로 실행합니다.

예제 5.2 roles/common/tasks/main.yml

```
---
- name: 파이썬 SE리눅스 라이브러리 설치
  yum:
    name: "{{ item }}"
  with_items:
    - libselinux-python
    - policycoreutils-python
```

■ 2. SE리눅스 비활성화

다음으로 SE리눅스를 비활성화하겠습니다. SE리눅스는 RHEL 계열 리눅스에 기본으로 내장된 접근 제어를 위한 구조로, 이 기능을 활성화하면 가령 루트 권한으로 실행된 프로세스라도 정책에서 허가된 범위의 파일만 접근할 수 있습니다.

SE리눅스는 프로세스가 접근하는 범위를 확실히 제한할 수 있어 꼭 필요한 기능이지만, 기존의 프로세스에 적절하게 권한이 부여되어 있지 않으면 정상적인 동작에도 실행되지 않아서 사용할 때 불편할 수 있습니다. 따라서 비활성화(Permissive, 허가되지 않은 작업은 로그로 출력하고 실행하지 않는다) 대책을 세워보겠습니다.

또한, SE리눅스의 상태는 Enforcing(유효 상태), Permissive(비활성화 상태), Disabled(무효화 상태) 3개가 있으므로 Disabled로 설정하면 SE리눅스 기능이 완전히 무효가 됩니다. 이 상태에서는 플레이북에서 SE리눅스 권한을 부여하는 작업을 하면 에러가 나므로 Disabled는 선택하지 않도록 합니다. Permissive로 설정하면 뒤에서부터 로그를 봐서 정상적으로 동작하도록 필요한 정책을 설정하고 Enforcing으로 전환할 수 있습니다.

SE리눅스 상태 변경에서 selinux 모듈이 사용됩니다.

예제 5.3 roles/common/tasks/main.yml (계속)

```
- name: SE리눅스 비활성화
  selinux:
    policy: targeted
    state: permissive
  register: common_make_selinux_permissive
```

policy: targeted로 되어 있는데, SE리눅스의 기본적인 정책 설정이나 RHEL 계열의 리눅스 기본 설정이 targeted이므로 실제로 정책이 변경되는 것은 거의 없습니다. 그러므로 위의 상태 그대로 사용해도 큰 문제가 없습니다.

■ 3. SE리눅스 상태를 변경할 때 OS 재시작

Enforcing에서 Permissive로의 상태 변경은 OS가 시작된 상태에서도 변경할 수 있으나, Disabled에서 Permissive로 전환하려면 OS를 재시작해야만 합니다. 이번 튜토리얼에서 사용한 bento가 제공하는 버추얼박스 이미지에는 Permissive가 기본값으로 설정돼 있으므로 따로 변경하지 않아도 됩니다. 단, 서버 초기 상태의 의존도가 낮은 범용 플레이북을 구축하려면 변경할 때 재시작하도록 하는 게 좋습니다.

이전 태스크에서 common_make_selinux_permissive 변수에 실행 결과를 저장했으므로 이 값에 따라 재시작 여부를 판정하여 재시작과 복원 대기를 실행합니다.

예제 5.4 roles/common/tasks/main.yml (계속)

```
- block:
  - name: SE리눅스 상태를 변경할 때에 필요에 따라 OS 재시작
    shell: sleep 2 && shutdown -r now "Ansible reboot"
    async: 1
    poll: 0
    changed_when: true

  - name: 재시작이 끝날 때까지 대기
    local_action: wait_for
    args:
      host: "{{ ansible_host|default(inventory_hostname) }}"
      port: "{{ ansible_ssh_port|default(22) }}"
      state: started
      search_regex: OpenSSH
```

```
        delay: 30
        timeout: 600
      become: false

    when: common_make_selinux_permissive|changed and 'tate change will take effect next reboot'in
  common_make_selinux_permissive.msg
```

앤서블에서 재시작을 안전하게 하려면 위와 같이 다소 복잡한 작업이 필요합니다. 3장에서 다루지 않았던 복잡한 플레이북의 사용 방법이 많이 나오고 있으므로 자세히 살펴보겠습니다.

block 기법

지금까지 나왔던 태스크와 다르게 block이란 지시자에 2개의 태스크가 있습니다. block 기법은 이름 그대로 여러 개의 태스크를 하나의 블록으로 묶기 위한 것으로 특정 조건에서 실행할 태스크들을 묶을 수 있습니다.

여기서는 when에서 지정한 common_make_selinux_permissive|changed and 'state change will take effect next reboot'in common_make_selinux_permissive.msg이란 조건을 만족할 때만 블록이 실행됩니다. 또한, 앤서블 2.2 시점에서는 block 지시자에 대해 반복문 등을 지정할 수 없습니다. 기본적으로 블록은 when에 의한 조건 분기와 vars에 의한 변수 설정을 구성하는 데 사용됩니다[2].

when에서 조건 지정

when에서는 다음과 같은 2개의 조건을 다 만족하는지(and) 판정합니다.

- common_make_selinux_permissive 태스크가 무언가를 변경했다
- state change will take effect next reboot라고 재시작해야 한다는 문자열이 common_make_selinux_permissive 변수의 msg에 포함돼 있다

전자는 changed 필터를 사용한 범용적인 판정이나, 후자에서 msg 내용은 모듈과 실행된 명령이 반환하는 것으로(이 메시지는 selinux 모듈이 생성한 것), 모듈의 실행 결과를 확인한 다음에 플레이북을 구현해야 합니다.

---

2   하나 더 말하자면 block을 사용하면 플레이북에서 예외 처리를 할 수 있습니다. 이는 뒤에서(P. 143) 설명하겠습니다.

이 부분을 확인하고 작성하는 것이 익숙하기 전까지는 플레이북을 구현할 때 꽤 번거로울 수 있습니다. 그러나 시스템을 개발할 때 테스트하는 것과 같이 지속해서 드는 비용과 위험을 줄이고 팀 전체의 생산성을 높이기 위한 비용이라 생각하고 적극적으로 대처합시다.

"SE리눅스의 상태를 변경할 때 필요에 따라 OS를 재시작"하는 태스크

지금까지 block에서의 실제 태스크를 살펴봤습니다. 까다로운 것은 앞의 sleep2 && 부분으로 sleep을 앞에 작성해서 앤서블이 실행되는 도중에 재시작되어 에러가 발생하는 것을 막을 수 있습니다. 먼저 처음으로 재시작하는 태스크는 셸 모듈에서 shutdown 명령을 사용해 즉시 재시작하고 있습니다. 하지만 일반적으로 앤서블에서는 명령이 실행된 후에 그 결과를 확인하기 위해서 앞에서처럼 sleep을 실행해도 무의미하게 해석됩니다.

이때 사용되는 것이 async 지시자입니다. 이 지시자를 지정하면 장시간 걸리는 태스크를 타임아웃 되지 않게 하고, 비동기로 실행할 수 있습니다. 일반적인 사용 방법은 async에서 명령을 실행하는 데 걸리는 최대 실행 시간을 추정하여 지정하고, poll에 태스크의 실행이 끝난 것을 확인하는 폴링 간격을 지정하여 태스크의 실행이 끝날 때까지 폴링을 지속합니다.

여기서는 위에서 설명한 것과 같이 폴링을 하지 않고, 특별한 사용 방법으로써 poll에 0을 지정하여 결과를 기다리지 않는 (실행뿐인) 태스크를 생성하고 있습니다. 이처럼 태스크를 실행하는 것으로 shutdown과 같은 앤서블이 실행 완료를 감지할 수 없는 처리라도 에러 없이 실행할 수 있습니다.

마지막으로 changed_when: true를 지정한 이유는 비동기 태스크의 결과가 작업을 시작한 단계라고 여겨서 changed 플래그로 설정하지 않게 하기 위해서입니다. 실제로 changed는 이후의 작업에 영향을 주지 않지만, 재시작이라는 부작용을 수반한 작업이 변경이 없는 작업 계열로 다뤄지는 것은 딱히 좋은 일이 아니므로 changed_when을 사용해 명시적으로 changed로 설정했습니다.

"재시작이 끝날 때까지 대기"하는 태스크

앞의 태스크에서 OS를 재시동했으므로 플레이북을 계속해서 실행하려면 앤서블에서 재시작이 끝날 때까지 기다려야 합니다. 앤서블에 있는 wait_for 모듈은 작업 대상 쪽에서 실행되는 모듈로, 재시작 중인 서버에 그대로 사용하면 접속 에러가 발생합니다. 이런 경우 인벤터리에 localhost를 지정한 것과 같이 앤서블 시작 서버의 로컬에서 모듈을 실행해야 합니다. 이때 사용할 수 있는 지시자가 local_action 지시자입니다.

local_action을 이용한 로컬에서의 처리 추가하기

local_action 지시자를 사용하면 일반적으로 리모트로 작업을 실행하는 사이에 로컬의 작업을 실행할 수 있습니다. local_action의 기법은 예제 5.4와 같이 local_action:⟨모듈 이름⟩ 형식으로 로컬에서 실행하고 싶은 모듈 이름을 지정하고, 모듈 인수는 args: 지시자에 지정합니다. 또한, become 설정과 변수 정보는 그대로 사용되므로 리모트에서 관리자 권한으로 실행하고 있는 태스크 사이에 local_action을 넣는 경우에는 become: false를 붙이지 않으면 권한 에러가 발생하므로 주의가 필요합니다.

인벤터리 정보도 원래 값 그대로입니다. 태스크는 일반적으로 실행 대상 호스트의 수만큼 실행됩니다. 재시작을 확인하는 작업처럼 1대 1대에 적용하는 작업은 이 상태로도 괜찮지만, 리모트로 작업하는 수만큼 로컬에서 1번만 실행하고 싶은 작업이 있을 때는 run_once: true 지시자를 사용해서 태스크 실행을 1번으로 제한할 수 있습니다.

내친 김에 local_action과 같은 동작을 하는 다른 방법으로 태스크에 delegate_to: 127.0.0.1과 같은 지시자를 지정할 수도 있습니다. 많이 사용하지는 않지만, delegate_to를 이용하면 로컬도 실행 대상도 아닌 제3의 호스트에서 실행할 수 있습니다.

local_action에서 wait_for로 지정하고 있는 인수를 설명하겠습니다.

- **host**
  접속 대기 호스트 이름. 기본값은 inventory_hostname(앤서블이 자동으로 설정하는 대상 호스트 이름이 들어간 변수)이지만, ansible_host 변수가 정의된 경우에는 그것을 사용한다.

- **port**
  접속 대기 포트 번호. 기본값은 SSH의 22번 포트지만, ansible_ssh_port 변수가 정의된 경우에는 그것을 사용한다.

- **state**
  started로 설정하면 접속 가능한 상태가 될 때까지 대기한다. stopped로 설정하면 정지 상태까지 대기.

- **search_regex**
  포트와 정상적으로 통신할 때 등록할 문자열. 기본값은 포트와 통신할 수 있는 것만 확인하지만, 여기에 OpenSSH라는 문자열을 지정하면 SSH 서버가 시작돼 있는지 확인할 수 있다.

- **delay**
  접속 상태를 확인할 때까지의 대기 시간. 재시작 직후로 설정하면 타이밍에 따라 접속 에러가 발생하는 경우도 있으므로 시간을 길게 설정하는 것이 좋다.

- timeout

  최대 대기 시간. 기본값은 300초이지만 여기서는 600초로 최장 대기 시간을 설정.

이것으로 SE리눅스 설정을 변경할 때, 일련의 동작으로서 OS 재시작을 처리할 수 있게 됐습니다.

재시작 동작을 확인하는 방법

재시작하도록 구현했으므로 실제로 재시작이 잘 동작하는지 확인해보겠습니다. 앞서 설명한 대로 베이그런트 서버의 기본 설정에서는 재시작하지 않게 다음과 같이 ansible 명령어를 사용하여 SE리눅스를 완전히 무효화 상태로 만드는 것이 편합니다.

```
$ ansible all -i vagrant.py -m selinux -a "state=disabled" --become
$ vagrant reload
```

베이그런트 서버가 재시작되면 플레이북에서 제대로 재시작됐는지 확인할 수 있습니다.

```
$ ansible-playbook -i vagrant.py wordpress.yml --tags="common"
```

실행 결과 로그의 뒤쪽이 다음과 같으면 재시작에 성공한 것입니다.

```
TASK [common : SE리눅스 비활성화] ********************************************************
changed: [default]

TASK [common : SE리눅스 상태를 변경했을 때, 필요에 따라 OS 재시작] ****************************
changed: [default]

TASK [common : 재시작이 끝날 때까지 대기] *************************************************
ok: [default -> localhost]

PLAY RECAP ************************************************************************
default                         : ok=5    changed=1    unreachable=0    failed=0
```

"재시작이 끝날 때까지 대기" 중에 에러가 발생한다면 delay: 30 부분을 60으로 늘려서 다시 시도해보기 바랍니다.

OS를 재시작하는 빈도가 낮을지 모르겠지만, 어느 정도는 필요할지도 모릅니다. 윈도우 계열은 win_reboot라는 재시작용 모듈이 있지만, 리눅스용 재시작 모듈은 요청은 많으나 현시점에서는 구현돼 있지 않습니다. 현시점의 앤서블에서 리눅스를 재시작하려면 위와 같은 꽤 까다로운 작업이 필요할지도 모르지만, 다수의 성공 사례가 보고되고 있으므로 플레이북에서 OS를 재시작하려는 경우에는 꼭 사용해보기 바랍니다.

■ 4. 방화벽 활성화

마지막으로 방화벽을 활성화하면 common 롤 구현이 끝납니다. CentOS 7에서는 지금까지 사용한 iptables 대신 새로운 방화벽인 firewalld란 데몬을 사용하므로 service 모듈에서 firewalld를 시작하고, 활성화합니다.

예제 5.5 roles/common/tasks/main.yml (계속)

```
- name: 방화벽의 활성화
  service:
    name: firewalld
    state: started
    enabled: true
```

5.2.3. 롤 구현 2 – 마리아DB

다음은 마리아DB를 설정하는 롤을 작성해 보겠습니다.

■ 1. 기본 변수 설정

먼저 몇 개의 롤 변수에 기본값을 설정하겠습니다.

예제 5.6 roles/mariadb/defaults/main.yml

```
---
mariadb_version: 10.1
mariadb_databases: []
mariadb_users: []
```

- **mariadb_version**
  설치할 마리아DB의 버전. 10.1은 2016년 1월 시점의 최신 안정판

- **mariadb_databases**
  작성할 데이터베이스 목록. 초깃값은 비어 있음(데이터베이스를 작성하지 않음)

- **mariadb_users**

  작성할 DB 사용자 목록. 초깃값은 비어있음.

mariadb_database와 mariadb_users는 워드프레스를 이용할 때 필요한 데이터베이스 정보와 사용자 정보를 롤을 호출할 때에 등록합니다.

■ 2. 마리아DB 설치

마리아DB는 앞서 설명한 대로 CentOS 7의 표준 리포지터리에 포함돼 있으므로 그대로 yum 모듈로 설치할 수 있습니다. 단, 표준 리포지터리는 안정성을 중시해서 버전업에 대해서는 보수적입니다. 여기서는 마리아DB가 관리하는 yum 리포지터리를 사용해 최신 안정판을 설치해 보겠습니다.

yum 리포지터리를 추가하는 것은 이름 그대로 yum_repository라는 모듈이 있으므로 이 모듈을 이용하겠습니다.

예제 5.7 roles/mariadb/tasks/main.yml

```
---
- name: 마리아DB의 yum 리포지터리 추가
  yum_repository:
    name: mariadb
    description: 마리아DB
    baseurl: http://yum.mariadb.org/{{ mariadb_version }}/centos7-amd64
    gpgkey: https://yum.mariadb.org/RPM-GPG-KEY-MariaDB
    gpgcheck: true
```

baseurl에서 mariadb_version 변수를 사용해서 버전을 변경했습니다. mariadb_version의 기본값 10.1을 사용한 경우에 설치 시점에 10.1 계열의 최신판이 설치되지만, 마리아DB 리포지터리는 유지보수 버전별로 이름이 있어 10.1.20과 같이 구체적인 버전을 지정할 수도 있습니다.

centos7-amd64 부분은 OS 배포판과 CPU 아키텍처를 나타내며 이 값도 다음과 같이 setup으로 얻은 Fact에서 동적으로 생성할 수 있습니다(값은 64비트 CentOS 7 계열의 경우)[3].

---

3   이 방법은 값을 변경하거나 배포판 여러 개에 대응하는 등 작업이 조금 복잡하므로 자세한 설명은 생략하겠습니다.

```
ansible_architecture:x86_64

ansible_distribution:CentOS

ansible_distribution_major_version:7
```

리포지터리를 등록했으면 yum 모듈에서 마리아DB를 설치할 수 있습니다(예제 5.8).

예제 5.8 roles/mariadb/tasks/main.yml (계속)

```
- name: 마리아DB 서버와 관련된 의존 패키지 설치
  yum:
    name: "{{ item }}"
  with_items:
    - MariaDB-server
    - MariaDB-client
    - MariaDB-devel
    - MySQL-python
```

여기에서 with_items를 사용해 서버(MariaDB-server)와 클라이언트(MariaDB-client), 헤더 파일 (Mariadb-devel), 앤서블의 MySQL 계열 모듈에서 필요한 파이썬 클라이언트 라이브러리(MySQL-python)를 한꺼번에 설치합니다.

■ 3. 마리아DB 서버를 시작

service 모듈을 사용해서 마리아DB를 시작하고 OS를 시작할 때 자동으로 시작될 수 있게 자동 시작 설정도 활성화하겠습니다.

예제 5.9 roles/mariadb/tasks/main.yml (계속)

```
- name: 마리아DB 서버 시작과 자동 시작 적용
  service:
    name: mariadb
    state: started
    enabled: true
```

■ 4. 데이터베이스와 사용자 생성

마리아DB를 시작한 다음에 mysql_db 모듈로 데이터베이스를 생성하고, mysql_user 모듈로 데이터 베이스 사용자를 생성합니다.

생성한 데이터베이스 정보는 mariadb_databases 변수, 사용자 정보는 mariadb_users 변수에서 얻을 수 있습니다.

예제 5.10 roles/mariadb/tasks/main.yml (계속)

```
- name: 시스템용 데이터베이스 생성
  mysql_db:
    name: "{{ item.name }}"
    encoding: "{{ item.encoding|default('utf8') }}"
    collation: "{{ item.collation|default('utf8_general_ci') }}"
  with_items: "{{ mariadb_databases }}"

- name: 시스템용 사용자 생성
  mysql_user:
    name: "{{ item.name }}"
    password: "{{ item.password }}"
    host: "{{ item.host|default('ocalhost') }}"
    priv: "{{ item.priv|default('') }}"
  with_items: "{{ mariadb_users }}"
```

데이터베이스 정보는 다음과 같은 속성 정보를 사용합니다.

- **name**

  데이터베이스 이름

- **encoding**

  데이터베이스의 인코딩 설정. 기본값은 utf8

- **collation**

  데이터베이스의 콜레이션(조합 순서) 설정. 기본값은 utf8_general_ci

또한, 사용자 정보는 다음과 같은 속성 정보를 사용합니다.

- **name**

  사용자 이름

- **password**

  접속 패스워드

- **host**

  사용자의 접속 호스트. 기본값은 localhost

- **priv**

  사용자에게 부여된 권한. 기본값은 권한 설정 없음

■ 5. 워드프레스에 변수 값 정의

마지막으로 로컬에 구현하는 것과 다르지만, 워드프레스 설정이 필요한 mariadb_databases, mariadb_users 값을 wordpress.yml에 정의해 보겠습니다(예제 5.11).

예제 5.11 wordpress.yml (수정)

```
---
- name: CentOS 7에서 워드프레스 설치
  hosts: all
  become: true
  vars:
    db_name: wordpress
    db_user: wordpress
    db_password: mysQ1InsecureP@ssw0rd
  roles:
    - name: common
      tags:
        - common
    - name: mariadb
      vars:
        mariadb_databases:
          - name: "{{ db_name }}"
        mariadb_users:
          - name: "{{ db_user }}"
            password: "{{ db_password }}"
            priv: "{{ db_name }}.*:ALL"
      tags:
        - mariadb
    - name: php-fpm
      tags:
        - php-fpm
    - name: nginx
      tags:
        - nginx
    - name: wordpress
      tags:
        - wordpress
```

먼저, 플레이의 vars 지시자를 사용해 db_name, db_user, db_password 변수를 정의하고 DB 이름, 사용자 이름, 패스워드를 정의합니다[4]. 다음으로 이 값을 사용해 mariadb 롤을 호출하는 부분에서 mariadb_databases와 mariadb_users 변수를 설정합니다. mariadb_users의 priv에서는 DB의 모든 요소 (*)를 모두 실행(ALL) 할 수 있게 설정합니다.

또한, 이 예제는 단일 구성의 플레이북이므로 mariadb_users의 host 속성은 설정하지 않았으나 (localhost로 설정), 애플리케이션 서버와 DB 서버를 분리할 때는 host 속성에 애플리케이션 서버의 IP 주소를 입력해야 합니다.

5.2.4. 롤 구현 3 - PHP-FPM

php-fpm 롤에서 워드프레스를 실행하기 위해 PHP 애플리케이션 서버인 PHP-FPM을 설치하고 시작합니다.

■ 1. 변수 설정

먼저 필요한 변수를 설정합니다.

예제 5.12 roles/php-fpm/defaults/main.yml

```
---
php_fpm_php_version: 7.0
php_fpm_additional_packages: []
```

PHP 버전은 2017년 1월 시점에서 최신 버전 중 안정판인 7.0 계열로 설정하고, 패키지를 추가로 설치하고 싶을 경우를 대비해서 additional_packages 변수를 미리 정의해둡니다.

예제 5.13 roles/php-fpm/vars/main.yml

```
---
php_fpm_config_dir: /etc/php-fpm.d
```

---

4 실제로 프로덕션을 사용할 때는 패스워드 등과 같은 보안과 관련된 값을 원래의 문장으로 저장하는 것은 바람직하지 않습니다. 앤서블에서는 이런 값을 암호화해서 관리하는 Vault란 구조가 있습니다. Vault에 관한 상세한 설명은 칼럼(P.153)를 참고하길 바랍니다.

위와 같이 PHP-FPM의 설정 파일이 있는 디렉터리를 지정합니다. 이 디렉터리는 PHP-FPM이 설치된 시점에서는 기본으로 사용되므로 여기서는 설정이 바뀌지 않는다고 가정하여 변수 개념보다는 상수 개념으로 사용합니다.

■ 2. Remi 리포지터리 설치

CentOS 7 기반 리포지터리에도 PHP가 포함돼 있으나, 5.4 버전으로 조금 오래된 버전이 포함돼 있습니다. 최신 안정 버전인 7.0 계열을 사용하기 위해 PHP를 설치할 때에 사용되는 인기 있는 외부 리포지터리인 Remi를 설치하겠습니다.

예제 5.14 roles/php-fpm/tasks/main.yml

```
---
- name: Remi 리포지터리 설치
  yum:
    name: https://rpms.remirepo.net/enterprise/remi-release-7.rpm
```

yum 모듈에서 yum 명령처럼 리포지터리의 버전 이름뿐만이 아니라 rpm의 공식 URL을 그대로 지정해 설치할 수도 있습니다.

■ 3. PHP-FPM 설치와 시작

리포지터리를 등록한 다음에 PHP-FPM을 설치합니다. 더불어 다른 서비스와 마찬가지로 서버가 시작되게 실행합니다.

예제 5.15 roles/php-fpm/tasks/main.yml (계속)

```
- name: php-fpm과 관련 모듈 설치
  yum:
    name: "{{ item }}"
    enablerepo: "remi-php{{ php_fpm_php_version|replace('.', '') }}"
  with_items:
    - php-fpm
    - php-devel
    - php-enchant
    - php-mbstring
    - php-process
    - php-xml
    - php-gd
```

```
    - "{{ php_fpm_additional_packages }}"
  notify:
    - PHP-FPM 재시작

- name: PHP-FPM 시작
  service:
    name: php-fpm
    state: started
    enabled: true
```

Remi에서 PHP 버전별로 remi-php56, remi-php70…과 같이 리포지터리 이름이 나뉘어 있어서 yum 모듈의 enablerepo 인수에서 명시적으로 활성화해야 합니다. 여기에서는 php_fpm_php_version 변수의 값에 replace 필터를 사용해 .(도트)를 제거한 값을 넘겨줘서 동적으로 버전을 변경할 수 있게 했습니다.

아울러 같이 설치한 라이브러리는 모두 PHP가 제공하는 확장 기능(extension)으로, 일반적으로 워드프레스와 같은 웹 애플리케이션을 동작시킬 때에 필요한 것이 많습니다. 이외에 다른 패키지가 필요한 경우에는 php_fpm_additional_packages 변수에 목록으로 지정하여 추가로 설치할 수 있습니다. notify로 지정된 "PHP-FPM 재시작"이란 파라미터를 그다음에 작성했으나, PHP-FPM 자체가 변경될 경우를 가정해 재시작하도록 했습니다.

■ 4. 재시작 핸들러 추가

앞의 태스크에서 호출한 "PHP-FPM 재시작" 핸들러를 구현해 php-fpm 롤 작성을 마치겠습니다.

예제 5.16 roles/php-fpm/handlers/main.yml

```
---
- name: PHP-FPM 재시작
  service:
    name: php-fpm
    state: restarted
```

내용 자체는 service 모듈에서 재시작하는 것으로 특별한 것은 없습니다.

■ 5. PHP용 MySQL 모듈을 추가로 설치

워드프레스를 이용하려면 위에서 설치한 패키지 외에 마리아DB 서버에 접속하기 위한 MySQL 클라이언트 모듈이 필요합니다(마리아DB는 MySQL과 호환되므로 클라이언트용 라이브러리는 MySQL용을 그대로 사용합니다). PHP 7.0에서는 라이센스와 효율성 문제 때문에 추천하지 않는 기존의 MySQL 확장(yum에서 패키지 이름은 php-mysql)이 폐지되고 그 대신에 mysqli와 PDO_MySQL이란 새로운 API를 사용해야 합니다(워드프레스가 채택한 것은 mysqli). Remi 리포지터리에서는 2개의 새로운 API와 이것을 사용한 MySQL Native Driver가 세트인 php-mysqlnd 패키지로 제공되고 있으므로 php_fpm_additional_packages에 php-mysqlnd를 추가합니다.

예제 5.17 wordpress.yml (발췌)

```
- name: CentOS 7에서 워드프레스 설정
  ...
  roles:
    ...
    - name: php-fpm
      vars:
        php_fpm_additional_packages:
          - php-mysqlnd
      tags:
        - php-fpm
      ...
```

이것으로 워드프레스에서 MySQL로 접속할 수 있게 됐습니다.

5.2.5. 롤 구현 4 – 엔진엑스

nginx 롤은 앞장에서 만든 그대로 사용하겠습니다. 이처럼 한 번 만든 롤을 재사용할 수 있다는 점이 롤의 장점입니다. 단지 하나, 워드프레스를 80번 포트로 공개하기 위해 엔진엑스 쪽의 기본 공개 포트를 80에서 8080으로 변경합니다. 기본 공개 포트는 nginx_default_port란 이름의 변수로 되어 있으므로 이 값을 롤을 호출할 때 다시 사용합니다.

예제 5.18 wordpress.yml (발췌)

```
- name: CentOS 7에서 워드프레스 설정
  ...
  roles:
    ...
    - name: nginx
      vars:
        nginx_default_port: 8080
      tags:
        - nginx
```

플레이북 실행 속도를 높이기 위한 요령

앤서블을 본격적으로 활용함에 따라서 "플레이북을 좀 더 빠르게 실행할 수 없을까?"라는 생각이 들 수도 있습니다. 그럴 때는 제일 먼저 설정 파일 중에서 2개의 항목을 확인해야 합니다.

■ 파이프라이닝으로 SSH 처리 수 줄이기

일반적으로 앤서블은 태스크를 실행할 때 SSH 명령을 여러 번 실행하지만(전형적으로 "임시 디렉터리 생성", "모듈 스크립트 전송", "모듈에 실행 권한 부여", "모듈 실행 + 삭제" 총 4회), 파이프라이닝 설정을 활성화하면 모듈 스크립트의 전송을 처리할 필요가 없어집니다. 따라서 SSH 처리 수가 감소하여("모듈 실행"만으로 완료) 성능 개선으로 연결될 수 있습니다. 이 설정은 SSH를 통해 모듈을 실행하는 모든 경우에 유효하므로 항상 활성화해 두는 것이 좋습니다.

ansible.cfg 설정 예는 다음과 같습니다. [defaults]가 아닌 [ssh_connection] 블록에 설정하므로 주의해야 합니다.

```
[ssh_connection]
pipelining = True
```

이처럼 파이프라이닝 설정이 기본적으로 비활성되어 있는 이유는 "sudo를 사용해서 관리자 권한으로 실행할 때 sudoers 설정 파일에서 requiretty를 비활성화해야 한다"는 사용 제약이 있기 때문입니다. 앤서블은 "모든 시스템에서 기본 설정만으로 문제없이 동작한다"는 것을 바탕으로 시스템 설정이 기본값으로 되어 있어 위와 같이 특별한 대응이 필요한 설정에 대해서는 앤서블 2.2 시점에서 기본적으로 활성화하는 것을 보류하고 있습니다.

단지, requiretty가 활성 상태인 호스트를 작업할 때에도 다음과 같이 플레이북(disable-requiretty.yml)을 이용해서 파이프라이닝 대응 처리 자체를 앤서블에서 실행할 수 있습니다.

```
- name: 파이프라이닝 대응용 플레이
  hosts: all
  become: yes
  vars:
    ansible_ssh_pipelining: no
  tasks:
    - name: ansible_user에 대한 requiretty 설정을 비활성화
      lineinfile:
        dest: /etc/sudoers
        regexp: '^Defaults:{{ ansible_user }}\srequiretty'
        line: 'Defaults:{{ ansible_user }} requiretty'
        validate: 'visudo -cf %s'
        backup: yes
```

태스크 자체는 lineinfile 모듈에서 /etc/sudoers를 편집해서 requiretty를 비활성화 하면 간단합니다[a]. 이 플레이에서는 vars 지시자에 ansible_ssh_pipelining: no를 지정하여 설정 파일의 내용과 관계없이 플레이의 파이프라이닝을 비활성화 합니다.

이처럼 앤서블을 사용하기 위해서 사전 준비 자체를 앤서블에서 실행할 수 있는 것이 앤서블의 큰 강점 중 하나라 할 수 있습니다.

■ forks로 동시 병렬 배포 수 제어

여러 대에 동시에 배포를 실행할 때 먼저 조정해야 하는 것이 호스트에 최대 동시 접속 수를 표시하는 forks입니다. 기본 설정은 앤서블 설정 방침에 따라 최대 접속 수 5라는 아주 작은 수가 설정되어 있으므로 5대 이상의 호스트에 동시 배포하는 경우가 있으면 이 값을 늘려줘야 합니다.

ansible.cfg를 설정하는 예입니다.

```
[default]
forks = 50
```

설정값은 실제로 다룰 서버 수와 앤서블을 실행하는 서버의 사양에 따라 조정해야 합니다. 오늘날의 리눅스 서버라면 수십에서 수백 단위의 값을 설정해도 문제가 일어나는 일은 별로 없을 것입니다.

주의해야 할 점은 맥 OS에서 앤서블을 작동시키는 경우에 forks 값을 20 정도로 한다면 "Unexpected Exception: [Errno 24] Too many open file"이라는 에러가 발생하여 호스트에 접속할 수 없게 됩니다. 맥에서는 사용자가 열 수 있는 파일 수의 상한값이 꽤 작으므로 forks을 크게 하고 싶을 때는 다음과 같이 파일의 수를 늘려줘야 합니다.

```
$ sudo launchctl limit maxfiles 10240
```

1024라는 것은 명령으로 설정할 수 있는 최댓값으로 기본값인 256과 비교해도 꽤 큽니다. 다만 이 값은 OS를 재시작할 때마다 리셋됩니다. 파일을 재시작한 후에도 설정을 활성화하는 방법도 있지만, 설정이 잘못되어 시스템의 동작에 문제가 발생할 것을 생각하면 매번 설정하는 것이 좋습니다. 플레이북을 실행하기 전에 매번 명령을 실행하고 싶지 않을 때는 다음과 같이 래퍼 스크립트(ansible-playbook-with-raise-maxfile.sh)를 통해서 명령을 실행하는 것이 좋습니다.

```sh
#!/bin/sh
sudo launchctl limit maxfiles 10240
exec ansible-playbook $@
```

[a] sudoers를 변경할 때는 visudo에 의한 검증을 절대로 잊지 말 것.

5.2.6. 롤 구현 5 - 워드프레스

드디어 대단원인 워드프레스 설정 롤을 구현하겠습니다.

■ 1. 기본 변수 설정

먼저, 필요한 기본 변수를 정의합니다.

예제 5.19 roles/wordpress/defaults/main.yml

```yaml
---
wordpress_version: "4.8.2"
wordpress_src_url: "https://ko.wordpress.org/wordpress-{{ wordpress_version }}-ko_KR.tar.gz"
wordpress_document_root: /srv
wordpress_home: "{{ wordpress_document_root }}/wordpress"

wordpress_port: 80
wordpress_server_name: _

wordpress_user: wordpress
wordpress_group: wordpress

wordpress_db_name: wordpress
wordpress_db_host: localhost
wordpress_db_user_name: wordpress
wordpress_db_user_password:
```

```
wordpress_nginx_user: nginx
wordpress_nginx_group: nginx

wordpress_nginx_config_dir: /etc/nginx/conf.d
wordpress_php_fpm_config_dir: /etc/php-fpm.d

wordpress_php_fpm_socket_path: /var/run/php-fpm/wordpress.sock
```

- **wordpress_version**
  설치할 워드프레스 버전. 4.8은 2017년 6월 시점에서 최신판

- **wordpress_src_url**
  워드프레스 소스를 내려받을 URL. 여기서는 지정된 버전의 한국어판 워드프레스의 공식 URL을 지정하고 있다.

- **wordpress_document_root**
  워드프레스를 설치할 디렉터리. /srv는 HTTP 등의 서비스용 리소스를 배치하기 위해 준비된 디렉터리

- **wordpress_home**
  실제로 워드프레스가 배치되는 디렉터리 경로. wordpress 디렉터리는 내려받은 워드프레스 소스를 실행했을 때 자동으로 생성된다.

- **wordpress_port**
  워드프레스를 공개할 포트

- **worddpress_server_name**
  워드프레스를 공개할 서버 이름. 기본값은 _(임의의 호스트 이름에 대응)

- **wordpress_user, wordpress_group**
  워드프레스를 시작할 사용자/그룹

- **wordpress_db_name~wordpress_db_user_password**
  데이터베이스의 접속 정보. 패스워드는 항상 외부에서 설정하도록 값을 설정하지 않은 채로 둔다.

- **wordpress_nginx_user, wordpress_nginx_group**
  엔진엑스를 시작할 사용자/그룹

- **wordpress_nginx_config_dir**
  엔진엑스 설정 파일 배치용 디렉터리

- wordpress_php_fpm_config_dir
  PHP-FPM 설치 파일 배치용 디렉터리

- wordpress_php_fpm_socket_path
  PHP-FPM 서버의 소켓 파일

■ 2. 워드프레스용 사용자/그룹 작성

지금부터 태스크를 구현하겠습니다. 먼저 워드프레스를 시작할 사용자와 그룹을 작성합니다. 작성 순서는 엔진엑스 롤을 작성할 때와 같습니다.

예제 5.20 roles/wordpress/tasks/main.yml

```
---
- name: 워드프레스 그룹 작성
  group:
    name: "{{ wordpress_group }}"
    system: true

- name: 워드프레스 사용자 작성
  user:
    name: "{{ wordpress_user }}"
    home: "{{ wordpress_home }}"
    shell: /sbin/nologin
    groups: "{{ wordpress_group }}"
    append: true
    createhome: false
    system: true
```

엔진엑스 때와 차이점 중 하나는 사용자를 작성하는 곳에 createhome: false라는 인수가 있다는 점입니다. user 모듈은 홈 디렉터리가 지정되지 않았을 경우에 자동으로 생성되지만, wordpress_home으로 홈 디렉터리를 지정한 경우에는 워드프레스 소스가 적용될 때 생성되므로 홈 디렉터리가 자동 생성되지 않게 설정을 추가했습니다.

■ 3. 워드프레스 소스 내려받기와 적용

다음으로 워드프레스 소스를 내려받고 적용하겠습니다. 압축 파일을 해제하는 unarchive 모듈은 배포하는 곳을 외부 URL로 지정할 수 있으므로 별도로 내려받지 않아도 됩니다.

예제 5.21 roles/wordpress/tasks/main.yml (계속)

```
- name: 워드프레스 소스 해제
  unarchive:
    src: "{{ wordpress_src_url }}"
    dest: "{{ wordpress_document_root }}"
    remote_src: true
    owner: "{{ wordpress_user }}"
    group: "{{ wordpress_group }}"
```

src에 워드프레스 소스를 내려받을 곳의 URL을 지정하고, 압축을 해제할 곳으로 dest에 wordpress_docuent_root를 지정합니다. wordpress_home에 지정된 디렉터리는 앞에서 설명한 대로 적용할 때에 자동 배치되므로 dest에는 새로운 디렉터리인 wordpress_document_root를 지정해야 하는 점에 유의해야 합니다.

remote_src: true는 src를 외부에서 얻는 것을 표시합니다. 기본적으로 src는 서버의 로컬 경로를 지정하므로 이 설정을 변경해야 합니다.

owner와 group에는 다른 파일의 설치 계열 모듈과 마찬가지로 해제한 파일의 소유자인 사용자/그룹을 설정합니다.

■ 4. 워드프레스 인증용 고유키 취득

앞에서 배치한 워드프레스 설정 파일(wp-config.php)에는 워드프레스에 사용자의 쿠키를 암호화하기 위한 인증용 고유키를 설정했으나, 보안을 지키려면 이 값을 환경별로 다르게 설정하는 것이 좋습니다. 직접 값을 생성해도 좋지만, 워드프레스에서 공식으로 제공하고 있는 자동 생성 API(https://api.wordpress.org/secret-key/1.1/salt/)를 사용해 보겠습니다. 이 API에 접근하면 다음과 같이 임의로 생성된 고유키를 설정용 PHP에 그대로 붙여넣을 수 있습니다.

예제 5.22 https://api.wordpress.org/secret-key/1.1/salt/ (실행 예)

```
define('AUTH_KEY',         'b i#(.b~+d/$_)v{pOgK[;XmdfQ¦sY;Z}HgUDBuwQ83y$XnK]BF]zM<ijGj{9, '1');
define('SECURE_AUTH_KEY',  ':jyjM:bI?bQ;+K;3C(~&u9VYhY.KR '6@u(hT%_GMkd*X:%LXdVj$k+9GD&feJ}Cd');
define('LOGGED_IN_KEY',    'qf5Aaa-gd*r3Cvl{18B1@Q3kQ9S~.g+zY4LhkYUD{Qik^2ij%/{oY-tq-EG-*#3W');
define('NONCE_KEY',        ''<ATU.+jS8NKYOYx*:ot¦@fG!=oe5hQaxnc7Y_$ViUuG5M<@S]adu^?9f;2~vdF ');
define('AUTH_SALT',        'BZ>cCB5r9BpjCOYPfq1Gz&)HGXN3{SV&erMIn~t/LDbe+ts¦oQ>+nBOod-peOD,M');
define('SECURE_AUTH_SALT', 'ARF7ePbakxX>:Z{U;w2t8BuEn!*}HB])[dm~7c#7mD_-H@ 'NAjUHs69F8p~¦8_:b');
define('LOGGED_IN_SALT',   'o<LN#¦>;=4Ft0@Ju-w$H<(n&V?l@Oo@nz 'RF))-T¦^A.I¦~jg+Md0V/$^H;%e¦.R');
define('NONCE_SALT',       '7YP=#1b¦qf4nIsc<I[]qly[F?7*9K4¦ 's6KJ8$67WT+YccsOiA7#L¦E:,$~deHv>');
```

플레이북을 실행할 때마다 매번 이 값을 갱신해도 상관없지만 로그인 중인 사용자 전원이 다시 로그인 해야 하는 문제가 있으므로 값을 파일에 저장해놓고 재사용하겠습니다.

또한, 직접적인 문제가 되지는 않지만 플레이북 구성이 복잡한 경우에는 이 값을 서버 전체에 공통으로 둬야 합니다. 여기서는 다음과 같은 전략으로 이러한 요구 사항을 충족시킵니다.

- 먼저 파일에서 값을 읽어 들인다.

- 파일에서 읽어 들일 수 없으면 API를 통해서 값을 얻는다

- 위의 값을 변수에 저장한 다음 파일에 저장한다(값이 변경되지 않았을 경우에는 파일은 그대로이다).

이 요소들을 충족시키기 위해서는 block 설명 중에 잠깐 나왔던 예외 처리 기능을 사용하면 편리합니다.

예제 5.23 roles/wordpress/tasks/main.yml (계속)

```
- block:
    - name: 인증용 고유키 파일을 읽는다
      command: "cat {{ wordpress_home }}/unique_keys"
      changed_when: false
      run_once: true
      delegate_to: "{{ ansible_play_hosts[0] }}"
      register: cat_unique_keys
  rescue:
    - name: 인증용 고유키 취득
      uri:
        url: https://api.wordpress.org/secret-key/1.1/salt/
        return_content: true
      run_once: true
      register: get_unique_keys
  always:
    - name: 인증용 고유키 정보를 변수에 설정
      set_fact:
        wordpress_unique_keys: "{{ (get_unique_keys.content if cat_unique_keys|failed else ⇒
cat_unique_keys.stdout)|trim }}"

    - name: 인증용 고유키를 파일에 저장
      copy:
        backup: true
        content: "{{ wordpress_unique_keys }}"
        dest: "{{ wordpress_home }}/unique_keys"
```

block 이외에 태스크를 모아 놓은 지시자가 있습니다. rescue에는 block에서 처리가 실패했을 경우에 실행할 태스크를, always에는 처리의 성공, 실패와 관계없이 블록을 빠져나오기 전에 실행할 태스크를 작성합니다.

위 예제는 다음과 같은 흐름이 됩니다.

- "인증용 고유키 파일 읽기"가 먼저 실행된다.
- 실패했을 때에만 "인증용 고유키 가져오기"가 실행된다.
- 맨 마지막으로 "인증용 고유키 정보를 변수에 저장"과 "인증용 고유키를 파일에 저장"이 처리된다.

각 태스크의 처리 내용에 관해 설명하겠습니다. 먼저 "인증용 고유키 파일 읽기"에서는 cat 명령으로 직접 파일을 읽어서 처리된 결과를 cat_unique_keys 변수에 저장하지만, 다음과 같은 제어를 합니다.

- 변수 계열 처리가 아니므로 changed_when: false를 설정
- 값을 한번만 얻고 싶을 경우에 run_once: true로 태스크가 1대만 실행되도록 설정.
- delegate_to: {{ ansible_play_hosts[0] }}을 설정해서 항상 첫 번째 호스트에서 태스크가 실행되도록 제어

delegate_to는 플레이 중에 전체 실행 대상 호스트의 목록이 있는 변수 ansible_play_hosts의 첫 번째 요소를 지정하는 것으로 serial을 사용해 플레이 실행을 여러 번 분할했을 때에도(7장 P.212 참조) 매번 같은 호스트에서 값을 읽을 수 있게 되어 있습니다.

파일 읽기에 실패했을 때 실행되는 "인증용 고유키 취득"에서 웹 API 접속용 모듈 url을 사용하여 고유 키를 생성하는 API에 접근했으나, return_content: true로 설정되어 있지 않으면 반환된 내용을 꺼낼 수 없게 되므로 주의해야 합니다. run_once: true에서 실행을 1번으로 제한하고 있지만, 어디에서 실행돼도 괜찮으므로 delegate_to는 지정하지 않습니다.

맨 마지막으로 set_fact를 사용해 wordpress_unique_keys 변수에 키 정보를 저장합니다. 진자2의 if~else를 사용하여 파일 읽기에 실패했을 때 API의 정보를 변수에 넣을 수 있게 하는 점이 핵심입니다.

trim 필터를 사용하여 API에서 얻은 값에 포함된 마지막 개행을 제거했습니다. copy 모듈은 일반적으로 파일을 복사하는 데 사용하지만, src 인수에 복사할 파일의 경로를 지정하는 대신에 content 인수에 파일 내용을 지정할 수도 있습니다. 변숫값을 파일로 만드는 것은 일반적으로 template 모듈을 사용하

지만, 이 경우처럼 단일 변숫값을 그대로 파일로 만들고 싶을 때에도 이 방법을 사용하면 간단하고 편리합니다.

■ 5. 워드프레스 설정 파일 배치

고유키 정보를 얻었다면 다음으로 설정 파일인 wp-config.php를 배치합니다. 먼저, 기본이 되는 진자2 템플릿을 다음과 같이 준비합니다.

예제 5.24 roles/wordpress/templates/wp-config.j2.php

```php
<?php
// {{ ansible_managed }}
define('DB_NAME', '{{ wordpress_db_name }}');
define('DB_USER', '{{ wordpress_db_user_name }}');
define('DB_PASSWORD', '{{ wordpress_db_user_password }}');
define('DB_HOST', '{{ wordpress_db_host}}');
define('DB_CHARSET', 'utf8');
define('DB_COLLATE', '');

{{ wordpress_unique_keys }}

$table_prefix = 'wp_';

define('WP_DEBUG', false);

if ( !defined('ABSPATH') )
  define('ABSPATH', dirname(__FILE__) . '/');

require_once(ABSPATH . 'wp-settings.php');
```

맨 처음에 ansible_managed 변수를 추가하고 나머지는 wp-config-sample.php에서 주석을 삭제한 후에 다음과 같이 템플릿으로 구성한 것입니다.

- ansible_managed 명령을 맨 앞에 추가

- 각종 데이터베이스 접속 정보를 변수로 만듦

- 인증용 고유키를 wordpress_unique_keys 변수에 추가

변수로 되어 있지 않은 정보에 대해서는 일반적으로 변경할 필요가 없지만, 예를 들어 디버깅 모드로 변환하고 싶을 경우에 define('WP_DEBUG', false);의 false 부분을 {{ wp_debug }}와 같이 변수로 만들어서 템플릿에서 변수 설정하는 부분에 추가하는 것이 좋습니다. 템플릿의 설치 태스크는 예제 5.25와 같습니다.

예제 5.25 roles/wordpress/tasks/main.yml (계속)

```
- block:
  ...
  always:
    ...
    - name: 워드프레스 설정 파일 배치
      template:
        src: wp-config.j2.php
        dest: "{{ wordpress_home }}/wp-config.php"
        owner: "{{ wordpress_user }}"
        group: "{{ wordpress_group }}"
```

이 태스크는 특별한 것은 없습니다.

■ 6. PHP-FPM용 설정 파일 배치

다음으로 워드프레스를 시작하기 위한 PHP-FPM용 설정 파일을 배치하겠습니다. 기본 형식은 예제 5.26과 같습니다.

예제 5.26 roles/wordpress/templates/wordpress.fpm.j2.conf

```
[wordpress]
listen = {{ wordpress_php_fpm_socket_path }}
listen.owner = {{ wordpress_nginx_user }}
listen.group = {{ wordpress_nginx_group }}
listen.mode = 0660
user = {{ wordpress_user }}
group = {{ wordpress_group }}
pm = dynamic
pm.max_children = 10
pm.start_servers = 1
pm.min_spare_servers = 1
pm.max_spare_servers = 3
pm.max_requests = 500
chdir = {{ wordpress_home }}
```

변수로 구성하는 부분으로 특별한 것은 없습니다.

- **listen**

  wordpress_php_fpm_socket_path 변수를 지정

- **listen.owner, listen.group**

  소켓을 읽을 사용자/그룹으로 엔진엑스를 시작할 사용자/그룹을 지정

- **user, group**

  PHP-FPM 프로세스를 시작할 사용자/그룹으로 워드프레스용 사용자/그룹을 지정

- **chdir**

  프로세스를 시작할 때 기점이 되는 디렉터리. wordpress_home에 설정

pm. 계열의 설정은 변수로 구성하지 않았으나, PHP-FPM 서버의 프로세스 제어를 설정하는 것 등을 할 수 있습니다. 이 부분을 자세히 설명하는 것은 이 책에서 다루는 범위를 넘어가므로 자세한 설명은 생략하겠습니다. 그러나 성능을 제대로 튜닝하려면 이 값을 조정해야 합니다. 먼저, 위 설정만으로도 문제없이 동작하지만, 본격적으로 워드프레스를 실제로 운용할 때에는 이 설정들도 어느 정도 변수로 구성해서 앤서블에서 보다 상세한 설정을 변경할 수 있게 하는 것이 바람직합니다.

설치 태스크는 예제 5.27과 같습니다.

예제 5.27 roles/wordpress/tasks/main.yml (계속)

```
- block:
  ...
  always:
    ...
  - name: PHP-FPM용 설정 파일 배치
    template:
      src: wordpress.fpm.j2.conf
      dest: "{{ wordpress_php_fpm_config_dir }}/wordpress.conf"
    notify:
      - PHP-FPM 재시작

  - name: PHP-FPM 설정 파일 테스트
    command: php-fpm -t
    changed_when: false
```

template 태스크에서 notify로 "PHP-FPM 재시작"을 호출할 수 있습니다. 즉, notify로 이미 호출된 다른 롤의 핸들러도 호출할 수 있으므로 워드프레스 롤에서 "PHP-FPM 재시작" 핸들러를 다시 구현하지 않아도 됩니다.

설치한 후에 실행되는 테스트 태스크에서는 php-fpm 명령에서 제공되는 설정 파일 테스트를 그대로 실행하고 있습니다. 설정 파일이 정상적인지 확인하려면 template 태스크의 validate 인수를 실행하는 것이 좋지만, 이번 예제처럼 설정 파일용 디렉터리에서 임의의 설정 파일을 설치한 패턴이라면 실제 설정 파일을 설치한 후에야 문제가 있는지 없는지 판단할 수 있으므로 다른 태스크로 분리했습니다. validate는 어디까지나 파일을 실제로 배치할 곳에 복사하기 전의 시점에서 그 파일을 단독으로 확인할 수 있을 때에만 유효한 방법이라는 점을 알아두기 바랍니다.

■ 7. 엔진엑스용 설정 파일 배치

다음으로 엔진엑스에서 워드프레스를 시작한 PHP-FPM 서버에 리버스 프록시 설정 파일을 다음과 같이 작성하여 배치합니다.

예제 5.28 roles/wordpress/templates/wordpress.nginx.j2.conf

```
server {
  listen      {{ wordpress_port }};
  server_name {{ wordpress_server_name }};
  root        {{ wordpress_home }} ;

  client_max_body_size 64M;

  # Deny access to any files with a .php extension in the uploads directory
  location ~* /(?:uploads|files)/.*\.php$ {
    deny all;
  }

  location / {
    index index.php index.html index.htm;
    try_files $uri $uri/ /index.php?$args;
  }

  location ~* \.(gif|jpg|jpeg|png|css|js)$ {
    expires max;
  }

  location ~ \.php$ {
    try_files $uri =404;
```

```
        fastcgi_split_path_info ^(.+\.php)(/.+)$;
        fastcgi_index  index.php;
        fastcgi_pass   unix:{{ wordpress_php_fpm_socket_path }};
        fastcgi_param  SCRIPT_FILENAME
                       $document_root$fastcgi_script_name;
        include        /etc/nginx/fastcgi_params;
    }
}
```

변수로 구성한 항목은 다음과 같습니다.

- listen에서 wordpress_port에 지정한 포트를 보도록 설정

- server_name 값에 wordpress_server_name 변수를 지정

- 정적 파일을 전송하는 기점이 되는 root 디렉터리는 wordpress_home 변수에 설정

- location ~ ₩.php$의 fastcgi_pass(리버스 프록시 위치)에는 wordpress_php_fpm_socket_path 변수의 값을 UNIX 도메인 소켓으로 보도록 설정

location 각 설정은 워드프레스를 엔진엑스에 배포할 때의 기본 설정이지만, 이미지, 자바스크립트, CSS, 워드프레스를 통해 업로드된 파일만을 엔진엑스의 정적 콘텐츠로 배포하고 PHP는 PHP-FPM에 연결되게 했습니다.

배치 태스크는 예제 5.29와 같습니다.

예제 5.29 roles/wordpress/tasks/main.yml (계속)

```
- block:
    ...
  always:
    ...
    - name: 엔진엑스 설정 파일 배치
      template:
        src: wordpress.nginx.j2.conf
        dest: "{{ wordpress_nginx_config_dir }}/wordpress.conf"
      notify:
        - 엔진엑스 서비스 리로드

    - name: 엔진엑스 설정 파일 테스트
      command: nginx -t
      changed_when: false
```

"엔진엑스 서비스 리로드" 핸들러를 호출하는 부분과 설정 파일의 테스트 방법 등은 PHP-FPM의 설정 파일 배치와 같습니다.

예제 5.30 roles/wordpress/handlers/main.yml

```
---
- name: Firewalld 서비스 재시작
  service:
    name: firewalld
    state: restarted
```

■ 8. 방화벽 설정

태스크를 구현한 다음에 외부에서 워드프레스에 접속할 수 있도록 방화벽을 개방합니다. Firewalld 작업은 이름과 같은 firewalld 모듈을 사용합니다.

예제 5.31 roles/wordpress/tasks/main.yml (계속)

```
- block:
  ...
  always:
    ...
    - name: Firewalld에서 워드프레스 시작 포트를 공개 상태로 설정
      firewalld:
        port: "{{ wordpress_port }}/tcp"
        permanent: true
        state: enabled
      notify:
        - Firewalld 서비스 재시작
```

* **port**

  wordpress_port 변수에 지정된 포트의 TCP 연결을 작업 대상으로 지정

* **permanent**

  true로 지정하면 firewalld를 다시 시작할 때 설정이 남는다.

* **state**

  enabled로 하고 개방 룰임을 지정. 접근 거부 룰을 설정할 때에는 disabled

■ 9. 롤을 호출할 때 변수 설정 추가

마지막으로 wordpress 롤을 호출하는 부분에 변수를 덮어쓸 수 있게 설정해 워드프레스 환경 구축용
플레이북인 wordpress.yml의 구현을 끝냅니다.

예제 5.32 wordpress.yml (발췌)

```
- name: CentOS 7에 워드프레스 설정
  ...
  roles:
    ...
  - name: wordpress
    vars:
      wordpress_db_name: "{{ db_name }}"
      wordpress_db_user_name: "{{ db_user }}"
      wordpress_db_user_password: "{{ db_password }}"
      wordpress_nginx_user: "{{ nginx_user }}"
      wordpress_nginx_group: "{{ nginx_group }}"
      wordpress_nginx_config_dir: "{{ nginx_config_dir }}"
      wordpress_php_fpm_config_dir: "{{ php_fpm_config_dir }}"
    tags:
      - wordpress
  ...
```

이처럼 플레이북에 설정된 변수 이외에 미리 롤에 설정된 변수를 전달하면 값을 수정해야 할 때 몇 군
데나 수정할 필요가 없어지게 됩니다.

5.3. 플레이북 실행

자, 이것으로 워드프레스 환경을 구축하는 플레이북이 완성됐습니다. 플레이북은 다음과 같이 실행할
수 있습니다.

```
$ ansible-playbook -i vagrant.py wordpress.yml
```

플레이북을 실행한 다음에 http://192.168.33.10(Vagrantfile에 IP 주소를 다시 작성한 경우에는 작
성한 IP 주소)으로 접속하면 다음과 같은 워드프레스 초기 설정 화면이 표시됩니다.

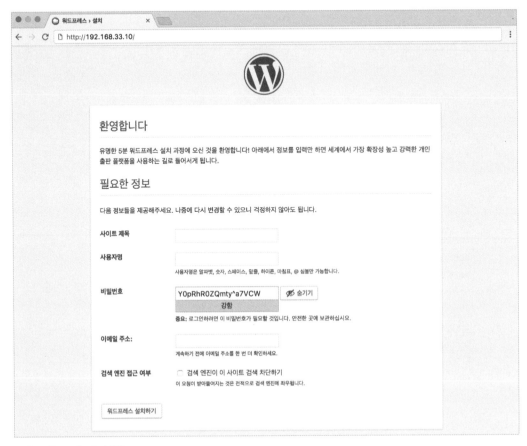

그림 5.1 워드프레스 초기 화면

사이트 이름과 메일 주소, 패스워드를 입력하면 워드프레스 관리자 화면으로 이동합니다.

수고하셨습니다. 이것으로 플레이북을 사용한 워드프레스 배포가 끝났습니다.

이 장에서는 단일 구성인 워드프레스를 예로 들어 실용적인 플레이북을 구현하는 방법과 비결을 소개했습니다. 여기에서 다룰 내용은 어디까지나 간단한 단일 구성이지만, 뒤에 나올 내용에서 복잡한 구성의 플레이북을 구현할 때 그대로 사용할 수 있습니다.

이 장까지 앤서블에서 서버를 작동하는 데 필요한 순서를 설명했습니다. 다음 장부터는 앤서블을 활용하는데 필요한 각종 클라우드 기반 작업과 도커 컨테이너 작업에 관해 설명하겠습니다.

앤서블 볼트를 사용한 파일을 암호화

시스템을 배포할 때에는 각종 패스워드와 비밀키, 외부 서비스에 접근하기 위한 접근키 등의 보안상 중요한 기밀 정보를 다뤄야 하는 경우가 적지 않게 등장합니다. 이 정보들이 그대로 플레이북에 포함되면 플레이북을 볼 수 있는 사람 모두에게 노출돼 버리므로 보안을 지키기 위한 대책이 필요합니다. 기밀 정보를 플레이북과 분리해 독립되게 관리하는 것이 가장 간단한 해결책이지만, 플레이북과 기밀 정보를 이중으로 관리하는 것은 좋은 방법은 아닙니다. 이런 경우에는 ansible-vault 명령을 사용해 기밀 정보를 포함한 파일을 암호화하고 암호화된 파일을 버전 관리에 포함하는 것이 좋습니다. 이렇게 하면 플레이북과 별도로 관리해야 하는 것은 암호화 파일을 복원하기 위한 패스워드 1개뿐입니다.

볼트(Vault)를 사용해 암호화할 대상은 다음의 2종류입니다.

- 변수 정의 YAML 파일
- copy 모듈을 사용해 복사할 원래 파일

태스크를 정의한 YAML 파일과 플레이북도 암호화할 수 있으나, "플레이북을 볼 수 있는 사람에게조차도 숨겨야 하는 작업"은 거의 없으므로 변수 정의만 암호화하는 것이 일반적입니다. 또한, YAML 이외의 파일에서 앤서블 실행 중에 복원할 수 있는 것은 copy 모듈을 실행할 때뿐이므로 template 모듈을 사용한 진자2 템플릿 등은 암호화하지 않습니다.

ansible-vault 명령으로 복원 대상 외의 것도 포함하여 모든 파일을 암호화할 수도 있지만, copy 이외의 명령에서 사용하면 암호화된 파일이 그대로 사용되므로 주의해주십시오.

그러면 명령을 사용하는 방법을 살펴보겠습니다.

■ 암호화된 YAML 파일 작성/편집

암호화된 YAML 파일을 작성할 때는 ansible-vault create 명령을 사용합니다. 현재 디렉터리의 private.yml 파일에 기밀 정보를 포함하려면 다음과 같이 명령을 실행합니다.

```
$ ansible-vault create private.yml
```

실행하면 패스워드를 입력하는 프롬프트가 표시되므로 패스워드를 입력하여 파일을 암호화합니다.

```
Vault password:
```

패스워드가 1줄로 쓰인 패스워드 파일이 있는 경우에는 패스워드를 직접 입력하지 않고 명령을 실행할 때 --value-password-file=〈패스워드 파일 경로〉로 패스워드 파일을 지정할 수 있습니다. 동적 인벤터리와 마찬가지로 패스워드 파일이 실행할 수 있는 스크립트가 있는 경우에는 스크립트가 실행된 결과의 표준 출력을 패스워드로 다룹니다[a].

패스워드를 지정한 후에 vi 에디터 또는 환경 변수 EDITOR에 지정된 에디터가 실행되므로 평소 하던 대로 변수 정의를 작성합니다. 파일을 저장하고 에디터를 닫으면 암호화된 private.yml이 작성됩니다. 이때 암호화되기 전의 내용이 임시 파일로 저장되나 이 파일은 ansible-vault 명령의 실행이 끝난 후에는 복원이 될 수 없도록 랜덤값으로 내용을 바꾼 다음 삭제됩니다.

작성된 파일은 $ANSIBLE_VAULT;1.1;AE256이란 행으로 시작하여 암호화된 내용이 수치로 표시된 다음과 같은 파일입니다.

```
$ANSIBLE_VAULT;1.1;AES256
36373033393236336433386566643136383263383738326264326530376234626263643964316362
32336136646331656539326634326663263626663353538390a61666266333161653364343353362
35393161363932303134346537623566343434656533461626136663436386638373783162373339
6330643835323661330a63316639646530373664643964376631366461616464730376133643364
3364
```

암호화된 파일을 다시 편집하려면 ansible-vault create 대신에 ansible-vault edit 명령을 사용합니다.

```
$ ansible-vault edit private.yml
```

이외의 사용 방법은 create와 같습니다.

수정하지 않고 파일을 표시만 할 때는 ansible-vault view 명령을 사용합니다. 이때는 에디터 대신에 less 또는 PAGER 환경 변수에 지정된 페이저에 파일이 표시됩니다.

■ 기존 파일 암호화와 복원

기존 파일을 암호화하려면 ansible-vault encrypt 명령을 사용합니다. 일반 텍스트로 작성된 private.yml이 존재한다면 다음과 같이 실행하면 create와 마찬가지로 패스워드 입력 프롬프트가 표시되고, 암호화된 내용으로 파일이 덮어 쓰입니다.

```
$ ansible-vault encrypt private.yml
```

기존 파일을 덮어쓰지 않으려면 --output으로 출력 파일의 경로를 지정할 수 있습니다.

반대로 기존 볼트된 파일을 복원하려면 ansible-vault decrypt 명령을 사용합니다. --output 인수에 다른 파일을 지정할 수 있는 것은 encrypt와 같습니다.

또한, encrypt, decrypt는 둘 다 여러 개의 파일을 일괄로 지정할 수 있지만, 이때는 --output 옵션을 사용할 수 없으며 항상 기존 파일이 덮어 쓰입니다.

■ 패스워드 변경

다른 모든 패스워드와 마찬가지로 볼트에서 사용하는 패스워드도 정기적으로 변경할 것을 추천합니다. 패스워드 변경은 ansible-vault rekey로 할 수 있습니다. 이 명령도 여러 개의 파일을 지정할 수 있으므로 다음과 같이 볼트된 파일에서 특유한 패턴으로 파일을 검색해 rekey에 전달하면 현재 디렉터리에 존재하는 볼트된 파일의 패스워드를 한꺼번에 변경할 수 있습니다.

```
$ grep -rl '^$ANSIBLE_VAULT;' . | xargs ansible-vault rekey
```

위와 같이 옵션 없이 rekey를 실행할 경우, 이전 패스워드와 새로운 패스워드 모두 프롬프트에 직접 입력해야 하지만, 이전 패스워드는 --vault-password-file 옵션, 새로운 패스워드는 --new-vault-password-file 옵션에서 패스워드 파일을 지정할 수 있습니다.

■ 플레이북에서의 이용 방법

플레이북 구현 단계에서는 일반 파일과 볼트된 파일을 구별할 필요는 없습니다. ansible-playbook 명령을 실행할 때, 볼트 패스워드를 프롬프트에서 직접 입력할 때는 --ask-vault-pass 옵션을 사용하고, 패스워드 파일을 이용할 때는 ansible-vault 명령과 마찬가지로 --vault-password-file=〈패스워드 파일 경로〉와 같이 지정하면 나중에 앤서블이 자동으로 볼트된 파일을 발견하는 대로 부여된 패스워드로 복호화해서 플레이북을 실행합니다.

■ 활용 방법

인벤터리 변수를 디렉터리로 구성

일반적으로 패스워드, 접근키와 같은 기밀 정보는 환경별로 값이 정해져 있으므로 볼트에 의한 암호화는 인벤터리 변수(그룹 변수/호스트 변수) 단위로 실행되는 것이 일반적입니다. 운용 환경 그룹의 production 변수에 기밀 정보가 포함돼 있으면 group_vars/production.yml을 암호화합니다. 하지만 이처럼 그룹 변수 파일을 1개로 모아놓으면 예를 들어, procution_mode: true와 같은 기밀에 필요하지 않은 변수까지도 암호화돼버립니다. 암호화를 최소한 범위로 설정하려면 다음과 같이 그룹 변수를 디렉터리로 구성할 수 있습니다.

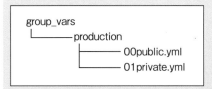

파일 이름의 앞부분을 번호로 정한 이유는 나중에 변수를 로드하는 순서를 제어하기 위해서입니다.

이렇게 하면 00public.yml은 기밀로 할 필요가 없는 정보를 일반 텍스트로 관리하고, 01private.yml은 기밀 정보가 있어서 볼트로 암호화하여 운용할 수 있습니다. 또한, 인벤토리 변수 정보를 디렉터리로 구성한 경우에는 여러 개의 파일에서 정의된 변수가 충돌하는 경우가 생깁니다. 이럴 때는 파일 이름 순서로 나중에 로드된 것이 선택됩니다.

public.yml, private.yml과 같이 파일 이름으로 하게 되면 알파벳 순서로 public.yml이 나중에 로드되므로 private.yml보다 public.yml 정의의 우선순위가 높아지는 것에 주의해 주십시오.

복호화 처리의 고속화

앤서블 볼트에서는 AES-256 규격의 비밀키로 암호화되나, 이 암호화 알고리즘은 보안에 드는 비용만큼 복호화 처리에도 높은 비용이 들어 볼트 대상의 파일 수가 많을 때는 성능에 영향을 미칩니다. 복호화가 지연되는 경우에는 cryptography이란 새로운 파이썬 암호화 라이브러리를 설치하는 것만으로 성능을 크게 개선할 수 있습니다.

cryptography 설치 자체는 다른 파이썬 라이브러리와 마찬가지로 pip 명령으로 간단히 할 수 있지만, 사전에 OpenSSL 1.0.1 이상의 라이브러리가 설치돼 있어야 합니다. 맥 OS에 홈브류를 설치한 경우에는 다음 순서로 cryptography를 설치할 수 있습니다.

```
$ brew install openssl
$ env LDFLAGS="-L$(brew --prefix openssl)/lib" CFLAGS="-I$(brew --prefix openssl)/include" pip
install cryptography
```

다른 OS의 설치 순서는 cryptography의 공식 문서[b]를 참고해주세요.

플레이북 실행 로그에서 기밀 정보를 은닉

볼트에서 변수 정보를 암호화해도 -v 옵션을 사용해 플레이북을 실행하면 모듈에 부여된 인수 정보를 복원한 후에 원래 값이 실행 결과에 출력됩니다. 이것으로 앤서블 실행 로그를 저장하면 기밀 정보가 일반 텍스트로 남아버려 바람직하지 않습니다. 이런 경우는 기밀 정보를 다룬 태스크에 no_log:true 옵션을 붙입니다.

```
- name: 기밀 정보 은닉 샘플 플레이
  hosts: all
  tasks:
    - name: 기밀 정보를 다룬 태스크
      command: 'echo "{{ my_secret_password }}"'
      changed_when: false
      no_log: true
```

이처럼 -v를 붙여서 ansible-playbook 명령을 실행하더라도 다음과 같이 실행 결과를 로그에서 숨길 수 있습니다.

```
TASK [기밀 정보를 다룬 태스크] ****************************************************
changed: [vagrant-machine] => {"censored": "the output has been hidden due to the fact that '
no_log: true' was specified for this result"}
```

———

[a] 플레이북을 실행하면 지정할 수 있는 볼트의 패스워드는 1개뿐입니다. (앤서블 2.2 현재) 여러 개의 파일을 암호화해서 다룰 경우에도 같은 패스워드를 이용해서 암호화
해야 하는 것에 유의해 주십시오.
[b] https://cryptography.io/en/latest/installation/

제 6 장

오픈스택에서
앤서블 활용

6.1. 앤서블에서 오픈스택 실행하기

앤서블은 오픈스택(OpenStack)을 플레이북으로 운용할 수 있습니다. 앤서블에서 오픈스택과 관련된 모듈은 기능별로 여러 개가 제공되고 있으며, 대체로 오픈스택의 각 컴포넌트에 앤서블 모듈을 사용하고 있습니다. 인스턴스와 네트워크 생성/삭제 등은 물론, SSH의 키 쌍 등록과 보안 그룹 정의/변경 등의 세세한 부분도 플레이북으로 작성할 수 있습니다.

6.1.1. 오픈스택과 관련된 앤서블 모듈의 목록

표 6.1과 표 6.2는 오픈스택과 관련된 모듈을 목록으로 나열한 것입니다[1]. 앤서블2.0 이하에서 내장 모듈 중에 새로운 것만 나열했으나, Extra 모듈까지 포함하면 30개 이상의 모듈이 내장돼 있습니다. 또한, 모듈에서 이름의 뒷부분에 _fact가 붙은 모듈은 정보를 얻기 위한 모듈, 모듈 이름의 뒷부분에 (E)가 붙은 것은 Extra 모듈입니다[2].

이 장에서는 오픈스택과 관련된 여러 모듈 중에서 일상적으로 하는 오픈스택 작업을 자동화하는 것에 초점을 맞춰 설명하겠습니다. 앤서블에서 오픈스택에 관해 다음과 같은 작업을 실행하는 방법을 설명하겠습니다.

- 오픈스택 노바(Nova)의 인스턴스 생성

- 오픈스택 노바의 인스턴스 삭제

- 인증 정보를 외부에 저장한 파일 os-client-config

- 키 쌍 등록

- 보안 그룹 생성

- 오케스트레이션(스케일 아웃/스케일 인)

- 오픈스택 키스톤(Keystone)의 사용자 관리

- 오픈스택의 네트워크 제어

    - 오픈스택 뉴트론(Neutron)의 L2 네트워크 정의

---

[1]　이 목록은 앤서블 공식 사이트에서 가져왔습니다.
[2]　앤서블의 경우 Core 모듈보다 이용 빈도가 낮고 우선순위가 낮은 모듈을 Extra 모듈이라 합니다(P. 10 참조).

- 오픈스택 뉴트론의 서브넷 정의

- 오픈스택 뉴트론의 라우터 정의

- 오픈스택의 플레이버(Flavor) 이용

- 앤서블로 글랜스(Glance) 이미지 업로드

표 6.1 오픈스택 관련 모듈 (1)

모듈	설명
os_auth	인증 토큰 가져오기
os_client_config	오픈스택 클라이언트 가져오기
os_flavor_facts (E)	플레이버 정보 가져오기
os_floating_ip	인스턴스 유동 IP 추가/삭제
os_group	오픈스택 키스톤 그룹 관리
os_image	오픈스택 글랜스 이미지 추가/삭제
os_image_facts	오픈스택 글랜스 이미지 정보 가져오기
os_ironic	베어메탈 리소스 생성/삭제
os_ironic_inspect	아이로닉(Ironic)에서 베어메탈 노드를 정밀 검사 트리거로 실행
os_ironic_node	베어메탈 리소스 활성화/비활성화
os_keypair	오픈스택에 키 쌍 추가/삭제
os_keystone_domain	오픈스택 키스톤 도메인 관리
os_keystone_domain_facts	오픈스택 키스톤 도메인 정보 가져오기
os_keystone_role	오픈스택 키스톤 롤 관리
os_keystone_service	오픈스택 키스톤 서비스 관리
os_network	오픈스택 뉴트론 테넌트 네트워크 생성/삭제
os_network_facts	오픈스택 뉴트론 테넌트 네트워크 정보 가져오기

6.1.2. 플레이북을 실행하기 전에 주의할 점

오픈스택 관련 모듈을 실행할 때에 앤서블 뿐만 아니라 파이썬 모듈의 shade가 필요합니다. shade 모듈은 일반적으로 OS를 설치하는 것으로는 설치되지 않습니다. pip에서 다음과 같이 실행해 설치합니다.

```
# pip2 install shade
```

6.1.3. 플레이북을 실행하는 방법

오픈스택 관련 모듈은 ansible-playbook 명령을 실행할 호스트에서 오픈스택의 각종 API를 발행하기 위해 플레이북의 앞부분에 hosts:를 location으로, connection:을 local로 지정합니다.

표 6.2 오픈스택 관련 모듈 (2)

모듈	설명
os_nova_flavor	오픈스택 노바 플레이버를 관리
os_object	오픈스택 스위프트(Swift) 컨테이너 생성/삭제
os_port	오픈스택 뉴트론 포트 추가/변경/삭제
os_port_facts	오픈스택 뉴트론 포트 정보 가져오기
os_project	오픈스택 프로젝트 관리
os_project_facts	오픈스택 프로젝트 정보 가져오기
os_router	오픈스택 네트워크 라우터 생성/삭제
os_security_group	보안 그룹 생성/삭제
os_security_group_rule	기존의 보안 그룹에 규칙을 추가/삭제
os_server	오픈스택 노바 인스턴스 생성/삭제
os_server_actions	오픈스택 노바 인스턴스에 액션을 실행
os_server_facts	오픈스택 노바 인스턴스 정보 가져오기
os_server_volume	오픈스택 노바 인스턴스에 볼륨 접속/중단
os_subnet	오픈스택 뉴트론 서브넷 추가/삭제
os_subnet_facts	오픈스택 뉴트론 서브넷 정보 가져오기
os_user	오픈스택 키스톤 사용자 관리
os_user_facts	오픈스택 키스톤 사용자 정보 가져오기
os_user_group	오픈스택 키스톤 사용자와 그룹 연결
os_user_role	오픈스택 키스톤 사용자와 롤 연결
os_volume	오픈스택 신더(Cinder) 볼륨 생성/삭제

```
---
- hosts: localhost
  connection: local
```

ansible-playbook 명령을 실행할 때에도 인벤터리 파일을 지정할 필요는 없습니다. 또한, "--ask-become-pass"를 지정하지 않아도 됩니다.

플레이북이 오픈스택을 실행하는 동작은 그림 6.1과 같습니다.

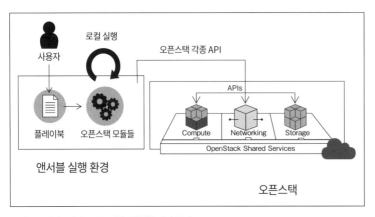

그림 6.1 앤서블에서 오픈스택을 실행할 때의 동작

이 장에서 소개할 플레이북은 특별히 지정하지 않으려면 다음과 같이 실행합니다.

```
$ ansible-playbook openstack_playbook.yaml
```

오픈스택 Heat과 앤서블의 차이점

오픈스택에는 자동화 도구로 오픈스택 Heat란 컴포넌트가 있습니다. Heat에는 YAML 형식의 Heat Orchestration Template(HOT)이라는 구조가 있어 그 구조에 맞게 작성하면 자동화할 수 있습니다[a].

그러나 HOT는 앤서블과 달리 오픈스택만으로 제어할 수 없기 때문에 오픈스택과 아마존 웹 서비스, 마이크로소프트 애저 등을 결합한 하이브리드 클라우드 환경에서 각각 다른 자동화 구조를 사용해야 합니다. 또한, 인스턴스에서의 자동화도 동시에 실현하고 싶을 때, 앤서블은 다른 것과 비교해도 강력한 구조와 각종 모듈을 갖고 있습니다.

Heat은 오픈스택의 다양한 컴포넌트에 앤서블보다 세밀하게 지시할 수 있으며, 미터링(metering) 구조로 된 셀로미터(Ceilometer)를 트리거로 임의의 템플릿을 실행할 수 있습니다. 또한, Heat은 오픈스택의 공식 프로젝트이므로 새로운 컴포넌트에 대한 대응이 빠릅니다. 인스턴스에서도 cloud-init을 이용해 처음 시작할 때에 실행하고 싶은 명령을 열거할 수 있습니다[b].

---

[a] 오픈스택 Heat 템플릿을 더 자세히 알고 싶으면 오픈스택 공식 문서의 Template Guide를 참조해주십시오. http://docs.openstack.org/developer/heat/template_guide/
[b] 이 점에 대해서는 기본적인 패치 처리이므로 "각 명령의 실행 결과가 실패했을 때에 핸들링을 기술한다" 등의 어려움이 있습니다.

6.1.4. 앤서블에서 오픈스택 노바 인스턴스 작성하기

먼저, 플레이북에서 오픈스택 노바의 인스턴스를 작성해보겠습니다(예제 6.1). 플레이북을 실행할 때 미리 keystonerc 파일의 셸 환경 변수에 오픈스택 인증 정보를 설정해야 합니다. vars: 정의에서 os_* 변수는 오픈스택 모듈에서 앞부분의 "os_" 부분이 제거되어 파라미터로 사용됩니다.

예제 6.1 create_instance.yml

```
---
- hosts: localhost
  connection: local
  vars:
    os_auth_url: "{{ lookup('env','OS_AUTH_URL') }}"
    os_username: "{{ lookup('env','OS_USERNAME') }}"
    os_password: "{{ lookup('env','OS_PASSWORD') }}"
    os_project_name: "{{ lookup('env','OS_TENANT_NAME') }}"
    os_region_name: "{{ lookup('env','OS_REGION_NAME') }}"
  tasks:
  - name: create instance
    os_server:
      name: webserver
      state: present
      timeout: 600
      image: 8335a68a-4cde-4337-965a-316d9cd58e42
      key_name: default
      security_groups: webserver
      flavor: m1.small
      nics:
        - net-id:    5a0f8eec-85ca-4f1a-bc42-51946c9ac65b
      meta:
        hostname:    deploy-by-ansible
```

오픈스택 인증 서버의 URL과 리전 이름, 테넌트 이름, 사용자 인증 정보 등과 같은 정보는 실행 환경의 환경 변수에서 계승할 수 있습니다. 물론 플레이북에 직접 작성해도 되고, 앤서블에서 완료됐으면 Vars 파일에서 읽어도 좋습니다. 오픈스택 사용자가 os-client-config 파일을 사용하는 것은 현시점에서는 운용상 제일 좋은 방법입니다.

플레이북의 image:에 지정한 "8335a68a-4cde-4337-965a-316d9cd58e42"는 글랜스(Glance) 이미지의 ID입니다. key_name:에는 인스턴스에 로그인할 때에 사용할 키 쌍(SSH 공개키)을 지정 합니다. security_groups:은 인스턴스에서 운용할 보안 그룹입니다. flavor:에는 플레이버 ID 또는 플레이버 이름을 지정할 수 있습니다. nics:에서 지정한 net-id "5a0f8eec-85ca-4f1a-bc42-51946c9ac65b"은 테넌트 네트워크 "internal"의 네트워크 ID입니다. 또한, 인스턴스를 처음 시작할 때에 메타데이터 서버에서 메타데이터로 전달된 정보도 플레이북에 작성할 수 있습니다.

6.1.5. 오픈스택 노바 인스턴스를 여러 개 생성하기

계속해서 vars:에 사전으로 정의하여 오픈스택 노바 인스턴스를 여러 개 생성해보겠습니다(예제 6.2).

예제 6.2 create_instances.yml

```
---
- hosts: localhost
  connection: local
  vars:
    os_auth_url: "{{ lookup('env','OS_AUTH_URL') }}"
    os_username: "{{ lookup('env','OS_USERNAME') }}"
    os_password: "{{ lookup('env','OS_PASSWORD') }}"
    os_project_name: "{{ lookup('env','OS_TENANT_NAME') }}"
    os_region_name: "{{ lookup('env','OS_REGION_NAME') }}"
    instances:
      webserver:
        hostname: web.example.com
        security_groups: webserver
        flavor: m3.medium
      appserver:
        hostname: app.example.com
        security_groups: appserver
        flavor: m3.medium
      dbserver:
```

```
        hostname: db.example.com
        security_groups: dbserver
        flavor: m3.xlarge
  tasks:
    - name: create instances
      os_server:
        name: "{{ item.key }}"
        state: present
        timeout: 600
        image: 8335a68a-4cde-4337-965a-316d9cd58e42
        key_name: default
        security_groups: "{{ item.value.security_groups }}"
        flavor: "{{ item.value.flavor }}"
        nics:
          - net-id: 5a0f8eec-85ca-4f1a-bc42-51946c9ac65b
        meta:
          hostname: "{{ item.value.hostname }}"
      with_dict: "{{ instances }}"
```

이처럼 vars:에서 instance라는 사전에 정의하여 인스턴스를 여러 개 생성하는 플레이북을 작성할 수 있습니다.

vars 파일에 사전에 정의할 것을 나눠서 정의하면 플레이북의 재사용성이 높아집니다[3].

정지된 인스턴스를 시작하려면

정지 상태의 가상 서버는 상태가 Shutoff가 되어, os_server 모듈을 지정해도 시작하지 않습니다. os_server_action 모듈을 호출해야만 시작할 수 있으며, action:에 start, stop, pause, unpause, lock, unlock, suspend, resume을 지정할 수 있습니다.

```
- name: start instances
  os_server_actions:
    action: start
    timeout: 600
    server: webserver
```

---

[3] 일단 인스턴스 생성할 때 상태가 ERROR가 된 경우. 같은 인스턴스 이름으로 생성하면 앤서블에서 에러가 발생합니다.

6.1.6. 유동 IP 주소 부여

인스턴스에 유동 IP 주소를 부여하고 싶을 때는 os_floating_ip 모듈을 호출합니다. 위 플레이북의
webserver에 유동 IP 주소를 부여하려면 다음의 태스크를 추가합니다. network:에는 유동 IP를 부여
할 상위 네트워크를 지정합니다.

```
- name: assign floating ip
  os_floating_ip:
    state: present
    network: public
    server: webserver
```

6.1.7. 오픈스택 노바 인스턴스 삭제하기

앞에서 생성한 오픈스택 노바 인스턴스를 플레이북에서 삭제해보겠습니다(예제 6.3). 이 플레이북을
실행할 때는 keystonerc 파일에서 셸 환경 변수에 오픈스택 인증 정보를 미리 설정해야 합니다.

예제 6.3 remove_instance.yml

```
---
- hosts: localhost
  connection: local
  vars:
    os_auth_url: "{{ lookup('env','OS_AUTH_URL') }}"
    os_username: "{{ lookup('env','OS_USERNAME') }}"
    os_password: "{{ lookup('env','OS_PASSWORD') }}"
    os_project_name: "{{ lookup('env','OS_TENANT_NAME') }}"
    os_region_name: "{{ lookup('env','OS_REGION_NAME') }}"
  tasks:
    - name: remove instance
      os_server:
        name: webserver
        state: absent
        timeout: 600
```

인스턴스를 삭제하려면 최소한의 정보만 지정하고 state:를 absent로 지정합니다. 인스턴스가 시작 상
태여도 삭제됩니다(예제 6.4).

예제 6.4 remove_instances.yml

```
---
- hosts: localhost
  connection: local
  vars:
    os_auth_url: "{{ lookup('env','OS_AUTH_URL') }}"
    os_username: "{{ lookup('env','OS_USERNAME') }}"
    os_password: "{{ lookup('env','OS_PASSWORD') }}"
    os_project_name: "{{ lookup('env','OS_TENANT_NAME') }}"
    os_region_name: "{{ lookup('env','OS_REGION_NAME') }}"
  tasks:
    - name: remove instances
      os_server:
        name: {{ item }}
        state: absent
        timeout: 600
      with_items:
        - appserver
        - dbserver
```

여러 개의 인스턴스를 한 번에 삭제하려면 name: 부분에서 {{ item }}을 지정하고 with_items:에서 여러 개의 인스턴스 이름을 나열하여 인스턴스를 한 번에 삭제할 수 있습니다.

6.1.8. 인증 정보가 외부에 저장된 파일 - os-client-config

앤서블 2.0 이하에서 구현하려면 오픈스택 표준 설정 파일 구조를 사용하여 설정 파일에 오픈스택 환경의 인증 정보를 작성할 수 있습니다. 지금까지 했던 것처럼 플레이북에 직접 작성하지 않아도 됩니다. 오히려 플레이북을 재사용하는 것을 고려하면 오픈스택의 인증 정보를 직접 작성하지 않는 편이 보안상 더 좋습니다.

■ os-client-config 작성 방법

앤서블을 실행한 사용자 홈 디렉터리의 clouds.yaml 설정 파일에 인증 정보를 작성할 수 있습니다.

```
$ vi $HOME/.config/openstack/clouds.yaml
```

이 파일도 YAML 형식으로 되어 있어서 텍스트 편집기로 작성할 수 있습니다(예제 6.5). 단, 작성 방법은 플레이북과 조금 다릅니다. 작성하는 방법은 오픈스택 공식 문서의 os-client-config에서 확인할 수 있습니다[4].

예제 6.5 $HOME/.config/openstack/clouds.yaml

```
clouds:
  production:
    profile: production
    auth:
      auth_url: http://keystone-tyo1.pacific.ocean:5000/
      username: htaira
      password: changeme
      project_name: production
    region_name: KoreaEast
```

설정 파일을 테스트하려면 오픈스택 CLI (openstack 명령)에서 다음과 같이 실행해 인증 정보가 올바른지를 확인할 수 있습니다. --os-cloud 다음의 production은 프로파일의 이름입니다.

```
$ openstack --os-cloud production catalog list
```

오픈스택의 환경이 여러 개 있는 경우에는 위의 설정 파일에 인증 정보를 여러 개 작성할 수 있습니다(예제 6.6).

예제 6.6 $HOME/.config/openstack/clouds.yaml

```
clouds:
  production:
    profile: production
    auth:
      auth_url: http://keystone-tyo1.pacific.ocean:5000/
      username: htaira
      password: changeme
      project_name: production
    region_name: KoreaEast
  internal:
```

---

4   os-client-config — os-client-config 1.21.1 documentation http://docs.openstack.org/developer/osclient-config/

```
    profile: internal
    auth:
      auth_url: http://192.168.122.10:35357/
      username: admin
      password: admin
      project_name: demo
    region_name: RegionOne
```

위 예에서 production 클라우드 외에 internal 클라우드의 인증 정보를 추가했습니다. 플레이북에서는 cloud: production으로 참조할 수 있습니다(예제 6.7).

예제 6.7 create_instance_with_os-config.yml

```
---
- hosts: localhost
  connection: local
  tasks:
    - name: create instance
      os_server:
        cloud: production
        state: present
        timeout: 600
        name: www1
        image: 8335a68a-4cde-4337-965a-316d9cd58e42
        key_name: default
        security_groups: webserver
        flavor: m1.small
        nics:
          - net-id: 5a0f8eec-85ca-4f1a-bc42-51946c9ac65b
        meta:
          hostname: deploy-by-ansible
```

6.1.9. 키 쌍을 등록

키 쌍을 등록하려면 os_keypaire 모듈을 호출합니다(예제 6.8). 테넌트에 사용자를 추가함과 동시에 키 쌍을 등록하고 싶을 때에도 앤서블의 플레이북에서 실행할 수 있습니다[5].

---

5 public_key_file:에 ~/.ssh/keypair.pub처럼 물결로 홈 디렉터리 경로를 지정할 수 없습니다.

예제 6.8 register_keypair.yml

```
---
- hosts: localhost
  connection: local
  tasks:
    - name: Upload keypair
      os_keypair:
        cloud: production
        state: present
        name: kp-htaira-ansible
        public_key_file: /home/htaira/.ssh/ansible.pub
```

키 쌍을 삭제하려면 state: absent를 플레이북에 작성합니다.

6.1.10. 보안 그룹 작성

오픈스택의 보안 그룹을 생성/삭제하거나 규칙을 추가/변경/삭제하려면 os_security_group 모듈을
호출합니다.

필터 대상인 서비스의 정의를 추가하려면 os_security_group_rule 모듈과 같이 규칙을 변경합니다.
오픈스택 대시 보드에서 규칙을 정의하려면 시간이 걸리므로 플레이북에 작성하는 것이 더 편리합
니다.

예제 6.9의 플레이북과 같이 보안 그룹 webserver를 생성하고 그 보안 그룹에 모든 호스트가
SSH(TCP 포트: 22)와 HTTP(TCP 포트: 80), HTTPS(TCP 포트: 443)로 접속하는 것을 허가하는 규
칙을 추가합니다[6] [7].

예제 6.9 create_security_group.yml

```
---
- hosts: localhost
  connection: local
  vars:
```

6　os_security_group 모듈은 description:을 지정하지 않으면 실행되지 않습니다.

7　remote_ip_prefix:는 지정하지 않으면 0.0.0.0/0이 적용됩니다.

```
    rules:
      ssh:
        port: 22
      http:
        port: 80
      https:
        port: 443
    tasks:
      - name: Create security group
        os_security_group:
          cloud: production
          state: present
          name: webserver
          description: "for webserver"
      - name: Add rule of security group
        os_security_group_rule:
          cloud: os1
          security_group: webserver
          protocol: tcp
          port_range_min: "{{ item.value.port }}"
          port_range_max: "{{ item.value.port }}"
        with_dict: "{{ rules }}"
```

6.2. 앤서블에서 스케일 아웃/스케일 인

이 절에서는 오픈스택 인스턴스의 스케일 아웃/스케일 인을 구현하는 방법을 소개하겠습니다. 스케일 아웃하고 싶은(인스턴스를 늘리고 싶은) 경우에는 인스턴스를 작성할 때와 마찬가지로 os_server 모듈을 호출합니다. 이때 with_items:를 사용해 늘리고 싶은 수만큼 인스턴스 이름을 나열합니다.

또한, os_server 모듈을 사용해서 인스턴스를 여러 개 오케스트레이션 할 때에 글랜스에 등록될 디스크 이미지 내용에 고유 정보가 포함되지 않도록 주의해야 합니다. 또한, 오픈스택 Heat과 Cloud-init과 다르게 앤서블에서는 오픈스택에 작성된 인스턴스의 세세한 설정까지는 외부에서 실행되지 않으므로 작성된 인스턴스의 IP 주소를 확인하여 별도의 플레이북이 실행되는지 신경 써야 합니다.

6.2.1. 앤서블에서 스케일 아웃

예제 6.10 scaleout_webservers.yml

```yaml
---
- hosts: localhost
  connection: local
  tasks:
    - name: more instances
      os_server:
        cloud: production
        state: present
        timeout: 600
        name: "{{ item }}"
        image: 8335a68a-4cde-4337-965a-316d9cd58e42
        key_name: default
        security_groups: webserver
        flavor: m3.small
        nics:
          - net-id: 5a0f8eec-85ca-4f1a-bc42-51946c9ac65b
      with_items:
        - www2
        - www3
        - www4
        - www5
```

인스턴스를 여러 개 지정하려면 with_items:를 사용해 작성하려는 인스턴스 이름을 나열합니다. 다만 이름 뒤쪽에 숫자가 증가하는 명명 규칙을 사용하면 with_sequence:로 지정해도 됩니다.

6.2.2. 인스턴스의 IP 주소를 확인하는 방법

인스턴스의 IP 주소를 확인하려면 os_server_facts 모듈을 이용합니다. 먼저, 플레이북이 아닌 ansible 명령으로 다음과 같이 실행합니다.

```
$ ansible -m os_server_facts -a "cloud=production server=www1" localhost
[WARNING]: provided hosts list is empty, only localhost is available

localhost | SUCCESS => {
  "ansible_facts": {
```

```
"openstack_servers": [
  {
    "HUMAN_ID": true,
    "NAME_ATTR": "name",
    "OS-DCF:diskConfig": "MANUAL",
    "OS-EXT-AZ:availability_zone": "nova",
    "OS-EXT-STS:power_state": 1,
    "OS-EXT-STS:task_state": null,
    "OS-EXT-STS:vm_state": "active",
    "OS-SRV-USG:launched_at": "2016-10-24T05:47:37.000000",
    "OS-SRV-USG:terminated_at": null,
    "accessIPv4": "",
    "accessIPv6": "",
    "addresses": {
        "novanetwork_22": [
          {
            "OS-EXT-IPS-MAC:mac_addr": "fa:16:3e:58:d9:0d",
            "OS-EXT-IPS:type": "fixed",
            "addr": "172.18.22.21",
            "version": 4
          }
        ]
    },
    "az": "nova",
    "cloud": "production",
    "config_drive": "",
    "created": "2016-10-24T05:47:15Z",
    "flavor": {
      "id": "m3.small"
    },
    "hostId": "81e3cc5873598663faa5502ba4dda58272854a665f0b1ff2e7fed9da",
    "human_id": "www1",
    "id": "a68ec195-d5b6-4f0d-9303-2d4dce50ede8",
    "image": {
      "id": "f5bc3077-9556-45ca-97ae-7a8442c455be"
    },
    "interface_ip": "",
    "key_name": "default",
    "metadata": {
      "hostname": "www1"
    },
```

```
            "name": "www1",
            "networks": {
              "novanetwork_22": [
                "172.18.22.21"
              ]
            },
            "os-extended-volumes:volumes_attached": [],
            "private_v4": "",
            "progress": 0,
            "public_v4": "",
            "public_v6": "",
            "region": "RegionOne",
            "request_ids": [],
            "security_groups": [
              {
                "name": "webserver"
              }
            ],
            "status": "ACTIVE",
            "tenant_id": "74c106a7f6554aa0b6bf81165686f0f0",
            "updated": "2016-10-24T05:47:38Z",
            "user_id": "31cb02d35abc442d8b3337485e17d744",
            "volumes": []
          }
        ]
    },
    "changed": false
}
```

6.2.3. 앤서블에서 스케일 인

일시적인 트래픽 과부하로 인해 설정을 변경한 후, 다시 스케일 인하고 싶은(인스턴스를 줄이고 싶은) 경우에도 os_server 모듈을 호출합니다(예제 6.11). 스케일 인할 때 인스턴스를 늘리고 싶은 만큼만 인스턴스 이름을 지정합니다. state:에서 absent를 지정합니다.

예제 6.11 scalein_webservers.yml

```
---
- hosts: localhost
  connection: local
  tasks:
    - name: reduce instances
      os_server:
        cloud: production
        state: absent
        timeout: 600
        name: "{{ item }}"
      with_items:
        - www2
        - www3
        - www4
        - www5
```

6.3. 앤서블에서 오픈스택을 다룰 때의 팁

6.3.1. 사용자 관리

오픈스택의 사용자 추가/삭제는 정형화되어 있는 작업이지만, 사용자별로 해당하는 파라미터와 리소스가 다를 때에는 관리자의 업무 부담이 늘어납니다.

앤서블에는 인증 정보가 들어있는 키스톤을 실행하는 모듈(os_user, os_group, os_user_facts 등)도 내장돼 있습니다. 이 장에 설명할 내용이 오픈스택의 사용자 권한에 따라 실행이 허가되지 않는 경우가 있습니다. 따라서 admin 사용자로 실행하는 것을 전제로 설명하겠습니다.

■ 오픈스택 키스톤에 사용자 추가

앤서블 플레이북에서 오픈스택 키노트의 사용자를 추가하려면 os_user 모듈의 옵션에 파라미터를 붙여서 호출합니다(예제 6.12).

사용자 이름, 초기 패스워드, 이메일 주소, 기본 프로젝트를 지정하고, state:를 present로 지정합니다.

예제 6.12 create_user.yml

```
---
- hosts: localhost
  connection: local
  tasks:
    - name: create user
      os_user:
        cloud: internal
        name: testuser1
        state: present
        password: secret
        email: testuser1@example.com
        default_project: demo
```

■ 오픈스택 키스톤에 여러 명의 사용자 추가

오픈스택 키스톤에 한 번에 여러 명의 사용자를 추가해야 하는 경우도 있습니다. 그럴 때는 vars: 변수를 사전으로 정의하여 여러 사용자의 정보를 나열합니다(예제 6.13).

예제 6.13 create_users.yml

```
---
- hosts: localhost
  connection: local
  vars:
    users:
      suji:
        email: suji@example.com
        password: hirakegoma
      hanako:
        email: hanako@example.com
        password: himitsu
  tasks:
    - name: create user
      os_user:
        cloud: production
        name: "{{ item.key }}"
        state: present
        password: "{{ item.value.password }}"
        email: "{{ item.value.email }}"
```

```
        default_project: production
        with_dict: "{{ users }}"
```

■ 오픈스택 키스톤에서 사용자 삭제

앤서블 플레이북에서 오픈스택 키스톤의 사용자를 삭제하려면 사용자를 추가했던 것과 마찬가지로 os_usr 모듈을 호출합니다. 이때 사용자 이름과 state:를 지정하는 것만으로 충분합니다(예제 6.14). 또한, state:를 absent로 지정합니다.

예제 6.14 remove_user.yml

```
---
- hosts: localhost
  connection: local
  tasks:
    - os_user:
        cloud: internal
        name: testuser1
        state: absent
```

■ 오픈스택 키스톤에서 사용자 비활성화

오픈스택 키스톤에서 사용자를 삭제하지 않고, 일시적으로 비활성화하여 어떠한 작업도 할 수 없게 해야 하는 경우도 있습니다. 그럴 때는 사용자를 삭제하지 않고, 비활성화하면 됩니다(예제 6.15). 사용자를 비활성화하려면 os_user 모듈에서 state:를 present로 설정한 상태에서 enabled:을 False로 지정합니다.

예제 6.15 disable_user.yml

```
---
- hosts: localhost
  connection: local
  tasks:
    - name: disable uesr
      os_user:
        cloud: internal
        name: testuser1
        state: present
        enabled: False
```

■ 오픈스택 키스톤에서 사용자의 패스워드 초기화

오픈스택을 운용하다 보면 패스워드를 잊어버려 로그인할 수 없는 오픈스택 사용자가 있기 마련입니다. 그럴 때는 앤서블 플레이북에서 오픈스택 키스톤의 패스워드를 초기화합니다(예제 6.16). 플레이북에서 사용자를 생성하는 방법과 설정이 대체로 비슷합니다[8].

예제 6.16 reset_user_password.yml

```
---
- hosts: localhost
  connection: local
  tasks:
    - name: reset password
      os_user:
        cloud: internal
        name: testuser1
        state: present
        password: reset_the_world
```

■ 오픈스택 키스톤에 롤 부여

오픈스택 키스톤의 사용자에게 롤을 부여하려면 os_user_role 모듈을 호출합니다. 사용자 suji에게 production 테넌트의 관리자 롤인 admin을 부여하는 플레이북은 예제 6.17과 같습니다[9].

예제 6.17 assign_admin_role_to_user.yml

```
---
- hosts: localhost
  connection: local
  tasks:
    - name: assign admin role
      os_user_role:
        cloud: production
        name: suji
        state: present
        role: admin
        project: production
```

---

8   사용자가 없으면 새로운 사용자를 생성합니다.
9   롤을 부여하려면 플레이북을 실행한 사용자가 admin 롤이어야 합니다.

■ 오픈스택 키스톤에 그룹 생성

오픈스택 키스톤에 그룹을 생성하려면 os_group 모듈을 호출합니다. 테넌트를 추가하면서 동시에 그룹 정의를 추가할 때에도 앤서블의 플레이북으로 실행할 수 있습니다(예제 6.18).

예제 6.18 create_group.yml

```
---
- hosts: localhost
  connection: local
  tasks:
  - name: create group
    os_group:
      cloud: internal
      name: testers
      state: present
      description: "Tester Group"
```

■ 오픈스택 키스톤에서 그룹에 사용자 추가

그룹에 사용자를 추가하려면 os_user_group 모듈을 호출합니다(예제 6.19).

예제 6.19 add_to_group.yml

```
---
- hosts: localhost
  connection: local
  tasks:
  - name: add to group
    os_user_group:
      cloud: internal
      user: testuser1
      group: testers
      state: present
```

6.3.2. 오픈스택의 네트워크 제어

오픈스택에서 L2 네트워크 정의와 라우터 생성 등을 할 때 뉴트론(Neutron)이란 컴포넌트를 실행할 필요가 있습니다. 뉴트론을 제어하는 앤서블 모듈은 여러 개가 내장돼 있어서 L2 네트워크 정의(공용/전용), 서브넷 정의(공용/전용), 라우터 정의의 순서로 각 모듈을 호출해야 합니다.

또한, 이 장에서 소개할 내용은 오픈스택의 사용자 권한에 따라 실행되지 않을 경우가 있으므로 admin 사용자로 실행하는 것을 전제로 설명하겠습니다.

■ 오픈스택 뉴트론의 L2 네트워크 정의

앤서블에서 오픈스택 뉴트론의 L2 네트워크를 정의하려면 os_network 모듈을 호출합니다(예제 6.20). 이 모듈은 파라미터가 많지만, 필수 파라미터는 name:뿐입니다. 상위 네트워크와 연결할 때에는 external:을 true로 지정합니다[10].

예제 6.20 create_network.yml

```
---
- hosts: localhost
  connection: local
  tasks:
    - name: Create public network prod-public
      os_network:
        cloud: production
        state: present
        name: prod-public
        provider_network_type: vlan
        external: true
    - name: Create private network prod-private
      os_network:
        cloud: production
        state: present
        name: prod-private
        provider_network_type: vlan
```

---

10 DNS 서버의 IP 주소 8.8.8.8은 작성 예입니다. 사용하는 네트워크 환경에 따라 IP 주소를 지정합니다.

■ 오픈스택 뉴트론의 서브넷 정의

앤서블에서 오픈스택 뉴트론의 서브넷을 정의하려면 os_router 모듈을 호출합니다(예제 6.21). 이 모듈은 파라미터가 많지만, 필수 파라미터는 name:과 network_name:뿐입니다.

예제 6.21 create_subnet.yml

```
---
- hosts: localhost
  connection: local
  tasks:
    - name: Create subnet of prod-public
      os_subnet:
        cloud: production
        state: present
        name: prod-subnet-pub
        network_name: prod-public
        cidr: 172.16.0.0/16
        enable_dhcp: false
    - name: Create subnet of prod-private
      os_subnet:
        cloud: production
        state: present
        name: prod-subnet-priv
        network_name: prod-private
        cidr: 192.168.0.0/24
        enable_dhcp: true
        dns_nameservers:
          - 8.8.8.8
```

또한, 특정 인스턴스 사이에 하트 비트에 사용할 서브넷은 no_gateway_ip:를 지정하여 가상 라우터 없이 네트워크를 구성할 수 있습니다(예제 6.22)[11].

예제 6.22 create_subnet_hb.yml

```
---
- hosts: localhost
  connection: local
```

---

11 no_gateway_ip:는 앤서블 2.2 이하에서 지정할 수 있습니다.

```
tasks:
  - name: Create subnet of heartbeat
    os_subnet:
      cloud: production
      state: present
      name: prod-subnet-hb
      network_name: prod-heartbeat
      cidr: 192.168.1.0/24
      no_gateway_ip: true
```

■ 오픈스택 뉴트론의 라우터 정의

앤서블에서 오픈스택 뉴트론의 라우터를 정의하려면 os_subnet 모듈을 호출합니다(예제 6.23). 이 모듈은 파라미터가 많지만, 필수 파라미터는 name:뿐입니다. 하지만 라우터를 작성할 때 상위 네트워크를 지정하는 network:와 인터페이스를 출력하는 하위 네트워크의 서브넷인 interfaces:도 동시에 지정합니다.

예제 6.23 create_router.yml

```
---
- hosts: localhost
  connection: local
  tasks:
    - name: Create router for prod-public network
      os_router:
        cloud: production
        name: prod-router
        state: present
        network: prod-public
        interfaces:
          - prod-subnet-priv
```

이러한 일련의 작업으로 새롭게 준비한 네트워크를 인스턴스에서 사용할 수 있습니다.

6.3.3. 오픈스택의 플레이버 이용

■ 오픈스택의 플레이버 확인

오픈스택에서 인스턴스를 작성할 때 할당할 리소스의 양을 정의하는 플레이버라는 구조가 있는데, 가상 서버를 작성할 때에 반드시 선택해야 하는 플레이버가 있습니다.

앤서블에서 오픈스택의 플레이버 정의 내용을 얻으려면 os_flavor_facts 모듈을 호출합니다. 단, 모듈을 호출하려고 하나하나의 플레이북을 작성할 필요는 없습니다. 예를 들어, production 환경의 플레이버인 m1.large의 내용을 확인할 때에는 다음과 같이 ansible 명령을 실행합니다. 또한, name을 생략하면 정의된 모든 플레이버를 확인할 수 있습니다.

```
$ ansible -m os_flavor_facts -a "cloud=production name=m1.large" localhost
[WARNING]: provided hosts list is empty, only localhost is available

localhost | SUCCESS => {
  "ansible_facts": {
    "openstack_flavors": [
      {
        "OS-FLV-DISABLED:disabled": false,
        "OS-FLV-EXT-DATA:ephemeral": 0,
        "disk": 20,
        "ephemeral": 0,
        "extra_specs": {},
        "id": "7fa31c45-c37a-4b8f-9243-9286af11b273",
        "is_public": true,
        "name": "m1.large",
        "os-flavor-access:is_public": true,
        "ram": 8192,
        "request_ids": [],
        "rxtx_factor": 1.0,
        "swap": "",
        "vcpus": 4
      }
    ]
  },
  "changed": false
}
```

또한, 예제 6.24와 같이 플레이북을 작성해도 플레이버 내용을 얻을 수 있습니다.

예제 6.24 get_flavor.yml

```
---
- hosts: localhost
  connection: local
  tasks:
    - name: Get facts of flavor
      os_flavor_facts:
        cloud: production
        name: m1.large
```

■ 오픈스택의 플레이버 작성

전형적인 크기의 플레이버는 미리 정의돼 있습니다. 또한, 용도에 따라 플레이버가 없는 경우에는 관리자 권한으로 플레이버를 작성할 수도 있습니다.

앤서블에서 오픈스택의 플레이버를 정의하려면 os_nova_flavor 모듈을 호출합니다(예제 6.25). 이 모듈은 파라미터가 많지만, 필수 파라미터는 vcpu, ram, disk뿐입니다. name은 필수는 아니지만, 검색을 쉽게 하려면 플레이버 이름을 지정하는 것이 좋습니다.

또한, 플레이버를 작성하는 것은 사용자 권한에 따라 허가되어 있지 않은 경우도 있습니다. 따라서 admin 사용자로 실행하는 것을 전제로 설명하겠습니다.

예제 6.25 create_flavor.yml

```
---
- hosts: localhost
  connection: local
  tasks:
    - name: Create flavor t2.nano
      os_nova_flavor:
        cloud: production
        state: present
        name: t2.nano
        vcpus: 1
        ram:   512
        disk:  0
```

6.3.4. 앤서블에서 글랜스 이미지 업로드

앤서블에서 오픈스택 템플릿을 저장하는 글랜스에 템플릿 이미지를 등록/변경/삭제할 때는 os_image 모듈을 호출합니다. 앤서블을 실행한 서버에서 저장된 템플릿 이미지를 글랜스에 등록할 수 있습니다.

이번에는 템플릿 이미지를 업로드할 샘플로 CirrOS를 이용하겠습니다. CirrOS는 오픈스택의 동작을 동작을 확인할 때 일반적으로 자주 사용하는 간단한 OS로, 디스크 이미지는 다음 URL에서 내려받을 수 있습니다.

■ **CirrOS의 다운로드 페이지**

http://download.cirros-cloud.net

플레이북을 실행하기 전에 wget 명령 등으로 CirrOS의 디스크 이미지를 현재 디렉터리에 내려받습니다.

예제 6.26 upload_template.yml

```
---
- hosts: localhost
  connection: local
  tasks:
    - name: Upload cirros image
      os_image:
        name: cirros
        container_format: bare
        disk_format: qcow2
        state: present
        filename: cirros-0.3.4-x86_64-disk.img
        is_public: true
        properties:
          cpu_arch: x86_64
```

일반적으로 container_format:은 bare로 지정합니다. disk_format에는 전송할 디스크 이미지의 형식을 지정합니다. 압축하지 않은 형식이면 raw, Qcow2 형식이면 qcow2를 지정합니다. 공개 범위를 지정하는 is_public을 true로 한 경우에는 같은 테넌트에서 다른 사용자도 이용할 수 있습니다. 전용 이미지로 하고 싶을 때는 false로 지정합니다.

인스턴스의 최소 요건을 이미지에 지정한 경우

디스크 이미지를 만드는 방법에 따라 노바의 인스턴스를 작성한 다음, 최소 요건을 만족하지 않으면 게스트 OS를 시작하는 중에 실패하는 경우가 있습니다. 따라서 최소 할당 메모리양과 디스크 크기를 지정할 필요가 있습니다.

다음 플레이북에서는 Red Hat Enterprise Linux 7의 이미지를 동작시킬 경우를 고려해서 메모리 1GB 이상, 디스크 이미지 용량 10GB 이상을 요건으로 지정했습니다.

```
---
- hosts: localhost
  connection: local
  tasks:
    - name: Upload RHEL7 image with requirements
      os_image:
        name: RHEL7
        container_format: bare
        disk_format: qcow2
        state: present
        filename: rhel-guest-image-7.2-20160302.0.x86_64.qcow2
        is_public: true
        min_ram: 1024
        min_disk: 10
        properties:
          cpu_arch: x86_64
        timeout: 600
```

min_ram:에서 최소 메모리양을 MB 단위로 지정하고, min_disk:에서 최소한의 디스크 이미지 용량을 GB 단위로 지정합니다. 이 정보는 플레이북을 실행할 때 글랜스 이미지의 할당 정보로 글랜스의 데이터베이스에 저장됩니다. 또한, 전송할 디스크 이미지 용량이 큰 경우에는 timeout:을 (기본 180초) 크게 지정합니다.

제 7 장

AWS에서
앤서블의 활용

7.1. 앤서블 for AWS

앤서블은 모듈을 이용함으로써 아마존 웹 서비스(AWS)의 리소스를 다룰 수 있습니다. 앤서블에서 AWS를 다루기 위한 AWS 모듈은 많습니다. EC2 인스턴스 생성과 VPC 생성 등은 물론 S3와 람다 (Lambda) 등도 플레이북으로 실행할 수 있습니다. AWS 모듈은 앤서블2.2 기준으로 80개 이상의 모듈이 있습니다. AWS의 서비스를 나열하면 다음과 같습니다.

- Amazon CloudWatch Events

- Amazon DynamoDB

- Amazon EC2 Container Service

- Amazon Elastic Compute Cloud

- Amazon Elastic File System

- Amazon ElastiCache

- Amazon Kinesis

- Amazon Redshift

- Amazon Relational Database Service

- Amazon Route 53

- Amazon Simple Notification Service

- Amazon Simple Queue Service

- Amazon Simple Storage Service

- Amazon Virtual Private Cloud

- AWS CloudFormation

- AWS CloudTrail

- AWS Identity and Access Management

- AWS Lambda

- AWS SecurityToken Service

AWS의 서비스용 모듈이 위와 같이 있으므로 대부분 환경은 앤서블로 코드화할 수 있습니다. 또한, 사용할 수 있는 모든 AWS 모듈의 목록은 다음 문서를 참조해 주세요.

Cloud Modules · Ansible Documentation

http://docs.ansible.com/ansible/list_of_cloud_modules.html#amazon

이번 장에서는 여러 개의 AWS 모듈 중에서 다음 사항을 소개하겠습니다.

- EC2 인스턴스의 생성

- AWS 클라우드포메이션(CloudFormation)과의 연계

- 롤링 배포(Rolling Deploy)

7.2. 준비

AWS 모듈을 사용할 때는 앤서블 설치 외에 몇 가지 준비가 필요합니다.

7.2.1. AWS SDK for Python (Boto) 설치

앤서블을 실행하는 콘솔 서버에는 AWS SDK for Python (Boto)가 필요합니다. Boto는 파이썬 패키지로 설치합니다. 명령 줄에서 다음과 같이 실행합니다.

```
$ pip install boto
```

7.2.2. AWS 접근키 설정

AWS 모듈은 AWS의 리소스를 다루기 위해서 AWS API에 요청을 보냅니다. AWS API에 보내는 요청에는 인증 정보가 필요합니다. 인증 정보는 접근키라고 하며, 접근키 ID와 비밀 접근키로 이뤄져 있습니다. 접근키에는 루트 계정 접근키와 IAM 사용자 접근키가 있는데, 여기서는 IAM 사용자 접근키를 사용하겠습니다. 접근키는 뒤에서 설명할 작업에서 EC2 인스턴스, IAM 등을 생성하므로 AdministratorAccess Policy 등의 권한을 설정해 주세요.

■ AWS 접근키의 확인

액세스 키는 AWS 매니지먼트 콘솔과 AWS CLI, Tools for Windows PowerShell, AWS API를 사용하여 관리할 수 있습니다. 여기서는 AWS 매니지먼트 콘솔을 사용하여 IAM 유저를 작성한 다음 액세스 키를 취득합니다.

우선 다음 URL로 이동해 IAM(Identity and Access Management)에 접근합니다.

https://console.aws.amazon.com/iam/

로그인한 다음 [Users] → [Add user]를 선택합니다(그림 7.1).

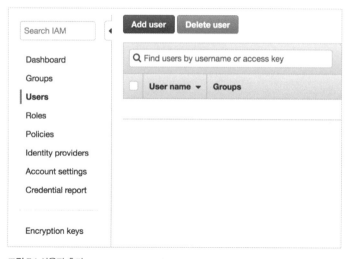

그림 7.1 사용자 추가

다음으로 사용자 이름을 입력하고 "Programmatic access"에 체크 표시한 다음, [Next: Permissions] 버튼을 선택합니다(그림 7.2).

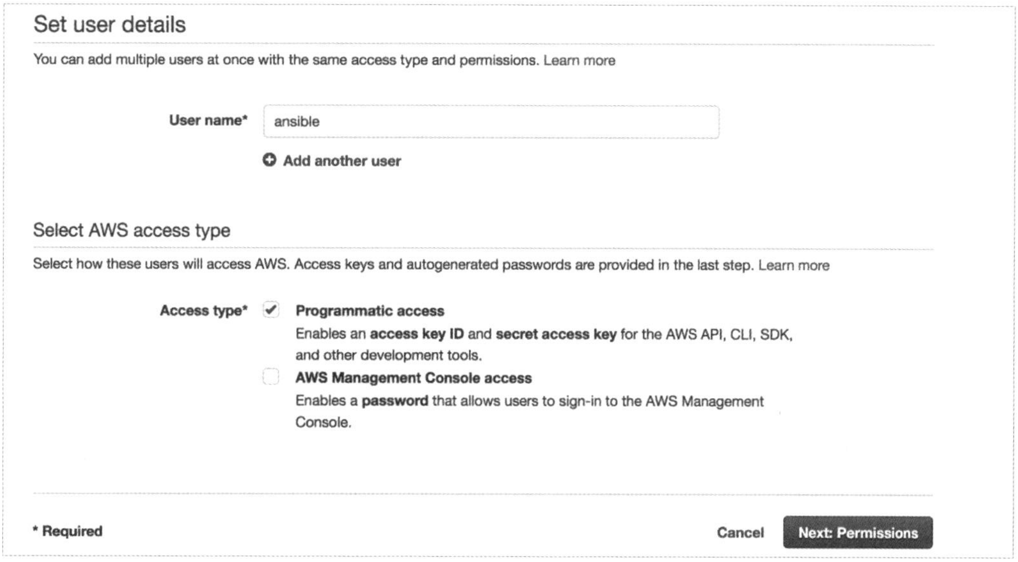

Set user details

You can add multiple users at once with the same access type and permissions. Learn more

User name*	ansible

⊕ Add another user

Select AWS access type

Select how these users will access AWS. Access keys and autogenerated passwords are provided in the last step. Learn more

Access type* ☑ **Programmatic access**
Enables an **access key ID** and **secret access key** for the AWS API, CLI, SDK, and other development tools.

☐ **AWS Management Console access**
Enables a **password** that allows users to sign-in to the AWS Management Console.

* Required   Cancel   **Next: Permissions**

그림 7.2 사용자 상세

"Attach existing policies directly"를 선택하고 "AdministratorAccess"에 체크한 다음, [Next: Review] 버튼을 선택합니다(그림 7.3).

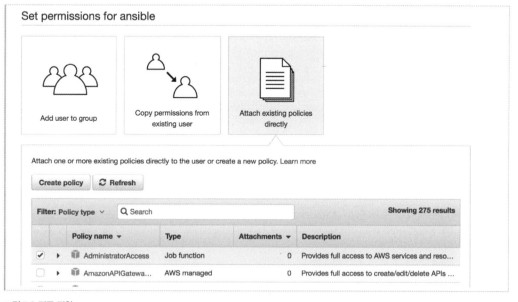

그림 7.3 접근 권한

[Create user] 버튼을 선택합니다(그림 7.4).

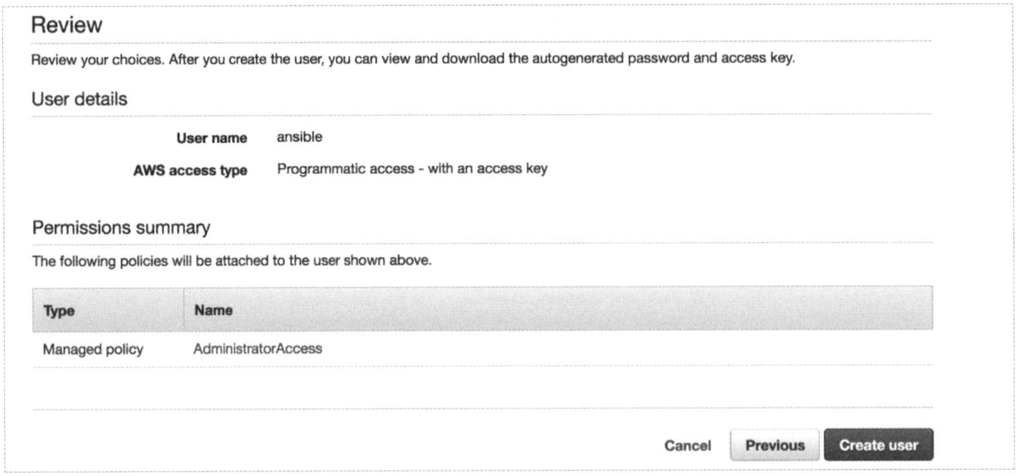

Review

Review your choices. After you create the user, you can view and download the autogenerated password and access key.

User details

User name	ansible
AWS access type	Programmatic access – with an access key

Permissions summary

The following policies will be attached to the user shown above.

Type	Name
Managed policy	AdministratorAccess

Cancel   Previous   Create user

그림 7.4 확인

[Download .csv] 버튼을 선택합니다. 내려받은 정보는 이후에 다시 확인할 수 없으므로 잘 보관해 주세요(그림 7.5).

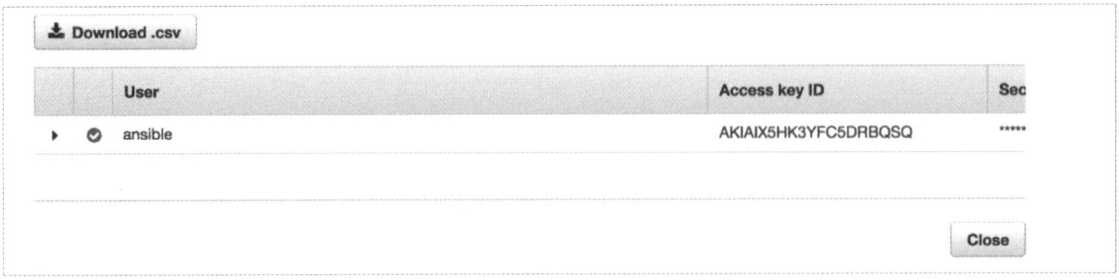

⬇ Download .csv

		User	Access key ID	Sec
▸	✓	ansible	AKIAIX5HK3YFC5DRBQSQ	*****

Close

그림 7.5 완료

AWS 접근키를 생성하는 방법에 관해서는 공식문서도 같이 참조해 주세요.

> **AWS 계정 내에서의 IAM 유저 작성**— AWS Identity and Access Management
>
> http://docs.aws.amazon.com/ko_kr/IAM/latest/UserGuide/id_users_create.html

■ AWS 접근키를 앤서블에 반환

생성한 AWS 접근키를 앤서블에 넘겨주는 방법으로는 다음과 같이 몇 가지 방법이 있습니다(단, IAM 롤을 사용하면 AWS 접근키를 생성하지 않아도 됩니다).

- 환경 변수

- 플레이북에 작성

- IAM 롤

AWS 접근키를 사용하는 경우 관리를 위해서 키를 파일 등에 저장해둬야 하므로 키가 유출될 위험이 있습니다. IAM 롤을 이용하면 AWS 접근키를 설정하지 않고 EC2 인스턴스 자체에서 AWS 리소스에 접근을 허가할 수 있으므로 사용자가 키를 관리하지 않아도 됩니다. 그래서 앤서블의 제어 서버에서 EC2 인스턴스를 사용할 때에는 IAM 롤을 사용하는 방법을 추천합니다.

다음으로 앤서블을 실행한 제어 서버로 앤서블과 AWS SDK for Python (Boto)를 설치한 로컬 서버를 사용합니다. 이를 위해 이 책에서는 AWS 접근키를 환경 변수로 설정해서 작업하겠습니다.

환경 변수로 설정하는 방법

앤서블을 실행할 제어 서버에 환경 변수로 AWS 접근키를 설정합니다.

```
$ export AWS_ACCESS_KEY_ID=AKIAIOSFODNN7EXAMPLE
$ export AWS_SECRET_ACCESS_KEY=wJalrXUtnFEMI/K7MDENG/bPxRfiCYEXAMPLEKEY
$ export AWS_REGION=ap-northeast-1
```

플레이북을 이용하는 방법

AWS 접근키를 플레이북에 작성하는 방법도 있습니다. AWS 모듈을 사용할 때 파라미터로 설정합니다.

```
aws_access_key: AKIAIOSFODNN7EXAMPLE
aws_secret_key: wJalrXUtnFEMI/K7MDENG/bPxRfiCYEXAMPLEKEY
region: ap-northeast-1
```

단, 이 방법은 플레이북에 AWS 접근키를 작성해야 하므로 보안상 바람직하지 않습니다. 앞서 설명한 환경 변수 또는 IAM 롤을 사용하는 방법을 권장합니다.

IAM 롤을 이용하는 방법

EC2 인스턴스를 앤서블을 실행할 제어 서버로 사용한다면 IAM 롤을 이용할 수 있습니다. IAM 롤을 이용하면 AWS 접근키를 환경 변수와 플레이북에 작성할 필요 없이 AWS 모듈에서 AWS 리소스를 실행할 수 있게 됩니다.

EC2 인스턴스에서 IAM 롤을 이용하려면 미리 IAM 롤을 생성해서 EC2 인스턴스에 할당해 두어야 합니다. 그 EC2 인스턴스 내에서 AWS SDK를 이용하면 AWS SDK는 AWS 접근키를 지정하지 않은 경우에 IAM 롤의 인증 정보를 이용합니다. AWS 접근키는 영구적인 인증 정보이지만 IAM 롤은 일시적인 인증 정보입니다.

자세한 사항은 다음 공식 문서에서 확인하기 바랍니다.

아마존 EC2의 IAM 롤 · Amazon Elastic Compute Cloud

https://docs.aws.amazon.com/ko_kr/AWSEC2/latest/UserGuide/iam-roles-for-amazonec2.html

7.3. EC2 인스턴스 생성

AWS에서는 Amazon Elastic Computer Cloud(EC2)가 대표적인 인스턴스이므로 AWS 모듈을 이용해서 EC2 인스턴스를 생성해 보겠습니다.

표 7.1 EC2 인스턴스 생성에 사용하는 AWS 모듈

모듈	개요	URL
ec2_vpc_net_facts	ec2 VPCs의 정보를 AWS에서 수집	http://docs.ansible.com/ansible/ec2_vpc_net_facts_module.html
ec2_vpc_subnet_facts	ec2 VPCs subnets의 정보를 AWS에서 수집	http://docs.ansible.com/ansible/ec2_vpc_subnet_facts_module.html
ec2_ami_find	AMI ID 기타 정보를 얻기 위해 AMIs를 검색	http://docs.ansible.com/ansible/ec2_ami_find_module.html
ec2	ec2에서 인스턴스를 생성/삭제/시작/정지	http://docs.ansible.com/ansible/ec2_module.html

샘플 플레이북 파일의 구성은 그림 7.6과 같습니다.

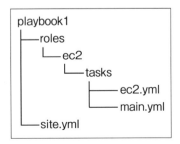

그림 7.6 EC2 인스턴스 작성을 위한 샘플 플레이북

7.3.1. EC2 인스턴스를 작성하는 플레이북

샘플 플레이북은 다음 명령으로 실행합니다.

```
$ ansible-playbook site.yml
```

이후에는 플레이북의 내용을 중요한 사항별로 살펴보겠습니다. 전체 플레이북을 확인하려면 다음 파일을 참고해 주세요.

playbook1/roles/ec2/tasks/ec2.yml

■ ec2_vpc_net_facts 모듈

먼저 EC2 인스턴스를 배치할 VPC 정보를 얻기 위해 ec2_vpc_net_facts 모듈을 실행합니다. AWS 모듈의 대부분에는 이름 뒤에 _facts가 붙어 있고 이 모듈을 통해 플레이북에서 다양한 정보를 사용할 수 있습니다.

```
- name: Facts about default VPC
  ec2_vpc_net_facts:
    filters:
      isDefault: "true"
  register: vpc_net_find
```

filters 파라미터로 기본 VPC 정보를 얻도록 지정한 다음 register에서 vpc_net_find 변수에 실행 결과를 저장합니다. 실행 결과는 다음과 같습니다.

```
TASK [ec2 : debug] **********************************************************
ok: [localhost] => {
  "vpc_net_find": {
    "changed": false,
    "vpcs": [
      {
        "cidr_block": "172.31.0.0/16",
        "classic_link_enabled": null,
        "dhcp_options_id": "dopt-xxxxxxxx",
        "id": "vpc-xxxxxxxx",
        "instance_tenancy": "default",
        "is_default": true,
```

```
      "state": "available",
      "tags": {}
    }
  ]
 }
}
```

VPC 정보에는 표 7.2의 정보가 포함돼 있습니다.

표 7.2 VPC 정보

항목	개요
cidr_block	VPC CIDR 블록
classic_link_enabled	ClassicLink DNS 서포트의 존재 여부
dhcp_options_id	DHCP 옵션 셋 ID
id	VPC ID
instance_tenancy	테넌시
is_default	기본 VPC인지 아닌지
state	VPC 상태
tags	태그

■ ec2_vpc_subnet_facts 모듈

다음으로 기본 VPC의 서브넷 정보를 얻습니다. ec2_vpc_subnet_facts 모듈을 실행하여 확인합니다.

```
- name: Facts about default VPC subnet
  ec2_vpc_subnet_facts:
    filters:
      vpc-id: "{{ vpc_net_find.vpcs[0].id}}"
  register: vpc_subnet_find
```

filter 파라미터에서 ec2_vpc_net_facts 모듈로 얻은 VPC ID를 지정한 다음 register에서 vpc_subnet_find 변수에 실행 결과를 저장합니다. 실행 결과는 다음과 같습니다.

```
TASK [ec2 : debug] ********************************************************************
ok: [localhost] => {
  "vpc_subnet_find": {
    "changed": false,
```

```
      "subnets": [
        {
          "availability_zone": "ap-northeast-1c",
          "available_ip_address_count": 4090,
          "cidr_block": "172.31.0.0/20",
          "default_for_az": "true",
          "id": "subnet-xxxxxxxc",
          "map_public_ip_on_launch": "true",
          "state": "available",
          "tags": {},
          "vpc_id": "vpc-xxxxxxxx"
        },
        {
          "availability_zone": "ap-northeast-1a",
          "available_ip_address_count": 4091,
          "cidr_block": "172.31.16.0/20",
          "default_for_az": "true",
          "id": "subnet-xxxxxxxa",
          "map_public_ip_on_launch": "true",
          "state": "available",
          "tags": {},
          "vpc_id": "vpc-xxxxxxxx"
        }
      ]
    }
}
```

서브넷 정보에는 표 7.3의 정보가 포함돼 있습니다.

표 7.3 VPC 서브넷 정보

항목	개요
availability_zone	지역 가용성
available_ip_address_count	이용 가능한 IP 주소 수
cidr_block	서브넷 CIDR 블록
default_for_az	기본 서브넷
id	서브넷 ID
map_public_ip_on_launch	자동 할당 공용 IP의 유무
state	서브넷 상태

항목	개요
tags	태그
vpc_id	VPC ID

■ ec2_ami_find 모듈

AMI 정보를 얻습니다. 정보를 얻으려면 ec2_ami_find 모듈을 실행합니다. AMI(Amazon Machine Image)에는 운영체제와 애플리케이션, 블록 디바이스 매핑 등 EC2 인스턴스를 시작할 때 필요한 정보가 포함돼 있습니다.

```
- name: Search for the latest Amazon Linux AMI
  ec2_ami_find:
    name: "amzn-ami-hvm-*-gp2"
    owner: amazon
    architecture: x86_64
    virtualization_type: hvm
    sort: creationDate
    sort_order: descending
    sort_end: 1
    no_result_action: fail
  register: ami_find
```

name, owner, architecture, virtualization_type 파라미터에서 아마존 리눅스를 설정합니다. 여기서는 최신 AMI를 이용하기 위해서 sort, sort_order, sort_end 파라미터에 지정한 대로 AMI 작성시간을 기준으로 내림차순으로 정렬하고, register에서 ami_find 변수에 처음 실행 결과를 저장합니다. 실행 결과는 다음과 같은 형태입니다.

```
TASK [ec2 : debug] *************************************************
ok: [localhost] => {
  "ami_find": {
    "changed": false,
    "results": [
      {
        "ami_id": "ami-0c11b26d",
        "architecture": "x86_64",
        "block_device_mapping": {
          "/dev/xvda": {
```

```
                    "delete_on_termination": true,
                    "encrypted": false,
                    "size": 8,
                    "snapshot_id": "snap-afedf820",
                    "volume_type": "gp2"
                }
            },
            "creationDate": "2016-10-29T00:46:00.000Z",
            "description": "Amazon Linux AMI 2016.09.0.20161028 x86_64 HVM GP2",
            "hypervisor": "xen",
            "is_public": true,
            "location": "amazon/amzn-ami-hvm-2016.09.0.20161028-x86_64-gp2",
            "name": "amzn-ami-hvm-2016.09.0.20161028-x86_64-gp2",
            "owner_id": "137112412989",
            "platform": null,
            "root_device_name": "/dev/xvda",
            "root_device_type": "ebs",
            "state": "available",
            "tags": {},
            "virtualization_type": "hvm"
        }
    ]
  }
}
```

■ ec2 모듈

마지막으로 지금까지 모은 정보로 ec2 모듈을 실행해 EC2 인스턴스를 생성합니다. ec2 모듈은 생성하는 것뿐만 아니라 EC2 인스턴스의 정지/시작/삭제도 지원합니다.

```
- name: Launch EC2 Instance
  ec2:
    image: "{{ ami_find.results[0].ami_id }}"
    instance_type: "{{ ec2_instance_type }}"
    key_name: "{{ ec2_key_name }}"
    vpc_subnet_id: "{{ vpc_subnet_find.subnets[0].id }}"
    group: "{{ ec2_group }}"
    assign_public_ip: true
    instance_tags:
      Name: "{{ ec2_name }}"
```

```
count_tag:
  Name: "{{ ec2_name }}"
exact_count: 1
wait: true
```

ec2_name, ec2_instance_type, ec2_key_name, ec2_group은 플레이북을 실행할 때 파라미터로
지정합니다. 그 외의 파라미터에 관한 설명은 다음과 같습니다.

- **image**
  ec2_ami_find 모듈에서 얻은 AMI ID를 지정

- **instance_type**
  EC2 인스턴스 유형을 지정(예 t2.micro)

- **key_name**
  EC2 인스턴스 키 페어 이름을 지정

- **vpc_subnet_id**
  ec2_vpc_subnet_facts 모듈에서 얻은 서브넷 ID를 지정. 기본 VPC에는 서브넷 ID가 2개 있으나, 여기서는 ec2_vpc_
  subnet_facts 모듈의 실행 결과에서 제일 첫 번째 서브넷 ID를 이용한다.

- **group**
  보안 그룹을 지정

- **instance_tags, count_tag, exact_count**
  instance_tags에서 EC2 인스턴스의 Name 태그를 지정. count_tag에서 EC2 인스턴스를 식별하기 위한 Name 태그와
  그 값을 지정하고, count_tag가 식별한 EC2 인스턴스가 몇 개 존재하는지 exact_count에 지정한다. 여기서는 1을 지정했
  으므로 count_tag가 식별한 EC2 인스턴스가 0개라면 EC2 인스턴스를 1개 작성하고, 이미 1개가 있다면 그 이상의 EC2
  인스턴스를 작성하지 않는다.

7.4. AWS 클라우드포메이션과 연계

다음으로 AWS 모듈을 실용적으로 활용할 수 있는 방법을 설명하겠습니다.

EC2 인스턴스 생성 등과 같은 AWS 리소스를 앤서블에서 관리할 수도 있으나, 앤서블 이외에도 AWS
클라우드포메이션(CloudFormation)과 해시코프(HashiCorp) 사의 테라폼(TerraForm), 패커

(Packer) 등 AWS 리소스를 구성 관리할 수 있는 도구도 있습니다. 상황에 따라서 이 도구들을 이용하는 방법도 검토해보기 바랍니다.

여기서는 AWS 클라우드포메이션과 앤서블을 같이 사용해보겠습니다. 두 개를 조합한 이미지는 그림 7.7과 같습니다.

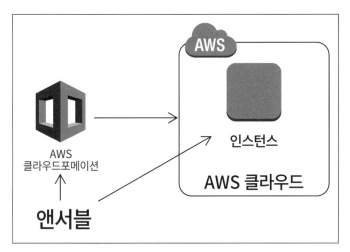

그림 7.7 AWS 클라우드포메이션과 앤서블을 조합한 이미지

1. 앤서블에서 AWS 클라우드포메이션 스택 생성

2. AWS 클라우드포메이션 스택에서 EC2 인스턴스 생성

3. 생성한 EC2 인스턴스에 앤서블로 배포

이때 사용할 AWS 모듈은 표 7.4와 같습니다.

표 7.4 클라우드포메이션과 연계해서 사용할 AWS 모듈

모듈	개요	URL
Cloudformation	AWS 클라우드포메이션 스택 생성/삭제	http://docs.ansible.com/ansible/cloudformation_module.html

샘플 플레이북 파일의 구성은 그림 7.8과 같습니다.

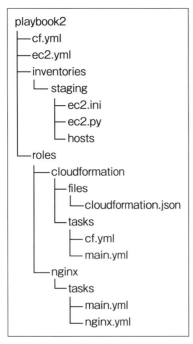

그림 7.8 클라우드포메이션과 연계를 위한 샘플 플레이북

7.4.1. AWS 클라우드포메이션 스택을 생성하는 플레이북

플레이북을 실행하면 그림 7.9와 같은 환경이 구축됩니다.

플레이북은 다음과 같은 명령으로 실행합니다.

```
$ ansible-playbook cf.yml
```

플레이북 내용을 요점별로 살펴보겠습니다. 전체 플레이북을 확인하려면 다음 파일을 참조해 주세요.

playbook2/roles/cloudformation/tasks/cf.yml

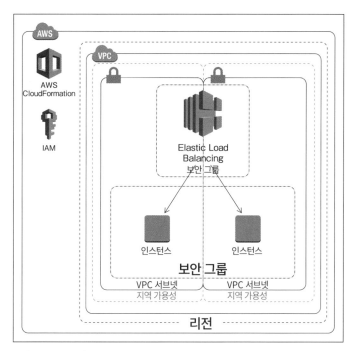

그림 7.9 AWS 구성

■ cloudformation 모듈

AWS 클라우드포메이션 스택을 생성합니다. 스택을 생성할 때는 cloudformation 모듈을 실행합니다. cloudformation 모듈은 스택의 생성뿐만 아니라 스택의 삭제도 지원하는 모듈입니다.

```
- name: launch ansible cloudformation
  cloudformation:
    stack_name: ansible-cloudformation-{{ cloudformation_Environment }}
    state: present
    template: roles/cloudformation/files/cloudformation.json
    template_parameters:
      KeyName: "{{ cloudformation_KeyName }}"
      SSHLocation: "{{ cloudformation_SSHLocation }}"
      AMI: "{{ ami_find.results[0].ami_id }}"
    tags:
      stack: ansible-cloudformation
      env: "{{ cloudformation_Environment }}"
    register: output
```

cloudformation_KeyName, cloudformation_SSHLocation, cloudFormation_Environment는 플레이북을 실행할 때 파라미터에서 지정합니다.

- **stack_name**
  AWS 클라우드포메이션 스택 이름을 지정

- **template, template_parameters**
  template에서 AWS 클라우드포메이션 템플릿의 경로를 지정. template에 지정한 AWS 클라우드포메이션 템플릿의 파라미터를 template_parameters에 지정한다. 이 AWS 클라우드포메이션 템플릿에는 다음 파라미터를 지정한다.

  KeyName
  EC2 인스턴스 접근에 필요한 키 페어 이름

  SSHLocation
  EC2 인스턴스에 SSH 접속할 IP 주소(예 0.0.0.0/0)

  AMI
  ec2_ami_find 모듈에서 얻은 AMI ID

7.4.2. AWS EC2 동적 인벤터리

앤서블로 EC2 인스턴스에 배포하려면 인벤터리 파일이 필요합니다. EC2 인스턴스의 호스트 정보를 인벤터리 파일에 쓸 수도 있지만, EC2 인스턴스를 생성할 때마다 관리할 EC2 인스턴스 수가 늘어나고 그에 따른 인벤터리 파일을 관리하는 수고(운용 비용)가 증가합니다. 그래서 인벤터리 파일 대신에 동적 인벤터리를 사용합니다[1]. 동적 인벤터리를 사용하면 앤서블과 ansible-playbook 명령을 사용할 때 호스트 정보가 동적으로 생성되어 대상 호스트에 배포됩니다.

EC2 인스턴스에서 동적 인벤터리를 사용할 준비를 하겠습니다. 동적 인벤터리를 실행하기 위한 스크립트 파일인 ec2.ini와 ec2.py를 가져와서 인벤터리 디렉터리에 배치합니다(표 7.5).

인벤터리 디렉터리는 앤서블의 모범 사례에 따라 배치합니다. 모범 사례에 대해서는 다음 문서를 참고해 주세요.

Best Practices · Ansible Document
Alternative Directory Layout http://docs.ansible.com/ansible/playbooks_best_practices.html#alternative-directory-layout

---

1 동적 인벤터리에 대해서는 3.1.3절(P. 62)을 참고하기 바랍니다.

표 7.5 동적 인벤터리에서 이용할 스크립트 파일

경로	URL
playbook2/inventories/staging/ec2.ini	https://raw.githubusercontent.com/ansible/ansible/devel/contrib/inventory/ec2.ini
playbook2/inventories/staging/ec2.py	https://raw.githubusercontent.com/ansible/ansible/devel/contrib/inventory/ec2.py

인벤터리 파일은 스테이징 환경과 프로덕션 환경 등과 같이 환경별로 분리해 둡니다.

검증하지 않고 프로덕션 환경에 직접 배포하는 것은 테스트 코드와 리뷰를 꼼꼼히 했어도 장애가 발생할 수 있는 요인이 됩니다. 먼저 스테이징 환경에 배포해서 동작을 검증한 다음, 문제가 없는 것을 확인하고 프로덕션 환경에 배포하는 것이 운용상 안전합니다.

■ ec2.ini 파일

앤서블 배포 대상인 호스트를 ec2.ini 파일에 지정합니다.

AWS 클라우드포메이션 스택에서 작성한 EC2 인스턴스 조건에 맞게 ec2.ini 파일에서 대상이 되는 행을 수정합니다.

```
[ec2]
regions = ap-northeast-1
instance_filters = tag:env=staging
```

instance_filters

instance_filters에는 cloudformation 모듈의 tags 파라미터에서 지정한 값을 지정합니다. 동적 인벤터리에는 EC2 인스턴스를 식별하기 위한 env 태그와 그 값을 지정합니다. 또한, instance_filters는 콤마로 구별하여 여러 개 지정할 수 있으며 OR 조건입니다[2]. 앤서블 배포 대상이 아닌 EC2 인스턴스와 구별하기 위해서 같은 태그에 사용하지 않도록 주의해 주세요.

---

2 현재는 AND 조건을 지정할 수 없습니다.

■ ec2.py 스크립트

ec2.py 스크립트를 실행하여 호스트 정보를 얻습니다.

```
$ ./inventories/staging/ec2.py
{
  "_meta": {
    "hostvars": {
      "52.198.103.191": {
  ...
  "ap-northeast-1a": [
    "52.199.103.27"
  ],
  "ap-northeast-1c": [
    "52.198.103.191"
  ],
  ...
  "tag_env_staging": [
    "52.199.103.27",
    "52.198.103.191"
  ],
  "tag_role_web": [
    "52.199.103.27",
    "52.198.103.191"
  ],
  "tag_stack_ansible_cloudformation": [
    "52.199.103.27",
    "52.198.103.191"
  ],
  "type_t2_micro": [
    "52.199.103.27",
    "52.198.103.191"
  ],
  "vpc_id_vpc_ddd31eb9": [
    "52.199.103.27",
    "52.198.103.191"
  ]
}
```

실행 결과를 확인하면 tag_env_staging이 있습니다. 이 키는 앞서 cloudformation 모듈의 tags 파라
미터에서 지정한 값입니다. 그 밖에도 tag_role_web 등의 키가 있으나, 이 키들은 플레이북에서 지정
한 호스트에 해당합니다.

■ 인벤터리 파일과 병용

EC2 인스턴스의 호스트 정보는 동적 인벤터리에서 동적으로 만들어지지만, SSH 접속 포트 번호 등의 정보는 동적 인벤터리에서 만들어지지 않으므로 정적으로 정의해둬야 합니다. 그래서 인벤터리 파일을 함께 사용합니다. 인벤터리 파일을 동적 인벤터리와 같은 폴더에 배치하고 SSH 접속 번호 등의 정보는 그 인벤터리 파일에 지정합니다. 인벤터리 파일은 동적인 상태에서 정적으로 지정하고 싶을 경우에 사용합니다.

인벤터리 파일에 대해서는 다음 파일을 참고해 주세요.

> playbook2/inventories/staging/hosts

인벤터리 파일의 요점을 살펴보겠습니다.

```
[all:vars]
ansible_ssh_port=22
ansible_ssh_private_key_file=~/.ssh/id_rsa
ansible_ssh_user=ec2-user
```

SSH 접속 포트 번호는 EC2 인스턴스의 기본 포트 번호인 22, SSH 비밀 키 파일은 cloudformtion 모듈의 template_parameters KeyName에서 지정한 파일의 경로, 리눅스 사용자 이름은 아마존 리눅스의 기본 사용자 이름인 ec2-user로 지정합니다.

■ EC2 인스턴스와의 통신 확인

동적 인벤터리에서 얻은 EC2 인스턴스에 ping 모듈을 사용하여 통신이 되는지 확인하겠습니다.

ec2.py 스크립트를 실행한 결과에서 확인한 tag_env_staging에 대해 통신이 되는지 확인합니다.

```
$ ansible -i inventories/staging tag_env_staging -m ping
52.198.103.191 | SUCCESS => {
    "changed": false,
    "ping": "pong"
}
52.199.103.27 | SUCCESS => {
    "changed": false,
    "ping": "pong"
}
```

그밖에도 ap-northest-1a의 키에 대한 통신을 확인해 보겠습니다.

```
$ ansible -i inventories/staging ap-northeast-1a -m ping
52.199.103.27 | SUCCESS => {
  "changed": false,
  "ping": "pong"
}
```

실행 결과를 보면 ap-northeast-1a의 EC2 인스턴스만 ping이 실행된 것을 알 수 있습니다. 그리고 동적 인벤터리로 출력할 키를 지정하면 앤서블 대상인 EC2 인스턴스를 지정할 수 있습니다.

7.4.3. EC2 인스턴스에 배포하는 플레이북

EC2 인스턴스와 통신이 되므로 배포할 준비를 합니다. 마지막으로 EC2 인스턴스에 배포합니다. 플레이북은 다음 명령으로 실행합니다.

```
$ ansible-playbook -i inventories/staging ec2.yml
```

아마존 인벤터리는 레드햇 계열의 배포판입니다. 플레이북은 CentOS와 Red Hat Enterprise Linux 의 호스트에 대해서 같은 방법으로 생성합니다. 여기서는 엔진엑스를 배포하는 간단한 플레이북을 작성하겠습니다. 전체 플레이북은 다음 파일을 참조해 주세요.

playbook2/ec2.yml

hosts에는 ec2.py 스크립트로 실행한 결과에서 확인했던 키를 지정합니다.

```
---
- hosts: tag_role_web
  roles:
    - { role: nginx, tags: [nginx] }
```

7.5. 롤링 배포

앞 절에서는 AWS 클라우드포메이션 스택에서 EC2 인스턴스를 새로 생성하고 EC2 인스턴스에 앤서블로 배포했습니다. 다음으로 이미 생성되어 운용되고 있는 EC2 인스턴스에 배포하는 방법을 살펴보겠습니다. 운용 중인 서버에 배포할 때는 다음과 같은 방법을 생각할 수 있습니다.

- 모든 요청을 수락하지 않고 서비스를 정지한 다음 배포하는 방법

- 요청을 수락하면서 서비스를 지속한 상태로 배포하는 방법

여기서는 서비스를 지속한 상태로 배포하는 방법의 하나인 롤링 배포를 살펴보겠습니다.

샘플 플레이북 파일의 구성은 그림 7.10과 같습니다.

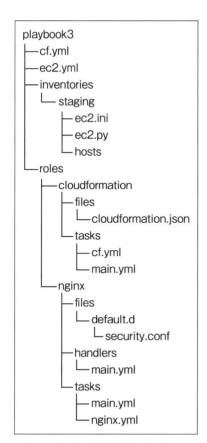

```
playbook3
├─cf.yml
├─ec2.yml
├─inventories
│  └─staging
│      ├─ec2.ini
│      ├─ec2.py
│      └─hosts
└─roles
    ├─cloudformation
    │  ├─files
    │  │  └─cloudformation.json
    │  └─tasks
    │      ├─cf.yml
    │      └─main.yml
    └─nginx
        ├─files
        │  └─default.d
        │      └─security.conf
        ├─handlers
        │  └─main.yml
        └─tasks
            ├─main.yml
            └─nginx.yml
```

그림 7.10 롤링 배포를 위한 샘플 플레이북

여기서는 표 7.6에 있는 AWS 모듈을 사용하겠습니다.

표 7.6

모듈	개요	URL
ec2_facts	ec2(aws)에서 리모트 호스트 정보를 수집한다	http://docs.ansible.com/ansible/2.3/ec2_facts_module.html
ec2_elb	EC2 ELBs에 인스턴스를 등록/삭제한다	http://docs.ansible.com/ansible/2.3/ec2_elb_module.html

7.5.1. 롤링 배포란

롤링 배포란 로드 밸런스와 2대 이상의 서버로 이뤄진 구성에서 서버를 1대씩 로드 밸런스에서 분리해서 배포하고, 배포가 끝나면 서버를 다시 로드 밸런스에 붙이는 방법입니다(그림 7.11). 롤링 배포에서 이전 버전으로 요청을 처리하는 서버가 있으면 새 버전으로 요청을 처리하는 서버도 있습니다.

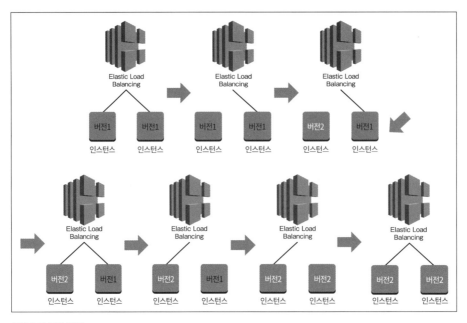

그림 7.11 롤링 배포

또한, 롤링 배포에서는 로드 밸런스에서 서버를 1대씩 분리할 필요는 없습니다.

7.5.2. 롤링 배포하는 플레이북

"AWS 클라우드포메이션과 연계" 절(P.200)에서 생성한 ELB(Elastic Load Balancing)와 EC2 인스턴스의 구성에 대해 롤링 배포로 엔진엑스의 환경을 변경해 보겠습니다. 엔진엑스의 환경은 엔진엑스 롤에서 변경합니다. 플레이북을 다음 명령으로 실행합니다.

```
$ ansible-playbook -i inventories/staging ec2.yml
```

롤링 배포 플레이북 중에서 먼저 playbook3/ec2.yml을 살펴보겠습니다.

예제 7.1 playbook3/ec2.yml

```
- hosts: tag_role_web
  become: true
  serial: 1
  pre_tasks:
    - name: Gathering ec2 facts
      ec2_facts:
      tags:
        - always
      register: ec2_find

    - debug: var=ec2_find

    - name: Instance De-register
      local_action: ec2_elb
      args:
        instance_id: "{{ ansible_ec2_instance_id }}"
        state: absent
        wait_timeout: 300
      tags:
        - always

    - debug: var=ec2_elbs

  roles:
    - { role: nginx, tags: [nginx] }
  post_tasks:
    - name: Instance Register
      local_action: ec2_elb
      args:
```

```
        instance_id: "{{ ansible_ec2_instance_id }}"
        ec2_elbs: "{{ item }}"
        state: present
        wait_timeout: 300
      with_items: "{{ ec2_elbs }}"
      tags:
        - always
```

플레이북의 순서는 다음과 같습니다.

1. pre_tasks에 플레이북에서 최초로 실행하고 싶은 태스크를 지정한다. 다음 태스크를 지정.

   • ec2_facts 모듈을 이용해 EC2 인스턴스의 정보를 얻는다

   • ec2_elb 모듈을 이용해 EC2 인스턴스에서 ELB를 분리

2. roles 배포

3. post_tasks에 플레이북에서 제일 마지막으로 실행하고 싶은 태스크를 지정한다. 다음 태스크를 지정.

   • ec2_elb 모듈을 이용해 EC2 인스턴스에서 ELB를 연결

이것들을 serial에 지정한 서버의 수만큼 반복하여 롤링 배포합니다.

■ ec2_facts 모듈

EC2 인스턴스의 메타 데이터를 얻으려면 ec2_facts 모듈을 실행합니다.

```
- name: Gathering ec2 facts
  ec2_facts:
  tags:
    - always
  register: ec2_find
```

얻은 정보는 ansible_ec2_XXX로 지정해 사용합니다.

실행 결과는 다음과 같습니다.

```
TASK [debug] *************************************************************
ok: [52.199.103.27] => {
  "ec2_find": {
```

```
"ansible_facts": {
  "ansible_ec2_ami_id": "ami-0c11b26d",
  ...
  "ansible_ec2_instance_id": "i-0402c41a63bfacd85",
  "ansible_ec2_instance_type": "t2.micro",
  "ansible_ec2_local_hostname": "ip-10-0-0-112.ap-northeast-1.compute.internal",
  ...
```

롤링 배포에서 EC2 인스턴스의 ELB에 연결하거나 분리할 때에 인스턴스 ID가 필요하므로 ec2_facts 모듈의 ansible_ec2_instance_id에서 인스턴스 ID를 확인할 수 있습니다.

■ ec2_elb 모듈

EC2 인스턴스를 ELB에 연결하거나 분리할 때는 ec2_elb 모듈을 실행합니다.

EC2 인스턴스를 ELB에서 분리

```
- name: Instance De-register
  local_action: ec2_elb
  args:
    instance_id: "{{ ansible_ec2_instance_id }}"
    state: absent
    wait_timeout: 300
  tags:
    - always
```

- **local_action**
  앤서블을 실행하는 제어 서버에서 모듈을 지정. EC2 인스턴스를 분리할 때에는 EC2 인스턴스에 접속할 필요가 없으므로 앤서블을 실행하는 제어 서버에서 ec2_elb 모듈을 실행한다.

- **instance_id**
  ec2_facts 모듈에서 얻은 EC2 인스턴스 ID를 지정

- **state**
  absent를 지정. EC2 인스턴스에 연결한 모든 ELB를 분리한다.

먼저, ec2_elb 모듈은 분리할 때에 연결된 모든 ELB 이름을 ec2_elbs에 자동으로 저장합니다.

ec2_elbs에는 다음과 같은 정보가 있습니다. 이 정보는 EC2 인스턴스를 ELB에 연결할 때 사용합니다.

```
TASK [debug] ***********************************************************************
ok: [52.198.103.191] => {
  "ec2_elbs": [
    "ansible-c-ElasticL-1HSRQ49DMXKP2"
  ]
}
```

EC2 인스턴스를 ELB에 연결

```
- name: Instance Register
  local_action: ec2_elb
  args:
    instance_id: "{{ ansible_ec2_instance_id }}"
    ec2_elbs: "{{ item }}"
    state: present
    wait_timeout: 300
  with_items: "{{ ec2_elbs }}"
  tags:
    - always
```

- **location_action**

  앤서블을 실행하는 제어 서버에서 모듈을 지정. EC2 인스턴스를 연결할 때에는 EC2 인스턴스에 접속할 필요가 없으므로 앤서블을 실행하는 제어 서버에서 ec2_elb 모듈을 실행한다.

- **instance_id**

  ec2_facts 모듈에서 얻은 EC2 인스턴스 ID를 지정

- **state**

  present를 지정. EC2 인스턴스를 ELB에 연결한다.

- **ec2_elbs**

  ELB 이름을 지정. ec2_elb 모듈을 분리(state: absent)할 때에 연결된 모든 ELB 이름이 ec2_elbs에 저장되므로 연결 (state: present)할 때는 with_items: "{{ ec2_elbs }}"를 반복해서 ELB에 연결되게 지정한다.

이번 장에서는 EC2 인스턴스의 생성, AWS 클라우드포메이션과의 연계 그리고 롤링 배포에 관해 설명 했습니다. EC2 인스턴스의 생성은 기본 VPC에서 단일로 구성한 간단한 것이었습니다. 간단한 구성을 가볍게 생성하려면 앤서블의 AWS 모듈을 이용하는 것이 좋고, 복잡한 구성일 때는 AWS 클라우드포 메이션과의 연계를 생각하면 좋습니다.

AWS 클라우드포메이션과의 연계는 AWS 리소스를 AWS 클라우드포메이션 호스트 정보에서 AWS EC2 동적 인벤터리를 이용해 실행했습니다. 만약 AWS 외의 클라우드를 사용하거나 클라우드 기반으 로 전환하려고 할 때는 AWS 클라우드포메이션과 AWS EC2 동적 인벤터리 부분을 변경하는 것만으로 플레이북을 재사용할 수 있습니다.

마지막으로 롤링 배포는 운용 중에 배포하는 방법의 하나입니다. AWS에 제한하지 않고 다른 클라우드 기반으로도 사용할 수 있으므로 배포를 고려할 때 검토해보는 것도 좋겠습니다.

제 8 장

애저에서
앤서블 활용

2016년 5월에 공개된 앤서블2.1에서는 마이크로소프트 애저(Microsoft Azure, 이하 애저)에 대한 지원을 시작했습니다. 애저의 지원에 따라 애저의 새로운 배포 모델인 ARM(Azure Resource Manager)을 사용하여 가상 서버와 관련 리소스를 조작할 수 있게 됐습니다.

아직 지원하지 않는 기능도 있어서 현재 상태에서는 가상 서버를 구성하기 위한 기본적인 기능만 있으나, 후에 기능이 추가될 것으로 생각됩니다. 이번 장에서는 기본적인 기능을 중심으로 ARM의 이용 방법을 설명하겠습니다.

애저와 관련된 모듈의 목록은 표 8.1과 같습니다. azure_rm_*로 되어있는 것이 2.1에 추가된 ARM 대응 모듈입니다.

표 8.1 애저 모듈

모듈	설명
azure	애저 가상 서버를 시작/종료한다
azure_rm_deployment (E)	ARM 템플릿 배포를 생성/삭제한다
azure_rm_networkinterface	네트워크 인터페이스를 관리한다
azure_rm_networkinterface_facts	네트워크 인터페이스의 정보를 얻는다
azure_rm_publicipaddress	공용 IP 주소를 관리한다
azure_rm_publicipaddress_facts	공용 IP 주소의 정보를 얻는다
azure_rm_resourcegroup	리소스 그룹을 관리한다
azure_rm_resourcegroup_facts	리소스 그룹의 정보를 얻는다
azure_rm_securitygroup	네트워크 보안 그룹을 관리한다
azure_rm_securitygroup_facts	네트워크 보안 그룹의 정보를 얻는다
azure_rm_storageaccount	저장소 계정을 관리한다
azure_rm_storageaccount_facts	저장소 계정의 정보를 얻는다
azure_rm_storageblob	blob 콘텐츠/blob 객체를 관리한다
azure_rm_subnet	서브넷을 관리한다
azure_rm_virtualmachine	가상 서버를 관리한다
azure_rm_virtualmachineimage_facts	가상 서버의 정보를 얻는다
azure_rm_virtualnetwork	가상 네트워크를 관리한다
azure_rm_virtualnetwork_facts	가상 네트워크의 정보를 얻는다

8.1. ARM을 사용하기 위한 준비

애저와 관련된 모듈을 사용하려면 Azure Python SDK가 필요합니다. 또한, 인증 정보를 얻으려면 애저 CLI를 사용합니다.

8.1.1. Azure Python SDK 설치

먼저, 다음과 같이 Azure Python SDK를 설치합니다. 최신판 Azure SDK는 아직 RC 판이므로 버전을 지정하지 않으면 설치되지 않습니다.

```
$ pip install azure==2.0.0rc6
```

8.1.2. 애저 CLI 설치

애저 CLI를 실행하려면 Node.js가 필요합니다. Node.js의 설치는 공식 사이트에 각 OS에 해당하는 프로그램이 있으므로 그것을 이용하면 간단하게 설치할 수 있습니다[1]. Node.js가 이미 설치돼 있으면 다음 명령을 입력하여 애저 CLI를 설치할 수 있습니다.

```
$ npm install -g azure-cli
```

맥 OS를 사용하는 경우에는 마이크로소프트에서 공식 설치 프로그램을 배포하고 있습니다. 다음 URL에서 설치 프로그램을 내려받아 설치합니다.

Install the Azure CLI

https://azure.microsoft.com/en-us/documentation/articles/xplat-cli-install/#configure

마지막에 다음과 같은 문구가 표시되면 설치가 끝난 것입니다.

```
$ az --version
0.10.5 (node: 4.2.4)
```

---

1 https://nodejs.org/en/download/

8.2. 인증 설정

ARM API는 인증으로 OAuth를 사용하고 있으므로 애저 CLI를 사용해 OAuth 토큰 등의 인증 정보를 얻어야 합니다. 인증에 필요한 정보는 표 8.2에 정리했습니다.

표 8.2 인증에 필요한 정보

파라미터 이름	설명
subscription_id	애저의 서브스크립트 ID
tenant	서비스 주체 인증용 애저 테넌트 ID
client_id	서비스 주체 인증용 애저 클라이언트 ID
secret	서비스 주체 인증용 패스워드

8.2.1. 애저 CLI에 로그인

먼저, 애저 CLI를 사용해 로그인합니다.

```
$ az login
To sign in, use a web browser to open the page https://aka.ms/devicelogin and enter the code <인증 코드> to authenticate.
```

위와 같이 표시되고 로그인 대기 상태가 되면 브라우저에서 https://aka.ms/devielogin으로 접근해서 표시된 인증 코드를 입력합니다(그림 8.1).

그림 8.1 장치 로그인 화면 (1)

인증 코드를 입력하면 그림 8.2와 같이 표시되며, [계속]을 선택합니다. 그다음은 일반적인 로그인과 같습니다.

그림 8.2 장치 로그인 화면 (2)

로그인이 끝나고 애저 CLI에 다음과 같이 표시되면 로그인 처리가 끝난 것입니다.

```
...
[
  {
    "cloudName": "AzureCloud",
    "id": "<********-****-****-****-************>",
    "isDefault": true,
    "name": "Pay-As-You-Go",
    "state": "Enabled",
    "tenantId": "<TenantID-****-****-************>",
    "user": {
      "name": "사용자 이름",
      "type": "user"
    }
  }
]
```

8.2.2. 애플리케이션 등록

먼저 다음의 명령을 실행해서 애플리케이션을 등록합니다. --identifier-uris에 URL을 지정합니다.
이 URL이 존재하는지 확인하지는 않지만, 고유해야 하므로 직접 관리하는 도메인을 사용해주세요.
--password는 나중에 client secret으로 사용합니다.

```
$ az ad app create - display-name "Ansible Test" --homepage "http://ansibletest.example.com"
--identifier-uris "http://ansibletest.example.com" --password <패스워드>
{
  "appId": "<AppId-****-****-****-************>",
  "appPermissions": null,
  "availableToOtherTenants": false,
  "displayName": "Ansible Test",
  "homepage": " http://ansibletest.example.com",
  "identifierUris": [
    "http://ansibletest.example.com "
  ],
  "objectId": "<********-****-****-****-************>",
  "objectType": "Application",
  "replyUrls": []
}
```

8.2.3. 서비스 주체 생성

다음으로 작성한 AppID를 사용하여 서비스 주체를 생성하겠습니다. 서비스 주체는 Active Directory
(AD)의 객체로 조금 전에 작성한 애플리케이션이 애저의 각종 리소스에 접근하기 위한 권한(롤)을 가
지고 있습니다. 서비스 주체에 대한 자세한 설명은 공식 문서 "Azure Powershell을 사용하여 리소스
에 액세스하는 서비스 주체 만들기[2]"를 참조해주세요.

```
$ az ad sp create --id <AppId-****-****-****_************>
{
  "appId": "<APPID***-****-****-****_************>",
  "displayName": "Ansible Test",
  "objectId": "<SpObjectId-********-****-****_****-************>",
```

2 https://docs.microsoft.com/ko-kr/azure/azure-resource-manager/resource-group-authenticate-service-principal

```
  "objectType": "ServicePrincipal",
  "servicePrincipalNames": [
    "<AppId-****-****-****_***********>",
    "http://ansibletest.example.com"
  ]
}
```

8.2.4. 서비스 주체의 역할을 설정

다음으로 생성한 서비스 주체의 역할(롤)을 설정하겠습니다. --assignee에 앞에서 생성한 서비스 주체의 Object Id를 지정합니다.

--role Contributor는 서비스 주체의 역할을 합니다. 이번에는 Contributor를 지정했지만, 실제로 사용할 때는 용도에 따라 적절하게 역할을 지정합니다.

<SubscriptionId-****-****-****-***********>에는 사용할 서비스 주체 ID를 지정합니다. 서비스 주체 ID는 Azure Protal 또는 az account list 명령으로 확인할 수 있습니다.

```
$ az role assignment create --assignee <SpObjectId-****-****_****-***********> --role Contributor
--scope /subscriptions/<SubscriptionId-****-****-****-***********>
```

8.2.5. 테넌트 ID 확인

이후에 필요한 테넌트 ID를 다음 명령으로 얻을 수 있습니다. 앞에서 지정한 서비스 주체의 tenantId를 메모해 두십시오.

```
$ az account list
[
...
  {
    "cloudName": "AzureCloud",
    "id": "<SubscriptionId-****-****-****-***********>",
    "isDefault": true,
    "name": "<서비스 주체 이름>",
    "state": "Enabled",
    "tenantId": "<TenantID-****-****-****-***********>",
```

```
    "user": {
      "name": "<이메일 주소>",
      "type": "user"
    }
  }
  ...
]
```

8.2.6. 인증 정보를 앤서블에 전달

지금까지 작성한 인증 정보를 앤서블에서 사용할 수 있게 설정합니다. 애저 모듈에서 인증 정보를 설정
하는 방법으로는 다음과 같은 방법이 있습니다.

- 환경 변수를 이용한다

- 설정 파일에 작성

- 플레이북에 작성

플레이북에 작성하면 리포지터리에 인증 정보를 포함하고 있어 보안상 좋지 않습니다. 환경 변수로
설정하거나 설정 파일에 작성하는 것이 좋습니다. 이 책에서는 설정 파일에 작성하는 방법을 택하겠
습니다.

~/.azure/credentials에 다음과 같은 형태로 인증 정보를 작성합니다. client_id에는 앞에서 작성한
AppID를, secret에는 애플리케이션을 작성할 때 지정한 패스워드를 작성합니다.

```
[default]
subscription_id=<********-****-****-****-************>
client_id=<********-****-****-****-************>
secret=<****************>
tenant=<********-****-****-****-************>
```

위에서는 default 섹션에 작성했지만, 인증 정보를 여러 개 설정할 때에는 환경 변수 AZURE_
PROFILE에 섹션 이름을 설정하면 인증 정보를 변경할 수 있게 됩니다. AZURE_PROFILE에 설정돼
있지 않으면 default 섹션 정보를 사용합니다.

8.3. Azure Virtual Machines 인스턴스 생성

그러면 앤서블의 애저 모듈을 사용하여 Azure Virtual Machines(이하 VM)의 인스턴스를 생성하겠습니다. 샘플 플레이북 파일의 구성은 그림 8.3과 같습니다.

실행하기 전에 작성한 인스턴스에 로그인할 때에 사용할 ssh 공개키를 환경 변수에 설정합니다.

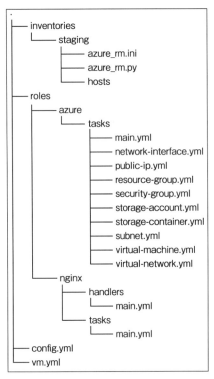

```
├── inventories
│   └── staging
│       ├── azure_rm.ini
│       ├── azure_rm.py
│       └── hosts
├── roles
│   ├── azure
│   │   └── tasks
│   │       ├── main.yml
│   │       ├── network-interface.yml
│   │       ├── public-ip.yml
│   │       ├── resource-group.yml
│   │       ├── security-group.yml
│   │       ├── storage-account.yml
│   │       ├── storage-container.yml
│   │       ├── subnet.yml
│   │       ├── virtual-machine.yml
│   │       └── virtual-network.yml
│   └── nginx
│       ├── handlers
│       │   └── main.yml
│       └── tasks
│           └── main.yml
├── config.yml
└── vm.yml
```

그림 8.3 샘플 플레이북 파일의 구성

```
$ export SSH_KEY_DATA= <공개키 문자열>
```

공개키를 가지고 있는 경우에는 다음과 같은 방법을 사용할 수 있습니다.

```
$ export SSH_KEY_DATA= 'cat ~/.ssh/id_rsa.pub '
```

vm.yml에는 각 모듈의 설정 정보가 있습니다(예제 8.1).

예제 8.1 azure_playbook1/vm.yml

```
---
- hosts: localhost
  connection: local
  vars_prompt:
    - name: "azure_resource_group_name"
      private: no
    - name: "azure_storage_account_name"
      private: no
  vars:
    - azure_location: "japanwest"
    - azure_virtual_network:
      - name: "MyVNET"
        resource_group: "{{ azure_resource_group_name }}"
        address_prefix_cidr: "10.1.0.0/16"
        state: present
    - azure_subnet:
      - name: Subnet
        resource_group: "{{ azure_resource_group_name }}"
        virtual_network_name: MyVNET
        address_prefix_cidr: 10.1.0.0/24
        state: present
    - azure_public_ip:
      - name: myPublicIP
        resource_group: "{{ azure_resource_group_name }}"
        allocation_method: Static
        state: present
    - azure_security_group:
      - name: myNSG
        resource_group: "{{ azure_resource_group_name }}"
        rules:
      - name: 'AllowSSH'
        protocol: Tcp
        destination_port_range: 22
        access: Allow
        priority: 101
        direction: Inbound
      - name: 'AllowHTTP'
        protocol: Tcp
        destination_port_range: 80
        access: Allow
```

```
          priority: 102
          direction: Inbound
          state: present
    - azure_network_interface:
      - name: myVMNic
        resource_group: "{{ azure_resource_group_name }}"
        virtual_network_name: MyVNET
        subnet_name: Subnet
        security_group_name: myNSG
        public_ip_address_name: myPublicIP
        private_ip_allocation_method: Static
        private_ip_address: 10.1.0.10
        state: present
    - azure_storage_account:
      - name: "{{ azure_storage_account_name }}"
        resource_group: "{{ azure_resource_group_name }}"
        type: Standard_LRS
        state: present
    - azure_storage_container:
      - name: vhds
        resource_group: "{{ azure_resource_group_name }}"
        storage_account_name: "{{ azure_storage_account_name }}"
        state: present
    - azure_virtual_machine:
      - name: MyVM
        resource_group: "{{ azure_resource_group_name }}"
        vm_size: Standard_A0
        storage_account: "{{ azure_storage_account_name }}"
        storage_container_name: vhds
        network_interfaces: myVMNic
        admin_username: "azure-user"
        image:
          offer: UbuntuServer
          publisher: Canonical
          sku: '16.04.0-LTS'
          version: latest
  roles:
    - azure
```

위의 플레이북은 다음과 같은 명령으로 실행합니다. 플레이북을 실행하면 azure_resource_group_name, azure_storage_account_name을 입력하는 프롬프트가 표시되므로 입력해주세요.

```
$ ansible-playbook vm.yml

azure_resource_group_name: <리소스 그룹 이름>
azure_storage_account_name: <저장소 계정 이름>
```

이 샘플은 roles/azure/main.yml(예제 8.2)에 작성된 순서로 설정되므로 순서에 따라 플레이북의 내용을 살펴보기 바랍니다.

예제 8.2 roles/azure/tasks/main.yml

```
---

- include: resource-group.yml
- include: virtual-network.yml
- include: subnet.yml
- include: public-ip.yml
- include: security-group.yml
- include: network-interface.yml
- include: storage-account.yml
- include: storage-container.yml
- include: virtual-machine.yml
```

8.3.1. 리소스 그룹 생성

resource-group.yml에서는 azure_rm_resoucegroup 모듈을 사용해서 ARM 리소스 그룹을 생성하겠습니다(예제 8.3).

예제 8.3 roles/azure/tasks/resource-group.yml

```
---

- name: Create a resource group
  azure_rm_resourcegroup:
    name: "{{ azure_resource_group_name }}"
    location: "{{ azure_location }}"
    state: present
```

- **name**

  리소스 그룹 이름을 지정

- **location**

  리소스 그룹을 작성할 장소(리전)를 지정

예제에서는 location에 koreacentral(서울)을 지정했습니다. location의 목록은 다음의 애저 CLI 명령으로 확인할 수 있습니다.

```
$ az account list locations | jq '.[] | {"name":.name, "displayName":.displayName}'
```

8.3.2. 가상 네트워크를 생성

virtual-network.yml에서 azure_rm_virtualnetwork 모듈을 사용해 가상 네트워크를 작성하겠습니다.

예제 8.4 roles/azure/tasks/virtual-network.yml

```
---

- name: Create virtual network
  azure_rm_virtualnetwork:
    name: "{{ item.name }}"
    resource_group: "{{ item.resource_group }}"
    address_prefixes_cidr: "{{ item.address_prefix_cidr }}"
    state: "{{ item.state }}"
  with_items:
    - "{{ azure_virtual_network }}"
```

- **name**

  가상 네트워크 이름 지정

- **resource_group**

  가상 네트워크가 할당될 리소스 그룹 이름 지정

- **address_prefixes_cidr**

  가상 네트워크의 로컬 IP 주소 대역을 지정. IP 주소는 xxx.xxx.xxx.xxx/xx와 같이 CIDR 기법으로 지정한다

8.3.3. 서브넷 생성

subnet.yml에서 azure_rm_subnet 모듈을 사용해서 서브넷을 생성하겠습니다.

예제 8.5 roles/azure/tasks/subnet.yml

```
---

- name: Create subnet
  azure_rm_subnet:
    name: "{{ item.name }}"
    virtual_network_name: "{{ item.virtual_network_name }}"
    resource_group: "{{ item.resource_group }}"
    address_prefix_cidr: "{{ item.address_prefix_cidr }}"
    state: "{{ item.state }}"
  with_items:
    - "{{ azure_subnet }}"
```

- **name**

  서브네트워크 이름을 지정

- **virtual_network_name**

  서브넷이 할당될 가상 네트워크 이름 지정

- **resource_group**

  서브넷이 할당될 리소스 그룹 이름 지정

- **address_prefixes_cidr**

  서브넷의 로컬 IP 주소 대역을 지정. IP 주소는 xxx.xxx.xxx.xxx/xx와 같은 CIDR 기법으로 지정한다

8.3.4. 글로벌 IP 주소 생성

public-ip.yml에서 azure_rm_publicipaddress 모듈을 사용해서 VM에 할당할 글로벌 IP 주소를 생성하겠습니다.

예제 8.6 roles/azure/tasks/public-ip.yml

```
---

- name: Create public ip address
  azure_rm_publicipaddress:
    name: "{{ item.name }}"
    resource_group: "{{ item.resource_group }}"
    allocation_method: "{{ item.allocation_method }}"
    state: "{{ item.state }}"
  with_items:
    - "{{ azure_public_ip }}"
  register: azure_public_ip_result
- debug: var=azure_public_ip_result
```

* **name**

  글로벌 IP 주소 이름 지정

* **resource_group**

  글로벌 IP 주소가 할당될 리소스 그룹 이름 지정

* **allocation_method**

  글로벌 IP 주소의 할당 방법을 지정. Dynamic/Static 어느 쪽이든 지정할 수 있다. 이 예제에서는 Static(정적 할당)으로 지정.

이 태스크 실행 결과를 register를 사용해서 azure_public_ip_result 변수에 저장합니다. 이 샘플을 실행할 때의 azure_rm_publicipaddress 모듈의 실행 결과는 다음과 같습니다.

```
{
  "azure_public_ip_result": {
    "changed": false,
    "msg": "All items completed",
    "results": [
      {
        "_ansible_item_result": true,
        "_ansible_no_log": false,
        "_ansible_parsed": true,
        "changed": false,
        "invocation": {
```

```
        "module_args": {
          "ad_user": null,
          "allocation_method": "Static",
          "append_tags": true,
          "client_id": null,
          "domain_name": null,
          "location": null,
          "name": "myPublicIP",
          "password": null,
          "profile": null,
          "resource_group": "<리소스 그룹 이름>",
          "secret": null,
          "state": "present",
          "subscription_id": null,
          "tags": null,
          "tenant": null
        },
        "module_name": "azure_rm_publicipaddress"
      },
      "item": {
        "allocation_method": "Static",
        "name": "myPublicIP",
        "resource_group": "<리소스 그룹 이름>",
        "state": "present"
      },
      "state": {
        "dns_settings": {},
        "etag": "W/\"xxxxxxxx-xxxx-xxxx-xxxx-xxxxxxxxxxxx\"",
        "idle_timeout_in_minutes": 4,
        "ip_address": "<글로벌 IP 주소>",
        "location": "japanwest",
        "name": "myPublicIP",
        "provisioning_state": "Succeeded",
        "public_ip_allocation_method": "Static",
        "tags": {},
        "type": "Microsoft.Network/publicIPAddresses"
      }
    }
  ]
}
}
```

azure_rm_publicipaddress 모듈에서 작성한 글로벌 IP 주소는 azure_public_id_result.results[0].
state.ip_address에 저장됩니다.

8.3.5. 보안 그룹 생성

security-group.yml에서 azure_rm_securitygroup 모듈을 사용해서 VM에 할당할 보안 그룹을 생
성하겠습니다.

예제 8.7 roles/azure/tasks/security_group.yml

```
---

- name: Create Security group
  azure_rm_securitygroup:
    name: "{{ item.name }}"
    resource_group: "{{ item.resource_group }}"
    purge_rules: true
    rules: "{{ item.rules }}"
    state: "{{ item.state }}"
  with_items:
    - "{{ azure_security_group }}"
```

* **name**
  보안 그룹 이름 지정

* **resource_group**
  보안 그룹이 할당될 리소스 그룹 이름 지정

* **purge_rules**
  yes로 지정하면 이미 생성된 규칙에서 rules 파라미터로 지정된 규칙과 일치하지 않는 것을 삭제한다. 예제에서는 yes로
  지정

* **rules 파라미터**
  rules에는 다음과 같은 형태의 사전을 배열로 지정합니다.

```
rules:
  - name: 'AllowSSH'
    protocol: Tcp
    destination_port_range: 22
    access: Allow
    priority: 101
    direction: Inbound
  - name: 'AllowHTTP'
    protocol: Tcp
    destination_port_range: 80
    access: Allow
    priority: 102
    direction: Inbound
```

destination_port_range에는 22-23과 같은 형태로 포트 범위를 지정할 수 있습니다. priority에 지정한 번호가 작은 순으로 평가되고 일치한 시점에서 평가가 종료되므로 순서에 주의해야 합니다.

예제에서는 ssh(22)와 http(80) 2개 포트로 접근을 허가하고 있으나, 실제로 운용하면 다음과 같이 접속 IP 주소를 지정하는 등의 세부 설정이 필요하므로 주의해야 합니다.

예제 8.8 SSH에 접속 IP 주소를 제한하는 설정 예

```
rules:
  - name: 'AllowSSH'
    protocol: Tcp
    source_address_prefix: '<접속 IP 주소(xx.xx.xx.xx/xx )>'
    destination_port_range: 22
    access: Allow
    priority: 101
    direction: Inbound
  - name: 'AllowHTTP'
    protocol: Tcp
    destination_port_range: 80
    access: Allow
    priority: 102
    direction: Inbound
  - name: DenySSH
    protocol: Tcp
    destination_port_range: 22
    access: Deny
    priority: 103
    direction: Inbound
```

8.3.6. 네트워크 인터페이스 생성

network-interface.yml에서 azure_rm_networkinterface 모듈을 사용해서 VM에 할당할 네트워크 인터페이스를 생성하겠습니다(예제 8.9).

예제 8.9 roles/azure/tasks/network-interface.yml

```
---

- name: Create network interface
  azure_rm_networkinterface:
    name: "{{ item.name }}"
    resource_group: "{{ item.resource_group }}"
    virtual_network_name: "{{ item.virtual_network_name }}"
    subnet_name: "{{ item.subnet_name }}"
    security_group_name: "{{ item.security_group_name }}"
    public_ip_address_name: "{{ item.public_ip_address_name }}"
    private_ip_allocation_method: "{{ item.private_ip_allocation_method }}"
    private_ip_address: "{{ item.private_ip_address }}"
    state: "{{ item.state }}"
  with_items:
    - "{{ azure_network_interface }}"
```

- **name**
  네트워크 인터페이스 이름을 지정

- **resource_group**
  네트워크 인터페이스를 할당할 리소스 그룹 이름 지정

- **virtual_network_name**
  네트워크 인터페이스를 할당할 가상 네트워크 이름 지정

- **subnet_name**
  네트워크 인터페이스를 할당할 서브넷 이름 지정

- **security_group_name**
  네트워크 인터페이스를 할당할 보안 그룹 이름 지정

- **public_ip_address_name**
  네트워크 인터페이스로 사용할 글로벌 IP 주소 이름 지정

- **private_ip_allocation_method**

  네트워크 인터페이스에서 사용할 사설 IP 주소를 설정하는 방법은 Dynamic 또는 Static 둘 중 하나를 지정. Static으로 지정하려면 private_ip_address를 지정한다.

- **private_ip_address**

  네트워크 인터페이스로 사용할 사설 IP 주소 지정

8.3.7. 저장소 계정 생성

storage-account.yml에서 azure_rm_storageaccount 모듈을 사용해서 VM에서 사용할 저장소 계정을 생성하겠습니다.

예제 8.10 roles/azure/tasks/storage_account.yml

```
---

- name: Create storage account
  azure_rm_storageaccount:
    name: "{{ item.name }}"
    resource_group: "{{ item.resource_group }}"
    type: "{{ item.type }}"
    state: "{{ item.state }}"
  with_items:
    - "{{ azure_storage_account }}"
```

- **name**

  저장소 계정 이름 지정. 저장소 계정 이름은 영문 소문자와 숫자만으로 3~24문자까지 지정할 수 있으며 애저에서의 모든 저장소 계정 이름은 고유해야 한다..

- **resource_group**

  네트워크 인터페이스를 할당할 리소스 그룹 이름 지정

- **type**

  사용할 저장소 성능 및 복제 유형 지정

type에 지정할 수 있는 저장소 유형은 표 8.3과 같습니다.

표 8.3 저장소 유형

유형	개요
Premium_LRS	로컬 중복 저장소(SSD)
Standard_LRS	로컬 중복 저장소(HDD)
Standard_ZRS	영역 중복 저장소(HDD)
Standard_GRS	geo 중복 저장소(HDD)
Standard_RAGRS	읽기 권한만 있는 geo 중복 저장소(HDD)

Premium_LRS는 Premium Storage라는 VM을 이용할 때에 특화된 고성능 저장소 유형입니다. 저장소 유형의 자세한 설명은 다음의 링크를 참조해 주십시오

Microsoft Azure Storage 소개

https://docs.microsoft.com/ko-kr/azure/storage/storage-introduction#introducingthe-azure-storage-services

Azure 저장소 복제

https://docs.microsoft.com/ko-kr/azure/storage/storage-redundancy

8.3.8. 저장소 컨테이너 생성

storate-container.yml에서 azure_rm_storageblob 모듈을 사용해서 VM에서 사용할 저장소 컨테이너를 생성하겠습니다.

예제 8.11 roles/azure/tasks/storage-container.yml

```
---

- name: Create storage container
  azure_rm_storageblob:
    resource_group: "{{ item.resource_group }}"
    container_name: "{{ item.name }}"
    storage_account_name: "{{ item.storage_account_name }}"
    state: "{{ item.state }}"
  with_items:
    - "{{ azure_storage_container }}"
```

- **name**

  저장소 컨테이너 이름 지정

- **resource_group**

  네트워크 인터페이스를 할당할 리소스 그룹 이름 지정

- **storage_account_name**

  저장소 컨테이너를 할당할 저장소 계정 이름 지정

8.3.9. VM 인스턴스 생성

virtual-machine.yml에서 azure_rm_virtualmachine 모듈을 사용해서 VM을 생성하겠습니다.

예제 8.12 roles/azure/tasks/virtual-machine.yml

```yaml
---

- name: Create VirtualMachine
  azure_rm_virtualmachine:
    name: "{{ item.name }}"
    resource_group: "{{ item.resource_group }}"
    storage_account: "{{ item.storage_account }}"
    storage_container_name: "{{ item.storage_container_name }}"
    network_interfaces: "{{ item.network_interfaces }}"
    vm_size: "{{ item.vm_size }}"
    admin_username: "{{ item.admin_username }}"
    ssh_password_enabled: false
    ssh_public_keys:
      - path: "/home/{{ item.admin_username }}/.ssh/authorized_keys"
        key_data: "{{ lookup('env', 'SSH_KEY_DATA') }}"
    image:
      offer: "{{ item.image.offer }}"
      publisher: "{{ item.image.publisher }}"
      sku: "{{ item.image.sku }}"
      version: "{{ item.image.version }}"
    tags:
      env: staging
      role: web
  with_items:
    - "{{ azure_virtual_machine }}"
```

```
    register: azure_vm_result

- debug: var=azure_vm_result
```

- **name**
  저장소 컨테이너 이름 지정

- **resource_group, storage_account, storage_container_name, network_interfaces**
  리소스 그룹 이름, 저장소 계정 이름, 저장소 컨테이너 이름, 네트워크 인터페이스 이름 지정

- **vm_size**
  VM 크기 지정. 예제에서는 Standard_A0으로 지정. VM 크기 목록은 az vm list-sizes ─location koreacentral 명령으로 확인할 수 있다(리전별로 사용할 수 있는 크기가 다르므로 ─location 파라미터에서 리전을 지정해야 한다).

- **admin_username**
  관리자의 사용자 이름 지정

- **ssh_public_keys**
  관리자의 공개키 정보 설정. 예제에서는 앞에서 설정한 환경 변수 SSH_KEY_DATA 값을 공개키로 설정.

- **image**
  VM에서 사용할 OS 이미지 지정

예제에서는 VM에서 사용할 OS 이미지로 우분투를 사용합니다. 이미지는 다음과 같이 설정돼 있습니다.

```
image:
  offer: UbuntuServer
  publisher: Canonical
  sku: '16.04.0-LTS'
  version: latest
```

또한, VM 이미지 목록은 다음 명령으로 확인할 수 있습니다. location에 리전 이름을, publisher에 배포처 이름을 지정합니다.

```
$az vm image list --location "koreacentral" --publisher canonical
$az vm image list --location "koreacentral" --publisher canonical
```

VM 이미지 선택에 관한 자세한 설명은 다음 사이트를 참조해주십시오.

Azure CLI를 사용하여 Azure Marketplace에서 Linux VM 이미지를 찾는 방법

https://docs.microsoft.com/ko-kr/azure/virtual-machines/linux/cli-ps-findimage

8.4. 생성한 VM 설정하기

생성한 VM을 앤서블로 설정하려면 인벤터리 파일이 필요합니다. 여기서는 7장에서 설정한 AWS EC2 동적 인벤터리(P. 204)와 마찬가지로 동적 인벤터리를 사용하겠습니다. 애저의 VM에서 동적 인벤터리를 사용하려면 표 8.4의 파일이 필요합니다.

표 8.4 애저에서 동적 인벤터리를 사용

경로	URL
azure_playbook1/inventories/staging/azure_rm.ini	https://raw.githubusercontent.com/ansible/ansible/devel/contrib/inventory/azure_rm.ini
azure_playbook1/inventories/staging/azure_rm.py	https://raw.githubusercontent.com/ansible/ansible/devel/contrib/inventory/azure_rm.py

8.4.1. azure_rm.ini 파일

앤서블의 배포 대상을 어떤 호스트로 할지 azure_rm.ini 파일에 지정합니다. ARM 모듈에서 작성한 VM의 조건과 일치하도록 azure_rm.ini 파일에서 해당하는 줄을 수정합니다.

```
[azure]
tags=env:staging
locations=koreacentral
```

- **tags**

  azure_rm_virtualmachin 모듈의 tags 파라미터에서 지정한 값을 지정(env 태그에 동작 환경을 나타내는 문자열 staging/production 등을 지정하고 대상이 되는 VM을 필터링하도록 설정한 이미지)

8.4.2. azure_rm.py 스크립트

azure_rm.py 스크립트를 실행해 호스트 정보를 얻습니다.

```
$ ./inventories/staging/azure_rm.py --pretty
{
  "_meta": {
    "hostvars": {
      "MyVM": {
        "ansible_host": "<IP 주소>",
        "computer_name": "MyVM",
        "fqdn": null,
        "id": "/subscriptions/<XXXXXXXX-XXXX-XXXX-XXXX-XXXXXXXXXXXX>/resourceGroups/
DECRANSIBLETEST1/providers/Microsoft.Compute/virtualMachines/MyVM",
        "image": {
          "offer": "UbuntuServer",
          "publisher": "Canonical",
          "sku": "16.04.0-LTS",
          "version": "16.04.201611150"
        },
        "location": "koreacentral",
        "mac_address": "<XX-XX-XX-XX-XX-XX>",
        "name": "MyVM",
        "network_interface": "myVMNic",
        "network_interface_id": "/subscriptions/<XXXXXXXX-XXXX-XXXX-XXXX-XXXXXXXXXXXX>/
resourceGroups/decransibletest1/providers/Microsoft.Network/networkInte
rfaces/myVMNic",
        "os_disk": {
          "name": "MyVM.vhd",
          "operating_system_type": "Linux"
        },
        "plan": null,
        "powerstate": "running",
        "private_ip": "10.1.0.10",
        "private_ip_alloc_method": "Static",
        "provisioning_state": "Succeeded",
        "public_ip": "138.91.23.197",
        "public_ip_alloc_method": "Static",
        "public_ip_id": "/subscriptions/<XXXXXXXX-XXXX-XXXX-XXXX-XXXXXXXXXXXX>/resourceGroups/
decransibletest1/providers/Microsoft.Network/publicIPAddresses
/myPublicIP",
```

```
        "public_ip_name": "myPublicIP",
        "resource_group": "ansibletest1",
        "security_group": "myNSG",
        "security_group_id": "/subscriptions/<XXXXXXXX-XXXX-XXXX-XXXX-XXXXXXXXXXXX>/
resourceGroups/decransibletest1/providers/Microsoft.Network/networkSecurit
yGroups/myNSG",
        "tags": {
          "env": "staging",
          "role": "web"
        },
        "type": "Microsoft.Compute/virtualMachines",
        "virtual_machine_size": "Standard_A0"
      }
    }
  },
  "azure": [
    "MyVM"
  ],
  "decransibletest": [
    "MyVM"
  ],
  "env": [
    "MyVM"
  ],
  "env_staging": [
    "MyVM"
  ],
  "japanwest": [
    "MyVM"
  ],
  "myNSG": [
    "MyVM"
  ],
  "role": [
    "MyVM"
  ],
  "role_web": [
    "MyVM"
  ]
}
```

실행 결과의 뒷부분에 표시된 env_staging과 role_web 등이 VM을 생성할 때에 tags 파라미터로 지정된 항목입니다. 키마다 VM이 목록으로 그룹화됩니다. 또한, 이 키는 플레이북의 hosts에 지정할 수 있습니다.

8.4.3. 인벤터리 파일과 병용

7장에서 설명한 것과 마찬가지로 VM의 호스트 정보는 동적 인벤터리에서 동적으로 만들어지지만, SSH 접속 포트 번호 등의 정보는 동적 인벤터리에서 만들어지지 않으므로 인벤터리 파일을 같이 작성합니다. 인벤터리 파일에 다음과 같이 ssh 포트 번호, 비밀키 파일, 로그인 사용자 이름 등을 지정합니다.

예제 8.13 azure_playbook1/inventories/staging/hosts

```
[all:vars]
ansible_ssh_port=22
ansible_ssh_private_key_file=~/.ssh/id_rsa
ansible_ssh_user=azure-user
```

8.4.4. VM과 통신 확인

동적 인벤터리에서 얻은 VM에 ping 모듈을 사용해 통신이 되는지 확인합니다.

azure_rm.py 스크립트를 실행한 결과에서 확인한 env_staging에 대해 통신이 되는지 확인합니다.

```
$ ansible -i inventories/staging env_staging -m ping
MyVM | SUCCESS => {
  "changed": false,
  "ping": "pong"
}
```

마찬가지로 role_web에 대해 ping 명령을 실행하도록 다음과 같이 지정합니다.

```
$ ansible -i inventories/staging role_web -m ping
MyVM | SUCCESS => {
  "changed": false,
  "ping": "pong"
}
```

8.4.5. 엔진엑스를 설치하는 플레이북 실행

생성한 VM에 엔진엑스를 설치하겠습니다. 예제에서는 엔진엑스를 설치하는 간단한 플레이북이 준비
돼 있으므로 다음과 같이 실행합니다.

```
$ ansible-playbook -i inventories/staging config.yml
```

플레이북은 다음과 같이 role_web에 대해 엔진엑스 롤을 실행합니다.

```
---
- hosts: role_web
  become: true

  roles:
    - nginx
```

실행이 끝나면 설정도 끝난 것입니다.

```
$ ansible-playbook -i inventories/staging config.yml

PLAY [role_web] ****************************************************************

TASK [setup] *******************************************************************
ok: [MyVM]

TASK [nginx : Install nginx] ***************************************************
changed: [MyVM]

TASK [nginx : started and enabled service nginx] ******************************
ok: [MyVM]

PLAY RECAP *********************************************************************
MyVM                  : ok=3     changed=1    unreachable=0    failed=0
```

브라우저에서 생성한 IP 주소를 지정하면 엔진엑스가 시작되는 모습을 확인할 수 있습니다.

8.5. 애저 리소스 매니저 템플릿을 사용한 배포

애저 리소스 매니저(Azure Resource Manager) 템플릿은 리소스 그룹에 배포 대상이 되는 리소스를 정의한 JSON 파일입니다. 배포 대상 리소스의 의존 관계 등도 JSON 파일에 정의돼 있어서 파워셀과 애저 CLI 등을 사용해서 배포를 쉽게 반복적으로 할 수 있습니다.

앤서블에서는 애저 리소스 매니저 템플릿을 사용하여 배포하는 azure_rm_deployment 모듈을 제공하고 있습니다.

애저 리소스 매니저 템플릿은 애저의 공식 깃허브 계정에서 각각의 템플릿이 공개돼 있으므로 참고해 주십시오.

azure-quickstart-templates

https://github.com/Azure/azure-quickstart-templates

또한, 이미 구축된 리소스 그룹의 설정 정보를 애저 리소스 매니저 템플릿에서 출력할 수 있습니다(그림 8.4).

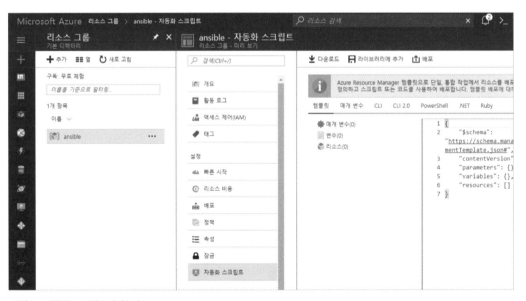

그림 8.4 자동화 스크립트 가져오기

리소스 그룹 화면의 메뉴에서 자동화(Automation) 스크립트를 선택하여 할당할 리소스의 애저 리소스 매니저 템플릿을 얻을 수 있습니다.

8.5.1. 자동화 스크립트를 사용한 환경 설정

"azure-quickstart-template"[3]인 "docker-wordpress-mysql"[4]를 사용해서 표 8.5의 도커 컨테이너를 사용하고, 워드프레스를 호스트하는 VM을 구축하겠습니다.

표 8.5 저장소 유형

컨테이너 이름	URL
워드프레스 컨테이너	https://hub.docker.com/_/wordpress/
MySQL 컨테이너	https://hub.docker.com/_/mysql/

8.5.2. 플레이북 실행

다음과 같이 명령을 실행해 플레이북을 실행합니다. 플레이북을 실행하면 resource_group_name, newStorageAccounName, mysqlPassword, adminUsername, adminPassword, dnsNameForPublicIP를 입력하는 프롬프트가 표시되므로 해당 값을 입력합니다.

```
$ ansible-playbook docker-wordpress-mysql.yml

resource_group_name: <리소스 그룹 이름>
newStorageAccountName: <저장소 계정 이름>
mysqlPassword: <MySQL 패스워드>
adminUsername: <VM 관리자의 사용자 이름>
adminPassword: <VM 관리자 패스워드>
dnsNameForPublicIP: <DNS 이름>
```

---

3 https://github.com/Azure/azure-quickstart-templates
4 https://github.com/Azure/azure-quickstart-templates/tree/master/docker-wordpress-mysql

docker-wordpress-mysql.yml은 다음과 같이 작성돼 있습니다.

예제 8.14 azure_playbook2/docker-wordpress-mysql.yml

```
---
- hosts: localhost
  connection: local
  vars_prompt:
    - name: "resource_group_name"
      private: no
    - name: "newStorageAccountName"
      private: no
    - name: "mysqlPassword"
      private: no
    - name: "adminUsername"
      private: no
    - name: "adminPassword"
      private: no
    - name: "dnsNameForPublicIP"
      private: no
  tasks:
    - name: Create Azure Functions with template
      azure_rm_deployment:
        resource_group_name: "{{ resource_group_name }}"
        location: japaneast
        template_link: "https://raw.githubusercontent.com/Azure/azure-quickstart-templates/
master/docker-wordpress-mysql/azuredeploy.json"
        parameters:
          newStorageAccountName:
            value: "{{ newStorageAccountName }}"
          mysqlPassword:
            value: "{{ mysqlPassword }}"
          adminUsername:
            value: "{{ adminUsername }}"
          adminPassword:
            value: "{{ adminPassword }}"
          dnsNameForPublicIP:
            value: "{{ dnsNameForPublicIP }}"
        state: present
```

8.5.3. ARM 템플릿을 이용해 배포

이번 샘플은 azure_rm_deployment 모듈을 사용해서 배포하겠습니다.

- **resource_group_name 파라미터**
  입력된 리소스 그룹 이름 지정

- **template_link 파라미터**
  사용할 Azure Resource Manager 템플릿 URL 지정

- **parameters**
  애저 리소스 매니저 템플릿에서 파라미터로 받을 정보 지정

이번 템플릿은 parameters에 예제 8.15와 같이 5개의 파라미터가 지정돼 있습니다.

예제 8.15 docker-wordpress-myslq (발췌)

```
{
  "$schema": "https://schema.management.azure.com/schemas/2015-01-01/deploymentTemplate.json#",
  "contentVersion": "1.0.0.0",
  "parameters": {
    "newStorageAccountName": {
      "type": "string",
      "metadata": {
        "description": "Unique DNS Name for the Storage Account where the Virtual Machine's
        disks will be placed."
      }
    },
    "mysqlPassword": {
      "type": "securestring",
      "metadata": {
        "description": "Root password password for the MySQL database."
      }
    },
    "adminUsername": {
      "type": "string",
      "metadata": {
        "description": "Username for the Virtual Machine."
      }
    },
```

```
    "adminPassword": {
      "type": "securestring",
      "metadata": {
        "description": "Password for the Virtual Machine."
      }
    },
    "dnsNameForPublicIP": {
      "type": "string",
      "metadata": {
        "description": "Unique DNS Name for the Public IP used to access the Virtual Machine."
      }
    }
  },
  "variables": {
...
```

배포가 끝나고 나서 〈dnsNameForPublicIP〉.koreacentral.cloudapp.azure.com에 접근하면 워드프레스 설치 화면이 표시됩니다.

또한, 생성한 VM에 로그인하면 다음과 같이 도커 컨테이너가 시작됩니다.

```
$ ssh azure-user@<dnsNameForPublicIP>.koreacentral.cloudapp.azure.com
azure-user@<dnsNameForPublicIP>.koreacentral.cloudapp.azure.com's password:
Welcome to Ubuntu 16.04.1 LTS (GNU/Linux 4.4.0-47-generic x86_64)

  * Documentation:   https://help.ubuntu.com
  * Management:      https://landscape.canonical.com
  * Support:         https://ubuntu.com/advantage

  Get cloud support with Ubuntu Advantage Cloud Guest:
    http://www.ubuntu.com/business/services/cloud

22 packages can be updated.
13 updates are security updates.


The programs included with the Ubuntu system are free software;
the exact distribution terms for each program are described in the individual files in /usr/
share/doc/*/copyright.

Ubuntu comes with ABSOLUTELY NO WARRANTY, to the extent permitted by applicable law.
```

```
To run a command as administrator (user "root"), use "sudo <command>".
See "man sudo_root" for details.
azure-user@MyDockerVM:~$ docker ps
CONTAINER ID        IMAGE           COMMAND                 CREATED
    STATUS              PORTS                   NAMES
d432c971eaf3        wordpress       "docker-entrypoint.sh"  11 minutes ago
    Up 11 minutes       0.0.0.0:80->80/tcp          compose_wordpress_1
55b96c6ef1d7        mysql           "docker-entrypoint.sh"  11 minutes ago
    Up 11 minutes       0.0.0.0:3306->3306/tcp      compose_db_1
```

애저 리소스 매니저 템플릿을 azure_rm_deployment 모듈을 사용하여 배포하므로 웹앱 등 앤서블에 대응하지 않는 서비스를 배포할 수 있게 됐습니다. "azure-quickstart-template"[5]으로 각 템플릿이 공개돼 있으므로 참고해 주세요.

---

5 https://github.com/Azure/azure-quickstart-templates

제 9 장

도커 컨테이너
사용

9.1. 앤서블 컨테이너란?

앤서블 컨테이너(앤서블 Container) 프로젝트[1]는 도커 컨테이너를 관리하기 위한 생명 주기(Life Cycle)를 앤서블을 이용하여 자동화하는 것을 목적으로 시작하였습니다[2].

앤서블의 플레이북과 모듈을 도커 컨테이너의 관리에 적용하여 플레이북의 재사용성을 향상하고 Dockerfile을 사용하여 복잡해지기 쉬운 이미지 빌드와 컨테이너 관리를 쉽게 만들 수 있습니다. 도커 컴포즈(Docker Compose)[3]와 같이 이미지 빌드에서 컨테이너 배포를 YAML 형식의 컴포즈 파일(docker-compose.yml)로 정의할 수 있고, 도커 레지스트리(Docker Registry)에 푸시하여 쿠버네티스(Kubernetes)[4]와 오픈시프트(OpenShift)[5] 등과 같은 오케스트레이션 환경에 배포하는 것을 플레이북으로 구현할 수 있습니다.

이러한 프로젝트의 목적에 따라 앤서블 컨테이너는 다음과 같은 특징이 있습니다.

- 도커 이미지를 빌드할 때 빌드 지침을 정의하기 위한 Dockerfile을 사용할 필요가 없다.
- Dockerfile 대신에 빌드 지침을 플레이북에 태스크로 정의할 수 있으며, 앤서블 모듈을 사용할 수 있다.
- 플레이북은 YAML을 채택하고 있어서 도커 컴포즈를 사용하는 사람도 간단히 사용할 수 있다.

구체적으로 ansible-container라는 명령에 몇 가지 하위 명령이 제공되고 있습니다(그림 9.1). 이미지 빌드, 컨테이너 배포 등의 목적에 따라 하위 명령이 나뉘어 있습니다.

---

1 https://www.ansible.com/ansible-container
   깃허브 리포지터리: https://github.com/ansible/ansible-container
2 Ansible, Inc.의 공식 블로그에서 2016년 6월 20일에 프로젝트 시작을 선언했습니다.
   https://www.ansible.com/press/red-hat-launches-ansible-native-container-workflow-project
3 https://docs.docker.com/compose/
4 http://kubernetes.io/
5 https://www.openshift.com/

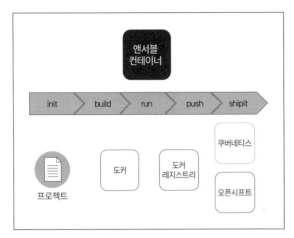

그림 9.1 하위 명령의 이미지

하위 명령의 개요는 다음과 같습니다. 개요 설명만으로는 구체적인 이미지를 잡기 어려울 수 있으므로 유사한 명령을 포함하여 설명하겠습니다.

- **init**
  앤서블 컨테이너 프로젝트를 초기화하고 기본 템플릿을 생성한다. 앤서블 롤 템플릿을 생성하는 ansible-galaxy init과 비슷한 이미지

- **build**
  도커 이미지를 빌드한다. docker build와 docker-compose build에 해당

- **run**
  도커 컨테이너를 시작한다. docker run과 docker-compose up에 해당

- **push**
  도커 허브(Docker Hub)와 도커 레지스트리에 이미지를 푸쉬한다. docker push에 해당

- **shipit**
  오케스트레이션 환경(쿠버네티스와 오픈시프트)에 컨테이너를 배포한다. 쿠버네티스 CLI의 kubectl run과 오픈시프트 CLI의 oc deploy 명령 등에 해당

먼저, ansible-container의 자세한 특징과 사용 방법을 설명하기 전에 이 프로젝트가 시작된 배경을 살펴보겠습니다.

9.2. 앤서블 컨테이너 프로젝트

■ 앤서블 컨테이너 영역

앤서블 컨테이너 프로젝트가 생긴 배경에는 Dockerfile의 구조와 빌드 프로세스의 관리, 오케스트레이션 환경에 배포할 때에 생기는 문제를 들 수 있습니다.

Ansible, Inc.의 공식 사이트에서 공개하고 있는 몇 가지 기사[6] [7] [8]를 종합적으로 해석하면 앤서블컨테이너가 해결하고자 하는 문제 영역은 다음과 같이 생각할 수 있습니다.

Dockerfile의 유지 보수성과 가독성 등을 고려하는 경우, 형식과 구문의 특징 등을 이해하기 위해 지속적인 학습 비용과 경험이 필요

Dockerfile의 기본 문법은 비교적 간단하게 이해할 수 있지만, 본격적으로 도커 컨테이너를 도입하는 경우에는 "Best practices for writing Dockerfile"[9]에서 소개하고 있듯이 이미지의 레이어를 최소로 구성하는 방법, 레이어 구조와 빌드 캐시의 특성[10] 등을 숙지해야 합니다.

Dockerfile의 RUN 명령은 Bash에 의존하므로 조건 분기와 같은 복잡한 처리에는 적합하지 않다

예를 들어, 이미지 크기를 최소화하기 위해 레이어를 최소로 구성하는 것을 고려할 때 앰퍼샌드(&&)로 명령을 연결하고 백슬러시로 여러 줄을 구성하는 방법을 권장하고 있습니다. 그러나 command && command && command와 같이 명령을 연결하면 Dockerfile의 가독성이 낮아져서 유지 보수가 어려워지는 문제가 발생할 수 있습니다. 또한, 플레이북에서는 YAML[11]과 같은 추상화된 프레임워크와 달리 Dockerfile 정의 파일은 추상화되지 않으므로 Dockerfile 관리가 어려워짐에 따라 이미지 빌드와 디버깅이 더 어려워지는 문제가 발생할 수 있습니다.

Dockerfile에 정의한 빌드 지침은 범용적으로 시스템 프로비저닝 프로세스로서 적용할 수 없다.

Dockerfile은 프로비저닝을 추상화한 셰프(Chef)와 앤서블 등의 프레임워크와 달리 단지 도커 이미지 빌드를 자동화하는 것을 목적으로 하고 있습니다. 따라서 Dockerfile에서 프로비저닝 프로세스를 중

---

6 WHY NOT BUILD YOUR CONTAINERS WITH ANSIBLE PLAYBOOKS? NOW YOU CAN : https://www.ansible.com/ansible-container
7 5 REASONS WE STARTED THE ANSIBLE CONTAINER PROJECT : https://www.ansible.com/blog/ansible-container-project
8 6 WAYS ANSIBLE MAKES DOCKER-COMPOSE BETTER : https://www.ansible.com/blog/six-ways-ansible-makes-docker-compose-better
9 https://docs.docker.com/engine/userguide/eng-image/dockerfile_best-practices/
10 Understand images, containers, and storage drivers : https://docs.docker.com/engine/userguide/storagedriver/imagesandcontainers/
11 YAML Syntax : http://docs.ansible.com/ansible/YAMLSyntax.html

앙에서 관리하거나 Dockerfile에 정의한 빌드 지침을 도커 컨테이너에 배포하는 외의 목적으로 재사용하는 것은 적합하지 않습니다.

도커 컴포즈는 Cloud Deployment Ready가 아니다.

도커 컴포즈는 개발 환경에서 빌드하거나 배포하는 것은 적합하지만, 클라우드 환경에서 배포하는 것은 적합하지 않습니다. 따라서 클라우드 상의 도커 레지스트리에 이미지를 푸시하거나 오케스트레이션 환경에서 컨테이너를 배포하는 것과 같은 용도로 도커 컴포즈를 이용할 수 없습니다.

최근에 기능의 확장 속도가 매우 빠르므로 향후 해당하는 기능이 도커 컴포즈 등에 추가될 수 있습니다. 하지만 앤서블 컨테이너는 이미지 빌드와 컨테이너 배포뿐만 아니라 처음부터 도커 레지스트리(도커 허브[12]와 구글 클라우드 플랫폼에서의 컨테이너 레지스트리[13] 등)에 이미지 푸시, 구글 클라우드 플랫폼 상의 쿠버네티스 클러스터와 PaaS 기반의 오픈시프트 오리진(Origin)에 컨테이너 배포를 염두에 두고 있었습니다. 앤서블 컨테이너가 등장한지 얼마되지 않아 실험적인 요소와 구상이 포함돼 있지만, 도커 컴포즈에 없는 클라우드 환경의 오케스트레이션을 지원하는 시도는 매우 흥미롭습니다.

■ 도커 대응의 중요 사항

앤서블 컨테이너 프로젝트가 도커에 어떻게 대응했는지 살펴보겠습니다.

5 REASONS WE STARTED THE ANSIBLE CONTAINER PROJECT

https://www.ansible.com/blog/ansible-container-project

위 기사에서 프로젝트를 리드하고 있는 Greg DeKoenigsberg는 다음과 같은 이유를 말했습니다.

1. "Because our community has been using Ansible to manage containers for quite a while now."

2013년 앤서블 커뮤니티가 오리지널 도커 모듈[14]을 릴리즈한 후, docker_container와 docker_image 등 도커와 관련된 여러 가지 모듈[15]이 릴리즈됐습니다.

---

12 https://hub.docker.com/
13 https://cloud.google.com/container-registry/
14 docker – manage docker containers : http://docs.ansible.com/ansible/docker_module.html
15 Cloud Modules – Docker : http://docs.ansible.com/ansible/list_of_cloud_modules.html#docker

앤서블 모듈에서 도커 모듈은 가장 많이 사용되고 있고 도커 컨테이너가 보급됨에 따라 컨테이너를 관리할 때 앤서블을 이용하는 것이 일반적으로 되고 있습니다. 표 9.1과 같이 지금까지 릴리즈된 도커 관련 모듈과 플러그인을 참조하면 특히 앤서블 2.0에서 도커에 대한 대응이 더욱 빠르게 진행되고 있다는 것을 알 수 있습니다.

또한, 앤서블 커뮤니티에서 여러 멤버들이 앤서블을 사용해 이미지 빌드와 배포의 모범 사례를 각자의 블로그에 싣고 있어 그런 흐름에서 보면 도커 관련 모듈과 도커 컨테이너의 모범 사례를 도구로써 집약할 수 있게 됐습니다.

표 9.1 앤서블 도커 모듈과 플러그인

버전	모듈/플러그인	설명
1.4 (2013)	docker(Deprecated)	초기 도커 모듈로 docker build, load, pull, push, tag 등에 해당
1.6	Dynamic Inventory	컨테이너의 인벤터리를 동적으로 생성
2.0	Docker connection plugin	컨테이너에 SSH를 이용하지 않고 접속
2.0	docker_login	docker login에 해당
2.1	docker_service	도커 컴포즈에 해당하고 버전 1과 2에 대응
2.1	docker_container	컨테이너를 배포
2.1	docker_image_facts	도커 호스트에 캐시한 이미지를 Inspect와 Facts 등에 이용
2.2 (2016)	docker_network	docker network에 해당

2. "Because the new Docker connection plug-in makes it far simpler to run Ansible against a Docker container."

도커 컨테이너에서 플레이북을 실행하면 앤서블 2.1 이전 버전은 SSH를 통해 컨테이너에 접속해야 하고 백그라운드에서 ssh 데몬을 멀티 프로세스로 시작해야 했습니다. 한편 2.1 버전부터는 커넥션 플러그인[16]에서 도커 커넥션 플러그인(Docker connection plug-in)[17]이 릴리즈됐으므로 로컬 도커 클라이언트를 통해 통신할 수 있게 됐습니다.

---

16 Non-SSH connection types : http://docs.ansible.com/ansible/intro_inventory.html#non-ssh-connection-types
17 https://github.com/ansible/ansible/blob/devel/lib/ansible/plugins/connection/docker.py

커넥션 타입(Connection Type)에서 도커 커넥션 플러그인을 선택할 수 있게 된 다음부터는 플레이북에서 대상 컨테이너인지 판단하는 조건 분기 등을 정의할 필요가 없어졌습니다. 또한, 가상 서버용/도커 컨테이너용 플레이북을 여러 개 준비할 필요도 없어져 범용적으로 플레이북을 사용할 수 있게 됐습니다.

3. "Because shell scripts aren't good enough."

Dockerfile은 셸 명령의 나열에 지나지 않으므로 빌드 프로세스 관리를 사람이 하게 될 가능성이 높다고 할 수 있습니다. 앤서블의 목적은 다양한 환경에서 재사용할 수 있게 하는 것이고 이것은 도커 컨테이너의 관리 목적과 일치합니다.

4. Because Ansible can be a great bridge to larger-scale container orchestration.

대규모 환경에서 컨테이너를 배포하는 경우(예를 들어, 개발과 운용 환경의 조건에 따라 다르게 배포하는 경우), 멀티 포스트와 오버레이 네트워크 등 오케스트레이션을 고려해야 합니다. 이런 도커 컨테이너를 구현할 수는 있으나 어려울 수밖에 없으므로 쿠버네티스 등의 컨테이너 오케스트레이션을 이용하는 경우가 일반적입니다. 앤서블 컨테이너는 shipit란 서브 명령으로 직접 컨테이너를 시작하는 것 외에도 오케스트레이션 환경에 컨테이너를 배포할 수 있습니다.

5. "Because we believe that communities make the best software."

마지막으로 앤서블 컨테이너 프로젝트는 "release early, release often"의 철학에 따라 소프트웨어를 빠르게 릴리즈하여 커뮤니티가 지향하는 방향성을 확인하고 커뮤니티가 최적의 소프트웨어를 완성하는 것을 목표로 하고 있습니다.

도커 컴포즈와 비교

앤서블 컨테이너에 대해 "이미 도커 컴포즈가 있으니 앤서블 컨테이너와 같은 도구는 필요 없는 것 아니냐", "도커 컴포즈와 무엇이 다른가"와 같은 의문이 있을지도 모릅니다. 도커 컴포즈보다 앤서블이 유리한 점에 대해 다음의 기사에서 설명하고 있습니다.

6 WAYS ANSIBLE MAKES DOCKER-COMPOSE BETTER
https://www.ansible.com/blog/six-ways-ansible-makes-docker-compose-better

1. if you know docker-compose, you know Ansible (almost)

도커 컴포즈와 앤서블의 플레이북은 둘 다 YAML 형식으로 외형은 매우 유사하다고 할 수 있습니다. 따라서 도커 컴포즈 사용자도 앤서블을 간단히 사용할 수 있습니다. 이것은 결코 우연이 아니라 앤서블의 도커 모듈이 도커 컴포즈에서 사용하는 파이썬에 쓰인 docker-py API 클라이언트[a]를 이용하고 있기 때문입니다.

그러나 양쪽의 도구가 추구하는 목적에는 차이가 있습니다. 도커 컴포즈는 도커 사용자가 (컨테이너를 여러 개 시작하는 경우 등) 도커 컨테이너를 간단히 관리할 수 있게 하는 목적으로 도커 외의 오케스트레이션 환경에서 문제를 해결하는 데에는 적합하지 않습니다. 한편, 앤서블은 다양한 환경에 배포하기 위한 중간 언어로 표준화된 프레임워크를 제공하는 것을 목적으로 하고 있으므로 앤서블 컨테이너가 필요할 수도 있습니다.

2. Because you need to configure the system that your containers are running on.

도커 컨테이너는 리눅스 커널에서 동작하지만, 윈도우와 맥에서 도커 엔진을 실행할 때에는 도커 머신[b]을 이용하여 도커 호스트를 베어 메탈과 VM과 같은 가상화 아키텍처에서 바로 프로비저닝할 수 있게 됐습니다.

도커 머신은 다양한 원격 호스트에 도커 엔진을 설치할 수 있지만, 도커가 리눅스 배포판에 최적화되어 있다는 점 때문에 보안 등의 이유로 특정 리눅스 배포판에서 도커 컨테이너를 실행시키고 싶은 경우도 있을 것입니다. 예를 들어 운용 환경에서 도커 컨테이너를 사용하려면 SE리눅스가 활성화된 환경이 선정 조건이 되어야 하는 경우가 있습니다.

도커 컴포즈에는 SE리눅스를 설정하는 개념은 없지만, 앤서블에는 SE리눅스에 관해서 다음과 같은 모듈이 제공되고 있으므로 SE리눅스 문맥(context)을 쉽게 설정할 수 있습니다.

모듈	버전	설명
selinux	0.7	SE리눅스 모드와 정책을 설정(setenforce)
seboolean	0.7	부울값을 설정(setsebool)
seport	2.0	서비스가 실행된 포트 번호를 설정(semanage port)
selinux_permissive	2.0	단일 프로세스(도메인)를 permissive로 설정(SE리눅스를 Permissvie 모드로 실행한 경우)
sefcontext	2.2	파일 문맥을 설정(semanage fcontext)

블로그에 command 모듈에서 chcon 명령을 실행한 예를 소개하고 있으나, 앤서블은 2.0 버전부터 SE리눅스 관련 모듈을 새롭게 제공하고 있습니다.

3. Because you want to call out to other systems to configure things.

모든 미들웨어와 애플리케이션을 컨테이너에서 실행할 수 있는 것이 아니며 컨테이너로 쉽게 구성할 수 있는 것도 아닙니다.

개발 환경에서는 목업(mockup)용 랩톱에 데이터베이스와 애플리케이션용 컨테이너를 연결하기는 쉽습니다. 하지만 운용 환경이라면 다른 호스트에 배포된 컨테이너 간의 통신, 데이터베이스 인증 등 개발 환경과는 다른 레이어를 고려해야 합니다. 또한, AWS에서 Blue-Green 배포를 구현하려면 Route53에 DNS 항목을 설정해야 하는 등의 특정 요인도 있습니다.

앤서블에 제공되는 수백 가지의 모듈, 운용 환경 특유의 복잡한 요건을 만족하기 위한 인벤터리와 변수를 이용한 구성이 컨테이너를 다양한 환경에 배포하는 도구로 적합합니다.

4. Because you want to build testing directly into your container deployment process.

도커 허브에서 참조하는 도커 이미지를 docker-compose.file에서 "lastest" 태그로 지정하면 도커 허브에 저장된 이미지가 변경될 수 있으므로 이미지 버전과 검증된 애플리케이션 버전의 정합성을 보증할 수 없습니다. 이미지 버전을 지정하는 방법도 있으나, 보안 업데이트 등에서 이미지가 변경된 경우에 대응할 수 없는 경우와 같은 트레이드 오프가 남아있습니다.

앤서블의 register와 assert 모듈을 사용하면 명령이 실행된 결과에 기대하는 문자열이 포함돼 있는지 검증할 수 있습니다. 예를 들어, 애플리케이션을 배포하는 프로세스에서 API를 호출하고 기댓값을 응답하면 성공으로 판단하는 태스크를 통하여 배포가 성공적으로 됐음을 검증할 수 있습니다.

5. Because you want to integrate containers into your Ansible Tower workflow.

복잡한 오케스트레이션과 인증, 승인 프로세스를 고려한 워크플로가 필요한 경우, 앤서블 타워(Ansible Tower)를 이용하여 승인된 담당자가 승인된 태스크를 승인된 환경에서 실행하는 프로세스를 통합할 수 있습니다.

승인된 워크플로를 플레이북으로 앤서블 타워에서 실행하여 개발/스테이징/운용 환경 각각의 적절한 권한을 가진 담당자마다 컨테이너를 배포하는 프로세스도 구현할 수 있습니다.

6. Because Ansible now speaks docker-compose!

이미 도커 컴포즈를 이용하는 사용자라면 docker-compose.file을 앤서블 플레이북에 다시 쓰는 비용을 지불하고 싶지 않을 거로 생각합니다. 앤서블 2.1에 도입된 docker_service 모듈[c]은 도커 컴포즈와 호환됩니다. docker-compose.file을 외부 파일로 직접 참조하거나 도커 컴포즈 구문을 직접 플레이북에 정의할 수도 있으므로 기존에 작성해 두었던 것을 활용할 수 있습니다.

새로운 도구를 습득할 때에 지속적인 학습 비용이 필요하므로 앤서블 개발팀은 이미 활용할 수 있는 도구를 앤서블에 잘 도입하여 도구의 재사용성 향상을 목표로 하고 있습니다. 앤서블이 커뮤니티에서 성공한 원인은 이런 방침을 선택한 점에 있어서, 도커 컨테이너에도 이런 방침을 적용하고 있습니다.

---

[a] docker-py Client API Documentation : https://docker-py.readthedocs.io/en/latest/

[b] Docker Machine Overview : https://docs.docker.com/machine/overview/

[c] docker service - Manage docker services and containers : https://docs.ansible.com/ansible/docker_service_module.html

9.3. 앤서블 컨테이너 사용 방법과 특징

그러면 실제로 ansible-container에 도커 이미지를 빌드하고 컨테이너를 실행해 보면서 앤서블 컨테이너의 기본적인 기능을 확인해보겠습니다.

9.3.1. 설치

ansible-container를 설치하려면 다음과 같은 환경을 갖춰야 합니다.

- 파이썬 2.7
- pip
- setuptools 20.0.0+
- 도커 1.11 또는 도커 데몬에 통신할 수 있는 것

저자는 맥 OS X 요세미티(버전 10.10)를 사용하고 있어서 다음과 같이 구성했습니다(도커 엔진은 도커 툴 박스가 아닌 도커 for Mac[18]을 사용했습니다).

- 파이썬 2.7.11
- pip 8.1.2
- setuptools 28.6.0
- 도커 1.12.1
- ansible-container 0.2.0

pip로 ansible-container를 설치합니다. 설치가 정상적으로 완료되면 다음과 같이 설치된 버전을 확인할 수 있습니다.

```
$ sudo pip install ansible-container
$ ansible-container version
Ansible Container, version 0.2.0
```

---

18 ansible-container 0.1과 도커 for Mac을 조합하여 검증할 때는 소켓 통신이 실패하여 잘 동작하지 않았지만, 0.2에서는 해결됐습니다.
https://github.com/ansible/ansible-container/issues/104

9.3.2. 플레이북 구성과 파일의 용도

다음으로 ansible-container init을 실행해서 앤서블 컨테이너를 실행하는 데 필요한 프로젝트를 초기화하고 필요한 템플릿을 생성합니다. 기본은 ansible/ 디렉터리에 다음과 같은 파일이 생성됩니다. 또한, 앤서블 컨테이너에서 프로젝트에 있는 도커 컨테이너 빌드와 배포에 필요한 모든 소스와 파일을 app이라고 합니다.

```
$ ansible-container init
$ tree ansible
ansible
├──  ansible.cfg
├──  container.yml
├──  main.yml
├──  meta.yml
├──  requirements.txt
└──  requirements.yml
```

생성한 여러 개의 파일에서 주요한 파일은 다음과 같습니다.

- **container.yml**
  빌드한 도커 이미지 명칭과 버전, 대응한 포트, 실행한 명령과 옵션, 환경 변수 등을 정의. Dockerfile과 docker-compose.yml에 해당

- **main.yml**
  실제로 이미지를 빌드할 때 실행하는 것을 롤과 태스크로 정의한다. 컨테이너에 접속할 때 동적 인벤터리를 사용해서 container.yml이 생성한 컨테이너의 인벤터리를 자동으로 생성한다.

- **requirements.txt**
  이미지를 빌드할 때 필요한 파이썬 라이브러리를 정의한다. pip 형식을 준수해야 한다.

다음 파일은 이미지 빌드와 컨테이너 배포에 필수 사항은 아니므로 필요에 따라 사용하면 됩니다.

- **ansible.cfg**
  앤서블 설정 파일. ansible-container는 특별한 사용 방법이 없다.

- **requirements.yml**
  앤서블 갤럭시와 버전 관리 시스템 등에서 Role을 설치할 경우에 이용한다. 롤 의존 관계를 정의한다.

다음으로 깃허브에 공개된 샘플 중 엔진엑스 샘플[19]을 기반으로 ansible-container 명령을 이용해 도커 이미지의 빌드부터 배포, 이미지를 푸시하기까지의 일련의 프로세스를 실행해 보겠습니다.

1. ansible-container build로 도커 이미지 빌드

2. ansible-container run으로 빌드한 컨테이너 실행

3. ansible-container push로 도커 레지스트리(도커 허브)에 이미지 등록

4. ansible-container shipit로 오케스트레이션 환경에 컨테이너 배포

생성한 템플릿을 수정해서 도커 이미지 빌드를 진행하고 싶지만, 설명하기에는 샘플을 사용하는 것이 편리합니다(만약 잘하는 분이 있다면 시간이 있을 때 백지 상태부터 템플릿을 작성해보기 바랍니다).

9.3.3. ansible-container build - 이미지 빌드

도커 이미지를 빌드해보겠습니다. 로컬 호스트에 도커 엔진이 설치돼 있는 경우에는 미리 도커 데몬을 실행합니다. 원격 호스트에서 실행된 도커 엔진에 접속하는 경우에는 DOCKER_HOST 변수에 원격 호스트의 IP 주소와 도커 엔진 포트 번호를 선언합니다.

먼저, 샘플 ansible-container-example 디렉터리로 이동합니다. 프로젝트 이름은 기본적으로 ansible일 필요가 있으므로 ansible 디렉터리를 생성하고 그 디렉터리에 이미지를 빌드에서 필요한 파일을 복사합니다. ansible-container-examples/helloworld-nginx/README.md에 상세한 정보가 작성돼 있습니다.

```
$ cd ansible-container-examples/helloworld-nginx/
$ mkdir ansible
$ for i in container.yml main.yml files/ ; do mv $i ansible/ ; done
```

다음으로 ansble-container build를 실행해 도커 이미지를 빌드합니다. 실제로 빌드한 결과를 기반으로 빌드 프로세스를 설명하겠습니다.

---

19 https://github.com/ansible/ansible-container-examples

```
$ ansible-container build
No DOCKER_HOST environment variable found. Assuming UNIX socket at /var/run/doc
ker.sock ❶
Starting Docker Compose engine to build your images...
0.2: Pulling from ansible/ansible-container-builder ❷
...
No image found for tag helloworld-nginx-web:latest, so building from scratch ❸
7: Pulling from library/centos ❹
...
Attaching to ansible_ansible-container_1, ansible_web_1 ❺
ansible-container_1 | Host web running
...
ansible-container_1 | TASK [Install dumb init] ************************************
******
ansible-container_1 | changed: [web]
...
ansible_ansible-container_1 exited with code 0 ❻
Aborting on container exit...
Stopping ansible_web_1 ... done
Exporting built containers as images...
Committing image...
Exported helloworld-nginx-web with image ID sha256:052a380d2c6c5aea98489e27d482d9
a985bfb2b59fd2f3b0b82150b478a201c2 ❼
Cleaning up web build container...
Cleaning up Ansible Container builder... ❽
```

❶ DOCKER_HOST 변수가 선언되어 있지 않은 경우, 명시적으로 출력된다[20].

❷ 대상 이미지를 빌드하기 위한 이미지인 앤서블 빌더 컨테이너(Ansible Builder Container)를 도커 허브에서 풀한다[21].

❸ lastest 태그에 부여된 빌드 대상 이미지인 helloworld-nginx-web이 없으므로 스크래치 빌드를 시작한다.

❹ 엔진엑스 컨테이너의 기본 이미지 (CentOS)를 도커 허브에서 끌어온다.

❺ 앤서블 빌더 컨테이너가 엔진엑스 컨테이너를 시작하고 플레이북(main.yml) 태스크를 실행한다.

❻ 반환 코드에서 플레이북이 정적으로 완료된 것을 확인한다.

❼ 빌드에 성공한 이미지를 내보낸다.

❽ 마지막으로 엔진엑스 컨테이너와 ansible-container-builder 컨테이너를 삭제한다.

---

20 Default to /var/run/docker.sock? : https://github.com/ansible/ansible-container/issues/206
21 https://hub.docker.com/r/ansible/ansible-container-builder/

앤서블 컨테이너에서 이미지를 빌드할 때의 요점은 앤서블 빌더 컨테이너(Ansible Builder Container)라는 빌드용 이미지를 컨테이너로 실행하고, 이 컨테이너가 대상 이미지를 빌드하는 것에 있습니다[22]. 앤서블 빌더 컨테이너는 대상 컨테이너를 시작한 후 동적 인벤터리[23]를 이용하고, 도커 API 통해 실행한 컨테이너의 호스트 이름을 동적으로 인벤터리에 등록합니다. 따라서 도커 커넥션 플러그인[24]을 사용하여 SSH 로그인하는 것이 아니라 대상 컨테이너에 플레이북을 실행하고 main.yml에 정의한 패키지를 설치하는 등의 태스크가 처리됐습니다.

플레이북이 정상적으로 종료된 후, 앤서블 빌더 컨테이너와 대상 컨테이너를 정지하고 이미지를 내보냅니다.

이처럼 앤서블 빌더 컨테이너 외에 앤서블의 기능인 동적 인벤터리와 도커 커넥션 플러그인을 이용하여 Dockerfile을 사용하지 않고 이미지를 빌드하고 있습니다[25].

다음으로 이미지를 빌드할 때 참조할 파일과 파일 정의를 설명하겠습니다. "플레이북 구성과 파일 용도"의 첫 부분에서 개요를 설명했습니다만, 다음 2개의 파일이 주요한 파일입니다.

- container.yml
  도커 이미지의 구성 정보를 정의한다[26].

- main.yml
  빌드할 때 실행할 앤서블의 태스크를 정의한다[27].

그러면 엔진엑스 컨테이너의 샘플 파일을 순서대로 살펴보겠습니다.

예제 9.1 helloworld-nginx/ansible/container.yml

```
# ansible/container.yml
version: "1" ❶
services: ❷
  web: ❸
```

---

22 https://github.com/ansible/ansible-container/blob/master/container/docker/engine.py
23 동적 인벤터리 스크립트 : https://docs.ansible.com/ansible/guide_docker.html#dynamic-inventoryscript
24 https://github.com/ansible/ansible/pull/11650
25 ansible-container build의 옵션과 개요는 공식 문서에 공개돼 있습니다.
https://docs.ansible.com/ansible-container/reference/build.html
26 https://docs.ansible.com/ansible-container/getting_started.html#container-yml
27 https://docs.ansible.com/ansible-container/getting_started.html#main-yml

```
        image: centos:7 ❹
        ports: ❺
          - "8080:80"
        command: ['/usr/bin/dumb-init', 'nginx', '-c', '/etc/nginx/nginx.conf', "-g", "daemon off;"] ❻
    registries: {} ❼
```

❶ 스키마 버전을 정의한다. 현재는 버전 1이 제공되고 있으나 나중에 확장될 수도 있다.

❷ services 섹션에 도커 이미지 정보를 정의

❸ main.yml의 hosts 섹션이 플레이북을 실행할 때 참조. 임의의 이름을 정의

❹ 기본 이미지와 태그를 지정

❺ 호스트에 공개(expose)하는 포트와 컨테이너가 실행할 포트를 지정

❻ 컨테이너를 실행할 때 실행할 명령을 작성

❼ registers 섹션은 이미지를 푸시하는 곳의 도커 레지스트리 정보를 정의. { }은 Null을 의미한다.

main.yml은 앤서블 플레이북에 있으므로 플레이북 구문을 그대로 적용합니다. 샘플에서는 태스크 섹션에 처리를 정의하고 있으나, 롤을 지정할 수도 있습니다. 또한, 앤서블 갤럭시를 이용할 경우에는 requirements.yml에 의존한 롤을 정의하여 필요한 롤을 설치할 수 있습니다.

예제 9.2 helloworld-nginx/ansible/main.yml

```
---
# ansible/main.yml
- hosts: web
  tasks:
    - name: Install dumb init
      get_url:
        dest: /usr/bin/dumb-init
        url: https://github.com/Yelp/dumb-init/releases/download/v1.0.2/dumb-init_1.0.2_amd64
        mode: 0775
        validate_certs: no
    - name: Install EPEL
      yum:
        name: epel-release
        state: latest
    - name: Install Nginx
      yum:
```

```
        name: nginx
        state: latest
  - name: Copy index update
    copy:
      src: files/index.html
      dest: /usr/share/nginx/html/index.html
      owner: root
      group: root
      mode: 0777
```

9.3.4. ansible-container run - 컨테이너 실행

이미지 빌드가 끝났으므로 이어서 엔진엑스 컨테이너를 로컬 호스트에서 실행하고 웹 서비스가 시작됐는지 확인합니다. ansible-container run으로 컨테이너를 실행하고 curl 명령으로 웹 서비스가 실행됐는지 확인합니다(curl 명령을 사용하지 않고 브라우저에서 직접 확인해도 좋습니다). ansible-container run에서 -d 옵션을 지정하면 Detached 모드에서 컨테이너를 백그라운드로 실행합니다. -d 옵션을 지정하지 않으면 포그라운드로 컨테이너를 실행합니다.

```
$ ansible-container run -d
No DOCKER_HOST environment variable found. Assuming UNIX socket at /var/run/do
cker.sock
Attaching to ansible_ansible-container_1
Cleaning up Ansible Container builder...
Deploying application in detached mode

$ curl localhost:8080
<b>Hello World!</b>
```

만약을 위해 docker 명령으로 컨테이너를 실행했으나 엔진엑스 컨테이너에서 엔진엑스 프로세스가 실행됐는지 확인합니다.

```
$ docker ps
CONTAINER ID      IMAGE                        COMMAND               CREATED
STATUS            PORTS                    NAMES
ee73b5a744ed      helloworld-nginx-web:latest    "/usr/bin/dumb-init n"    12 hours ago
Up 12 minutes     0.0.0.0:8080->80/tcp     ansible_web_1
```

```
$ docker exec ee73b5a744ed ps -ef
UID         PID    PPID   C   STIME   TTY    TIME CMD
root          1      0    0   02:31   ?      00:00:00 /usr/bin/dumb-init nginx -c /et
c/nginx/nginx.conf -g daemon off;
root          6      1    0   02:31   ?      00:00:00 nginx: master process nginx -c
/etc/nginx/nginx.conf -g daemon off;
nginx         7      6    0   02:31   ?      00:00:00 nginx: worker process
nginx         8      6    0   02:31   ?      00:00:00 nginx: worker process
root         18      0    0   02:44   ?      00:00:00 ps -ef
```

컨테이너를 정지하려면 ansible-container stop을 실행합니다.

```
$ ansible-container stop
No DOCKER_HOST environment variable found. Assuming UNIX socket at /var/run/docker.sock
Stopping ansible_web_1 ... done
```

ansible-container run 옵션은 build와 마찬가지로 공식 문서[28]에 공개돼 있습니다.

엔진엑스 컨테이너가 실행됐는지 확인했으므로 이번에는 엔진엑스 컨테이너에 배치된 HTML 파일을 변경해서 이미지를 다시 빌드해보겠습니다. 이미지 빌드가 끝나면 컨테이너를 실행해서 HTML 파일이 변경된 것을 확인합니다. 먼저 HTML 파일을 다음과 같이 수정합니다.

예제 9.3 helloworld-nginx/ansible/files/index.html

```
<b>Hello World! Ansible Container!</b>
```

이어서 이미지를 빌드하고 컨테이너를 실행한 다음 HTML 파일을 참조합니다.

```
$ ansible-container build
$ ansible-container run -d
$ curl localhost:8080
<b>Hello World! Ansible Container!</b>
```

무사히 수정한 HTML 파일에서 이미지 빌드가 끝난 것을 확인할 수 있습니다.

---

28 https://docs.ansible.com/ansible-container/reference/run.html

9.3.5. ansible-container push - 이미지 등록

지금까지 이미지를 빌드하고 컨테이너를 시작했으므로 컨테이너가 실행 중인지 확인하는 데 필요한 최소한의 검증이 끝났다고 말할 수 있습니다. 다음으로 이미지를 도커 레지스트리에 푸시(docker push)하고 푸시한 이미지가 로컬 호스트에 풀(docker pull) 된 것을 확인하겠습니다.

여기서는 도커 허브에 이미지를 푸시합니다. 도커 허브의 인증 정보를 이용하기 위해 미리 도커 허브 계정을 만들어 두고, ansible-container push에 다음 옵션을 지정해 실행합니다.

- **--username ⟨user_name⟩**
  도커 허브의 ID를 지정

- **--path-to ⟨docker_registry_url⟩**
  도커 레지스트리의 URL을 지정할 수 있다. 이번에는 지정하지 않았으나, 이 옵션을 지정하지 않으면 기본으로 Docker Hub ⟨docker.io⟩에 푸시한다.

```
$ ansible-container push --username nhashimo
Enter password for nhashimo at https://index.docker.io/v1/:
Pushing to "https://index.docker.io/v1/nhashimo
...
Pushing nhashimo/helloworld-nginx-web:20161029132924...
The push refers to a repository [docker.io/nhashimo/helloworld-nginx-web]
...
20161029132924: digest: sha256:281a4ef285e68ddc26d470d8bee2daf56b4effa88a8b4cb87278a8c14305a46c
size: 741
Done"
```

명령을 실행한 결과를 보면 도커 허브 리포지터리(docker.io/nhashimo/helloworld-nginx-web)에 태그 20161029132924를 붙여 푸시하고 있습니다. 다음으로 docker search 명령으로 실제로 이미지가 도커 허브 리포지터리에 푸시되고 docker pull로 이미지를 풀한 것을 확인합니다.

docker pull을 실행할 때, 이미지 ID에 푸시했을 때의 태그를 지정합니다.

```
$ docker search docker.io/nhashimo/helloworld-nginx-web
NAME                              DESCRIPTION     STARS    OFFICIAL    AUTOMATED
nhashimo/helloworld-nginx-web                     0

$ docker pull docker.io/nhashimo/helloworld-nginx-web:20161029132924
```

```
20161029132924: Pulling from nhashimo/helloworld-nginx-web
Digest: sha256:281a4ef285e68ddc26d470d8bee2daf56b4effa88a8b4cb87278a8c14305a46c
Status: Image is up to date for nhashimo/helloworld-nginx-web:20161029132924
```

또한, 태그 대신에 이미지 ID에 Digest를 지정해서 끌어올 수도 있습니다.

```
$ docker pull docker.io/nhashimo/helloworld-nginx-web@sha256:281a4ef285e68ddc26d470d8bee2daf56b4e
ffa88a8b4cb87278a8c14305a46c
sha256:281a4ef285e68ddc26d470d8bee2daf56b4effa88a8b4cb87278a8c14305a46c: Pulling from nhashimo/
helloworld-nginx-web
Digest: sha256:281a4ef285e68ddc26d470d8bee2daf56b4effa88a8b4cb87278a8c14305a46c
Status: Image is up to date for nhashimo/helloworld-nginx-web@sha256:281a4ef285e68ddc26d470d8bee2
daf56b4effa88a8b4cb87278a8c14305a46c
```

--push-to 옵션에 지정하는 도커 레지스트리의 URL은 container.yml의 registries 섹션에 정의하고 옵션을 지정할 수 있습니다[29]. 다음으로 --push-to 옵션을 지정하여 도커 허브에서 이미지를 푸시할 수 있는지 확인합니다. helloworld-nginx/ansible/container.yml의 registries 섹션에서 도커 허브의 URL을 다음과 같이 정의합니다.

```
#registries: {}
registries:
  dockerhub:
    url: https://index.docker.io/v1/
    namespace: nhashimo
```

ansible-conatainer push에 --push-to 옵션과 registries 섹션에 정의한 레지스터 이름을 지정하고 실행합니다.

```
$ ansible-container push --username nhashimo --push-to dockerhub
```

■ ansible-container shipit - 쿠버네티스와 오픈시프트에 배포

shipit 검증에는 구글 클라우드 플랫폼의 구글 컨테이너 엔진 등록과 오픈시프트 오리진 설치 등 환경을 정비할 필요가 있으므로 여기서는 기능과 흐름을 설명하겠습니다.

---

29 Registry Authentication : https://docs.ansible.com/ansible-container/registry_auth.html

2016년 11월 시점으로 shipit이 대응하는 오케스트레이션은 쿠버네티스와 오픈시프트입니다. 각각의
전제 조건은 다음과 같습니다.

- **쿠버네티스**
  kubectl 설치와 구글 컨테이너 엔진에서 쿠버네티스 클러스터를 사용할 수 있는 것을 전제

- **오픈시프트**
  오픈시프트 클라이언트 도구인 oc 명령을 설치해야 한다.

앤서블 컨테이너에서 오케스트레이션 환경에 애플리케이션을 배포하는 과정은 다음과 같습니다.

1. ansible-container init으로 앤서블 컨테이너 프로젝트를 초기화한다.
2. ansible-container build로 이미지를 빌드한다.
3. ansible-container push로 오케스트레이션 환경의 도커 레지스트리에 이미지를 푸시한다.
4. ansible-container shipit 〈shipit_engine〉으로 오케스트레이션 환경에 배포하는 데 필요한 롤과 플레이북을 생성한다.
5. ansible-playbook shipit-〈shipit_engine〉.yml로 애플리케이션을 배포한다(컨테이너를 오케스트레이션 환경에 배포).

shipit이 직접 오케스트레이션 환경에 컨테이너를 배포하는 것이 아니라 롤과 플레이북을 생성하고
ansible-playbook 명령으로 생성한 플레이북을 실행하는 과정입니다.

오픈시프트는 oc 명령이 필요하므로 마스터 서버에서 API를 통해서 Route, Service, Deployment
Config 등의 객체를 생성하고 실행하는 것을 생각할 수 있습니다. 공식적인 정보도 매우 적으므로 쿠
버네티스와 오픈시프트를 실제로 사용한 경험이 있는 사람이 아니라면 이미지를 이해하기 어렵습니다
만, 쿠버네티스와 오픈시프트가 제공하는 기능을 파악해보면 이해할 수 있습니다.

앤서블 컨테이너 프로젝트의 생성 과정과 프로젝트가 지향하는 방향성에서 ansible-container 명령으
로 이미지 빌드, 컨테이너 배포, 도커 레지스트리에 푸시하는 방법을 시도했습니다.

쿠버네티스와 오픈시프트와 같은 오케스트레이션 환경에 컨테이너를 배포하는 방법은 이책에서 다루
지는 않지만, kubectl와 oc명령을 사용한 패턴과 앤서블 컨테이너 중 어느 쪽을 사용하는 것이 관리가
쉬울까에 대한 답을 얻는 것이 향후 과제입니다. 하지만 Dockerfile을 이용하지 않고 앤서블 컨테이너
를 사용하여 플레이북 기반으로 이미지를 빌드함으로써 향후 컨테이너 관리에 새로운 점이 추가됐음을
알 수 있을 것입니다[30].

---

30 여담입니다만 오픈시프트에서는 Source-To-Image(S2I)로 불리는 이미지를 빌드할 때 애플리케이션 소스를 리포지토리에서 검색할 수 있으며 삽입할 수 있도록 제공되고
있습니다. https://github.com/openshift/source-to-image

설명한 샘플은 실제 환경을 고려한 복잡한 구성이 아니므로 좀 더 고려할 사항이 있겠지만, 장고 (Django)와 PostgreSQL을 앤서블 컨테이너에 배포하는 샘플도 공식 문서에 공개돼 있으니 꼭 확인해 보기 바랍니다[31]. 또한, 앤서블 2.2 로드 맵[32]에서는 앤서블 컨테이너를 기본으로 한 쿠버네이트와 오픈 시프트관련 모듈이 릴리즈될 예정이었으나 연기됐습니다. 다만, 개발 자체는 업스트림의 develop 브랜치에서 진행되고 있습니다.

마지막으로 릴리즈 된 지 얼마 안 돼서 앤서블 컨테이너 프로젝트에 관한 한국어 정보가 별로 없지만, 앤서블 컨테이너의 사용을 검토할 때 이 책이 도움이 되면 좋겠습니다.

앤서블 2.4 버전에서는 shipit, run 명령어가 deploy 명령어로 통합되었습니다.

다음 URL의 기사를 참고하시길 바랍니다.

https://www.ansible.com/blog/ansible-container-0-9

deploy 사용법

https://docs.ansible.com/ansible-container/reference/deploy.html

---

include_role을 사용한 태스크 실행 중에 롤 호출

앤서블 2.2에 추가된 include_role 모듈을 사용하면 태스크 실행 중에 원하는 곳에서 롤을 호출할 수 있습니다. 일반적으로 롤을 독립된 역할로써 "책상", "의자"라는 단위로 비유한다면 include_role의 대상이 되는 것은 "못", "나사" 등의 세세한 부품이라 할 수 있습니다. 이러한 세세한 요소도 롤로 다뤄질 수 있습니다.

include_role이 등장하기 이전에 롤을 호출할 때는 본문에서 설명했던 것처럼 다음과 같은 2가지 방법밖에 없었습니다.

- 플레이의 roles 지시자에 정의한다.
- 롤의 meta/main.yml에서 dependencies 의존관계로써 정의한다.

이러한 방법은 어느 쪽이든 "실행 중인 롤의 태스크가 실행이 끝나면 다음 롤의 태스크를 실행"하며, 롤의 태스크가 실행 중일 때에는 다른 롤을 호출할 수 없습니다. "독립 단위로 사용할 수 있는 부품"으로 롤을 파악하면 이 사양 자체는 의미가 있으나, 예를 들어 여러 개의 롤 사이에서 재사용하고 싶은 공통 작업(위의 예에서 말한 "못"과 "나사") 이 있는 경우를 생각해봅시다.

---

31 https://docs.ansible.com/ansible-container/getting_started.html#real-world-usage-starting-froma-working-base-setup
깃허브 리포지토리 : https://github.com/j00bar/django-gulp-nginx
32 https://github.com/ansible/ansible/blob/devel/docs/docsite/rst/roadmap/ROADMAP_2_2.rst

앤서블 2.1 이전 버전을 사용하고 있고 롤 사이에 재사용하려는 공통 작업이 있는 경우는 같은 내용을 여러 롤에 구현할 것인지, 공통 태스크를 구현한 YAML 파일을 준비해 include로 직접 로드할 것인지 선택해야 합니다. 전자의 경우는 프로그래밍 분야에서 잘 사용되는 "Don't repeat yourself(DRY)"에 위반되며 플레이북 전체의 유지 보수성을 저하시킵니다. 후자의 include를 사용하는 방법은 DRY에 위반되지 않으나, 롤 외의 파일에 의존하게 되어 앤서블 갤럭시 등의 롤 관리 메커니즘과 공존할 수 없습니다.

이러한 롤 사이의 공통 작업을 정의하려는 경우에 발생하는 골치 아픈 문제들을 해결해주는 것이 include_role 모듈(그림 9.2)입니다.

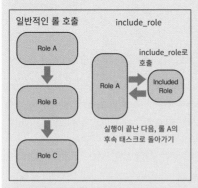

그림 9.2 include_role 모듈

include_role 모듈을 사용하면 다음과 같이 태스크 정의에서 롤 호출을 작성할 수 있습니다.

```
- name: 롤 호출 전 태스크 실행
  debug:
    msg: "롤 호출 전 태스크"

- name: utils 롤 호출
  include_role:
    name: utils
    tasks_from: util_a
    private: true
  vars:
    utils_var_1: "utils에 반환 값"

- name: 롤 호출 후 태스크 실행
  debug:
    msg: "롤 호출 후 태스크"
```

include_role에 전달되는 인수 정보는 다음과 같습니다.

- **name**

  호출할 롤 이름. 여기서는 utils라는 "잘 사용하는 유틸리티 계열의 작업을 모아놓은 롤"을 가정

- **tasks_from**

  호출하려는 롤의 tasks 디렉터리 내 YAML 파일 이름. 확장자는 포함되지 않는다. 기본값은 main

- **private**

  true이면 로드한 롤의 변수 정의(defaults, vars 모두)가 후속 태스크에 인계되지 않는다. 외부에서 롤의 변수에 접근하지 않을 때에는 true로 하는 것이 안전하다.

그 외에 태스크 자체에 vars 지시자를 부여해서 utils 롤에서 사용할 변수를 정의할 수도 있습니다.

tasks_from 인수로 tasks/main.yml 이외의 YAML 파일도 태스크로써 호출할 수 있는 것이 일반적인 롤 호출과는 큰 차이점입니다. 일반적인 롤을 호출하려면 항상 tasks/main.yml의 태스크가 실행되어 "여러 개의 전혀 다른 기능이 있는 롤" 등은 있을 수 없으나 include_role이라면 tasks_from을 사용해 개별 작업을 로드할 수 있으므로 잘 사용하는 세세한 태스크 세트가 있는 편리한 도구 상자 같이 롤을 사용할 수 있습니다. 덧붙여 말하자면 tasks_from뿐만 아니라 default_from에서 기본 변수 설정 파일 이름과 vars_from에서 롤 변수 설정 파일 이름을 지정하면 각각 main 이외에서 로드할 수 있습니다(그림 9.3).

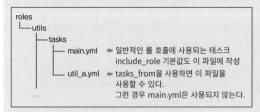

그림 9.3 main 이외에서 로드

또한, include_role 모듈을 사용한 태스크도 일반적인 태스크와 마찬가지로 with_items로 반복되거나 when을 사용해 실행을 제어할 수 있습니다.

단, 복잡한 실행 제어를 너무 많이 하거나 여러 겹으로 뒤엉킨 구조로 만들면 유지 보수성의 저하와 예상되지 않는 동작이 나타날 수도 있습니다. 설명했던 것처럼 일반적인 롤과 거기에서 호출된 유틸리티 롤 정도의 간단한 구조로 만드는 것이 좋습니다.

제 10 장

플레이북 테스트

10.1. 플레이북을 테스트할 때의 과제

플레이북을 실행하면 플레이북 테스트를 어떻게 할 것인지, 또 어떤 항목을 어디까지 테스트해야 할 것인지 의문이 생깁니다. 이번 장에서는 플레이북 테스트 방침과 테스트에 사용하는 모듈, 또한 트래비스 CI(Travis CI)를 활용한 롤의 테스트 방침을 설명하겠습니다.

먼저 플레이북에서 실시해야 하는 테스트 항목의 범위를 가정하기 위해 일반적인 소프트웨어 개발의 테스트 항목을 바탕으로 플레이북과 롤 테스트에 필요한 항목을 살펴보겠습니다.

- **단위 테스트(Unit Testing)**
  각각의 롤과 플레이북에서 YAML 구조가 맞는지, Dry-run이 정상적으로 끝났는지, 필요한 변수가 정의돼 있는지 검증한다.

- **통합 테스트(Integration Testing)**
  새로 구축한 VM 등을 이용해서 각각의 롤이 기대한 대로 동작하는지 검증한다.

- **기능 테스트(Functional Testing)**
  같은 조건으로 VM 등을 이용해서 가정한 표준 변수와 인벤토리 등을 바탕으로 플레이북이 기대하는 대로 동작하는지 검증한다.

다음으로 플레이북 실행이 실패하는 경우를 고려해보겠습니다. 플레이북 실행이 기대한 대로 동작하지 않을 상황으로는 일반적으로 다음과 같은 경우를 생각할 수 있습니다.

- 롤 단위로는 테스트를 통과했으나, 플레이북에서 여러 개의 롤을 실행하면 실패한다.
- 특정 조건으로 실행하면 어떤 태스크를 처리할 때 시간이 걸려 타임아웃 된다.
- 조건 분기했으나 기대한 대로 판정하지 않는다.
- 여러 롤에서 변수를 상호 참조하지만 확장되지 않는다.

이것들을 고려하면 VM(Virtual Machine)과 컨테이너 등을 이용해 테스트를 계속 실행할 수 있는 환경을 제공함으로써 플레이북 범위를 넓힐 필요가 있다는 결론에 도달합니다. 이때, 테스트 환경으로 요구되는 요인으로는 다음과 같은 경우가 있을 수 있습니다.

- 테스트를 빠르게 실행시키기 위해 가능한 한 VM과 컨테이너 등의 테스트 환경을 빨리 실행해야 한다.
- 테스트 환경을 준비하기 위한 자동화 구조(VM을 생성하기 위한 플레이북, 스크립트, 스냅숏 등)가 필요하다.
- 항상 테스트 환경을 새로운 상태에서 사용할 수 있어야 한다.

여기서 결론은 "플레이북을 테스트하기 위한 전략을 구상한다"와 "테스트 환경을 준비한다" 두 개입니다. 이 장에서는 이 두 개의 화제에 관해 설명하겠습니다.

10.2. 플레이북 테스트 전략

플레이북을 검증할 때 테스트 범위, 테스트 시나리오, 단계의 분류, 테스트 방법과 테스트에 이용할 도구 등의 방법을 검증해야 합니다. 앤서블 공식 문서 "Testing Strategies"[1]에서는 통합 테스트 패턴과 적절한 테스트 정도에 관해서 설명하고 있습니다. 이런 견해를 바탕으로 앤서블에서는 어떤 테스트 전략을 추천하고 있는지와 그것에 대한 저자의 생각도 같이 설명하겠습니다.

10.2.1. 적절한 테스트 레벨

앤서블은 선언형이므로 다음과 같은 경우에는 정상적으로 완료되고 있는지 테스트를 포함할 필요가 없으며, 오히려 태스크에 요구하는 상태를 선언해야 합니다.

- 서비스를 실행하고 있는가 ➡ "서비스는 재시작한 상태다"라고 선언한다.
- 패키지는 설치돼 있는가 ➡ "패키지는 설치돼 있다"고 선언한다.

예를 들어, 다음 태스크에서 서비스 (foo)가 시작됐다(started)는 상태를 선언하고 있는 것을 확인할 수 있습니다.

```
tasks:
  - service:
      name: foo
      state: started
      enabled: yes
```

서비스 시작이 실패했을 때 앤서블은 "fail-fast"란 사상에 따라 실패했다는 것을 적절히 출력하고 플레이북을 정지합니다.

---

1 http://docs.ansible.com/ansible/test_strategies.html

10.2.2. 드리프트 테스트용 체크 모드

ansible-playbook을 --check 옵션을 이용해 체크 모드로 실행하면 Dry Run 모드로 플레이북을 실행하고, 실제로 원격 서버에 변경 사항을 적용하지 않고 실행 결과를 출력시킬 수 있습니다.

플레이북을 단계적으로 테스트하는 경우에는 먼저 --syntax-check 옵션으로 구문을 확인하고, 문제가 없으면 체크 모드로 플레이북이 실패하지 않고 완료했는지 확인한 다음 실제로 플레이북을 실행하는 것이 일반적인 흐름입니다. 단, command와 shell 모듈을 사용할 경우 이 모듈들은 체크 모드에서의 실행을 건너뛰므로 플레이북을 테스트할 때 주의해 주세요.

체크 모드에서도 항상 태스크를 실행하고 싶은 경우에는 체크 모드를 비활성화하는 옵션인 check_mode: false를 태스크에 추가해야 합니다.

```
- tasks:
  - script: verify.sh
    check_mode: false
```

복잡한 환경에서는 태스크를 체크 모드로 지정하여 사용해야 할 때가 있습니다. 2.2 버전부터는 check_mode를 태스크 단위로 지정할 수 있으며, check_mode: true와 check_mode: false의 차이점은 다음과 같습니다.

- **check_mode : true**

  --check 옵션을 지정하지 않아도 항상 체크 모드로 태스크를 실행한다.

- **check_mode : false**

  --check 옵션을 지정해도 항상 일반 모드로 태스크를 실행한다.

그러면 check_mode 옵션을 지정하면 동작이 어떻게 달라지는지 샘플 플레이북 (check_mode.yml)을 실행해서 결과를 살펴보겠습니다(예제 10.1).

예제 10.1 check_mod.yml

```
---
- hosts: localhost
  connection: local
  gather_facts: false
```

```
tasks:

  - name: Run under check mode and does falset make changes
    command: echo 'check_mode is true'
    check_mode: true
    register: check_mode_true

  - name: Debug check_mode is true
    debug:
      var: check_mode_true.stdout

  - name: Make changes even in the check mode
    command: echo 'check_mode is false'
    check_mode: false
    register: check_mode_false

  - name: Debug check_mode is false
    debug:
      var: check_mode_false.stdout
```

다음으로 플레이북 실행 결과를 살펴보겠습니다. 체크 모드에서 실행하도록 옵션에 --check를 사용하고 있습니다.

예제 10.2 check_mode.log

```
PLAY [localhost] *******************************************************

TASK [Run under check mode and does falset make changes] ********************* ❶
skipping: [localhost]

TASK [Debug check_mode is true] ********************************************* ❷
ok: [localhost] => {
  "check_mode_true.stdout": "VARIABLE IS NOT DEFINED"
}

TASK [Make changes even in the check mode] ********************************** ❸
changed: [localhost]

TASK [Debug check_mode is false] ******************************************* ❹
ok: [localhost] => {
  "check_mode_false.stdout": "check_mode is false"
}
```

```
PLAY RECAP *********************************************************************
localhost          : ok=3    changed=1    unreachable=0  failed=0
```

❶ check_mode : true를 설정한 태스크는 command 모듈을 사용하고 있어 체크 모드로 실행되며 반드시 무시된다.

❷ 태스크를 건너뛰므로 이 태스크에 설정한 register: check_mode_true에는 변수가 저장되지 않는다.

❸ check_mode: false를 설정한 태스크도 command 모듈을 호출하나 반드시 일반 모드로 실행되므로 무시되지 않는다. 이 태스크에 설정한 register: check_mode_false에 실행 결과가 변수로써 저장된다.

❹ 변수는 저장되지 않으므로 디버그 모듈에서 변수 호출에 성공한다.

다음으로 체크 모드에서 실행할 때에만 특정 태스크를 건너뛰거나, 태스크 결과가 에러가 나더라도 무시하는 조건을 추가할 수도 있습니다. 이는 ansible_check_mode라는 매직 변수(Magic Variable)가 있어서 when과 ignore_errors에 변수를 지정하여 조건에 따라 사용할 수 있습니다. 샘플 플레이북(ansible_check_mode.yml)을 실행해서 결과를 살펴보겠습니다.

예제 10.3 ansible_check_mode.yml

```
---
- hosts: localhost
  connection: local
  gather_facts: false
  tasks:
    - name: Will be skipped in check mode
      debug:
        msg: "Will be skipped in check mode"
      when: not ansible_check_mode

    - name: Ignore errors in check mode
      fail:
        msg: "Ignore errors in check mode"
      ignore_errors: "{{ ansible_check_mode }}"
```

다음으로 플레이북을 실행한 결과를 살펴보겠습니다. 여기서도 체크 모드로 실행하도록 옵션에 --check를 사용하고 있습니다.

예제 10.4 ansible_check_mode.log

```
PLAY [localhost] ************************************************

TASK [Will be skipped in check mode] **************************** ❶
ok: [localhost] => {
  "msg": "Will be skipped in check mode"
}

TASK [Ignore errors in check mode] ****************************** ❷
fatal: [localhost]: FAILED! => {"changed": false, "failed": true, "msg": "Ignore errors in check
mode"}
...ignoring

PLAY RECAP ******************************************************
localhost :        ok=2     changed=0   unreachable=0   failed=0
```

❶ when : not ansible_check_mode 조건에서 체크 모드로 실행되지 않은 경우와 일치하므로 태스크는 건너뛴다.

❷ ignore_errors : "{{ ansible_check_mode }}" 조건에서 체크 모드로 실행된 경우와 일치하므로 태스크는 비활성화된다.

10.2.3. 테스트에 도움이 되는 모듈

플레이북을 테스트할 때 특별히 도움이 되는 앤서블 모듈도 몇 개 있습니다. 샘플을 살펴보면서 플레이북을 테스트할 때 자주 사용되는 모듈의 사용 방법을 알아보겠습니다.

▪ wait_for

wait_for는 특정 포트가 실행되고 있는지, 지정한 경로에 파일이 있는지와 같은 조건을 정의하고 Sleep 명령과 같이 일정 시간, 조건이 맞을 때까지 기다립니다[2].

예를 들어, 애플리케이션 서버를 시작한 다음 서비스를 사용할 수 있을 때까지 기다리는, 즉 서비스를 재시작하는 것 외에 OS를 재시작한 다음 SSH로 접속할 수 있는 상태가 됐는지 확인하는 경우에도 자주 사용됩니다. 샘플(wait_for_ssh.yml)에서는 원격 서버로 서비스(sshd)를 재시작하고 SSH(TCP/22)로 접속할 수 있는지 확인합니다.

---

2 http://docs.ansible.com/ansible/wait_for_module.html

예제 10.5 wait_for_ssh.yml

```
---
- hosts: master
  become: true
  gather_facts: false
  tasks:
    - name: Restart sshd
      systemd:
        name: sshd
        state: restarted

    - name: Wait for ssh is available
      wait_for:
        port: 22
        search_regex: OpenSSH
        delay: 5
```

그 밖에 wait_for는 어떤 처리를 실행한 결과나 특정 파일의 존재 여부를 증명할 때에도 사용됩니다. 이 가정을 염두에 두고 다음 샘플 (wait_for_path.yml)에서는 wait_for 파라미터에 path와 state: absent를 이용하고, 메시지 출력과 파일 삭제를 확인합니다. 플레이북의 흐름은 다음과 같습니다.

예제 10.6 wait_for_path.yml

```
---
- hosts: nhashimo
  gather_facts: false
  tasks:
    - name: Stop httpd ❶
      systemd:
        name: httpd
        state: stopped

    - name: Wait until logging message appears ❷
      wait_for:
        path: /var/log/messages
        search_regex: 'Stopped The Apache HTTP Server'

    - name: Wait until pid file is removed ❸
      wait_for:
        path: /run/httpd/httpd.pid
```

```
        state: absent

    - name: Wait until port is stopped ❹
      wait_for:
        port: 80
        host: "{{ ansible_ssh_host }}"
        state: stopped
        timeout: 10
```

❶ httpd를 정지한다.

❷ /var/log/messages에 Stopped The Apache HTTP Server가 출력될 때까지 기다린다.

❸ PID 파일(/run/httpd/httpd.pid)이 삭제될 때까지 기다린다.

❹ 포트(TCP/80)가 정지될 때까지 기다린다.

플레이북을 실행한 결과(wait_for_path.log)를 참조하면 실제로 파일은 삭제되지 않을 수도 있는 것이 아닌가 하는 의문이 들 수도 있습니다. 눈으로 직접 확인하고 싶을 때는 플레이북을 verbose 모드 ansible-palybook -vvv로 실행해서 자세한 출력 결과를 확인하거나 실제 서버에서 명령을 실행해서 확인하는 것이 좋습니다.

예제 10.7 wait_for_path.log

```
PLAY [nhashimo] ***********************************************************

TASK [Stop httpd] *********************************************************
changed: [nhashimo]

TASK [Wait until logging message appears] ********************************
ok: [nhashimo]

TASK [Wait until pid file is removed] ************************************
ok: [nhashimo]

TASK [Wait until port is stopped] ***************************************
ok: [nhashimo]

PLAY RECAP **************************************************************
nhashimo                   : ok=4      changed=1    unreachable=0    failed=0
```

▪ uri

register, fail, when을 조합하여 지정한 URL에서 콘텐츠를 얻고, 출력된 결과에 특정 문자열이 포함돼 있지 않을 때 태스크를 정지합니다[3].

uri는 지정한 URL에 GET 메서드를 사용해 콘텐츠를 검색하는 등에 사용되나 register와 when을 같이 사용하여 검색한 콘텐츠를 변수에 저장하고 특정 문자열을 포함했을 때 정상으로 간주하는 방법도 있습니다. 샘플 (uri_fail.yml)에서는 로컬 호스트에 접속하는 인터넷 게이트웨이의 공용 IP를 2개의 사이트에서 가져오고 가져온 공용 IP가 같은지 확인합니다. 요점은 지정한 URL에서 JSON 형식으로 콘텐츠를 검색해서 변수(Public IP)가 포함돼 있지 않으면 태스크를 정지하는 것입니다. 플레이북의 흐름은 예제 10.8과 같습니다.

예제 10.8 uri_fail_yml

```
---
- hosts: localhost
  connection: local
  gather_facts: false
  tasks:
    - name: Retrieve public IP of your internet gateway ❶
      ipify_facts:

    - name: Debug public IP of your internet gateway ❷
      debug:
        msg: "{{ ipify_public_ip }}"

    - name: Retrieve public IP of your internet gateway at JSONTest.com ❸
      uri:
        url: http://ip.jsontest.com/
        return_content: yes
      register: jsontest

    - block:
      - name: Debug public IP of your internet gateway at JSONTest.com ❹
        debug:
          msg: "{{ jsontest.content }}"
```

---

3 http://docs.ansible.com/ansible/uri_module.html

```
    - name: Confirm same public ip is recognized ❺
      fail:
        msg: "Public ip is not retrieved or not the same"
    when: "ipify_public_ip not in jsontest.content"
```

❶ ipify_facts 모듈[4]을 사용해서 로컬 호스트에 접속할 인터넷 게이트웨이의 공용 IP를 얻는다.

❷ 디버그 모듈을 사용해서 얻은 공용 IP를 출력한다.

❸ uri 모듈을 사용해서 JSONTest.com[5]에서 공용 IP를 얻고, register를 사용해서 변수 jsontest에 저장한다.

❹ jsontest에 ipify_facts 모듈에서 얻은 공용 IP가 포함돼 있으면 jsontest를 출력한다.

❺ jsontest에 ipify_facts 모듈에서 얻은 공용 IP가 포함돼 있지 않으면 fail 모듈에 메시지를 출력하고 처리를 정지한다.

❹와 ❺ 2개의 태스크는 block[6]을 사용해 지정한 조건을 1개로 통합하고 있습니다.

인터넷 게이트웨이의 공용 IP가 다르지 않으므로 양쪽 사이트에 접속할 수 있는 플레이북은 성공한 것입니다. 인터넷에 접속할 수 없는 환경이거나 ipify_facts 모듈이 참조하는 api.ipify.org가 응답이 없을 때는 첫 번째 태스크에서 중지합니다.

▪ assert

assert 모듈은 that 파라미터에서 정의한 조건에 맞는지 판단하고 일치하지 않으면 태스크를 실패시킵니다[7] [8].

어떤 명령을 실행한 결과가 특정 조건에 맞을 때 태스크를 실행하려면 when을 사용해서 조건을 정의했으나, assert는 when을 이용하지 않고 that 파라미터에 정의한 조건에 맞는지 판단합니다[9]. 예를 들어 다음과 같은 용도로 사용합니다.

---

4   ipify_facts 모듈은 ipify.org가 제공하는 API 서비스를 이용해서 기본으로 https://api.ipify.org를 참조합니다. http://docs.ansible.com/ansible/ipify_facts_module.html
5   http://www.jsontest.com/
6   http://docs.ansible.com/ansible/playbooks_blocks.html
7   http://docs.ansible.com/ansible/assert_module.html
8   assert 모듈 샘플은 공식 문서에도 찾기가 어렵지만, 통합 테스트 샘플을 이용하는 경우에 완전성이 높으므로 참고하기 바랍니다.
    https://github.com/ansible/ansible/blob/devel/test/integration/targets/stat/tasks/main.yml
9   assert에서 ansible.playbook.conditional 라이브러리의 Conditional 클래스를 호출하고 있습니다.
    https://github.com/ansible/ansible/blob/devel/lib/ansible/plugins/action/assert.py#L21
    https://github.com/ansible/ansible/blob/devel/lib/ansible/playbook/conditional.py

- 플레이북을 실행할 때 기본으로 필요한 변수가 정의돼 있는지 확인한다.

- 태스크 실행 결과를 register에서 변수에 저장하고 출력 결과에 특정 문자열이 포함됐는지 확인한다.

- stat 모듈에서 지정한 경로에 파일과 디렉터리가 있는지 확인하고, register에서 값을 변수에 저장한 다음, assert 모듈에 변수가 정의돼 있는지 확인한다.

먼저 간단한 예를 살펴보겠습니다. 다음의 샘플(assert_distribution.yml)은 지원할 배포판과 버전을 assert 모듈에서 확인하는 예입니다. that 파라미터 조건을 when으로 대체할 수 있으나, 플레이북을 실행할 때 전제 조건을 판단하는 것을 가정하고 있으므로 assert를 사용하겠습니다. 배포판과 버전은 각각 매직 변수를 참조하고 다음의 조건에 맞는지 판단하여 모든 조건이 맞을 때 태스크를 종료합니다.

- **ansible_distrubution**
  'CentOS' 또는 'RedHat'과 일치한다.

- **ansible_os_family**
  'CentOS' 또는 'RedHat'과 일치한다.

- **ansible_distribution_major_version**
  '7'과 일치한다.

ansible_distribution_major_version은 문자열로 출력되므로 작은따옴표(single quotation)로 값을 감싸고 있습니다.

예제 10.9 assert_distribution.yml

```
---
- hosts: localhost
  connection: local
  tasks:
    - name: CentOS 7 or RHEL 7 is supported
      assert:
        that:
          - "ansible_distribution == 'CentOS' or ansible_distribution == 'RedHat'"
          - "ansible_os_family == 'CentOS' or ansible_os_family == 'RedHat'"
          - "ansible_distribution_major_version == '7'"
```

fail 모듈과 when을 같이 사용하는 패턴과 assert를 이용하는 경우의 차이점을 비교하기 위해 앞에서 살펴본 샘플(uri_fail.yml)을 assert 모듈로 바꿨습니다.

jsontest에 ipify._facts 모듈에서 얻은 공용 IP가 포함돼 있지 않은 경우 fail 모듈에 메시지를 출력하고 처리를 정지합니다. assert는 fail과 달리 조건에 맞을 때 정상이므로 "공용 IP가 포함되지 않은 경우"가 아니라 "공용 IP가 포함된 경우"로 조건을 변경했습니다.

예제 10.10 assert_uri_fail.yml

```
---
- hosts: localhost
  connection: local
  gather_facts: false
  tasks:
    - name: Retrieve public IP of your internet gateway
      ipify_facts:

    - name: Debug public IP of your internet gateway
      debug:
        msg: "{{ ipify_public_ip }}"

    - name: Retrieve public IP of your internet gateway at JSONTest.com
      uri:
        url: http://ip.jsontest.com/
        return_content: yes
      register: jsontest

    - name: Assert public IP is retrieved
      assert:
        that:
          - "ipify_public_ip in jsontest.content"
```

마지막으로 stat와 assert 모듈을 사용해서 태스크 실행 결과를 판단하는 예를 살펴보겠습니다.

샘플(assert_start.yml)에서는 stat 모듈에 sshd의 PID 파일(sshd.pid)이 있는지 확인하고 결과를 register에 저장합니다. assert 모듈에서 파일이 있고 크기가 1바이트 이상일 때 정상으로 판정합니다. 또한, register에 저장한 변수의 값은 stat 모듈이 기본으로 포함되는 Common Return Values에서 참조하고 있습니다[10].

---

10 http://docs.ansible.com/ansible/common_return_values.html

예제 10.11 assert_stat.yml

```
---
- hosts: localhost
  connection: local
  gather_facts: false
  tasks:
    - name: Retrieve facts ❶
      stat:
        path: /run/sshd.pid
      register: p

    - name: Determine if path exists and file size is more than 1 byte ❷ ❸
      assert:
        that:
          - p.stat.exists
          - p.stat.size > 1
```

❶ stat 모듈에서 sshd.pid 파일이 있는지 확인한 결과를 register에 변수로 저장

❷ assert 모듈에서 저장한 변수의 반환값(p.stat.exists)이 정상(true)인 것을 확인

❸ 마찬가지로 p.stat.size 출력 결과가 1(Byte) 이상인 것을 확인

태스크가 실패했을 때 다른 태스크를 실행하려면 앞의 샘플과 같이 register에서 결과를 변수에 저장하고, when으로 조건을 정의할 때 변수에 반환 코드를 할당하고 코드에 따라 태스크를 실행할 수 있습니다. 다음 샘플 (when_rc.yml)은 처음에 실행한 태스크의 반환 코드에 대해 실패 또는 성공 메시지를 디버깅 모듈에 출력합니다.

예제 10.12 when_rc.yml

```
---
- hosts: localhost
  connection: local
  gather_facts: false
  tasks:
    - name: This task always fails ❶
      command: /bin/false
      register: fail_result
      ignore_errors: true ❷
```

```
  - name: Debug message when failed ❸
    debug:
      msg: "Debug message when failed"
    when: fail_result.rc != 0

  - name: Debug message when succeeded ❹
    debug:
      msg: "Debug message when succeeded"
    when: fail_result.rc == 0
```

❶ 태스크가 반드시 실패하도록 command 모듈에서 /bin/false 명령을 실행

❷ 태스크가 실패한 경우, 다음 태스크가 실행되지 않게 ignore_errors: true를 설정하여 에러를 건너뛴다.

❸ 첫 번째 태스크의 반환 코드에 2가 반환되고 when: fail_result.rs != 0 조건에 맞으면 "Debug message when failed" 메시지를 출력한다.

❹ 태스크는 반환 코드가 0이면 조건에 따라 조건을 건너뛴다.

플레이북을 실행하면 의도한 대로 실행 결과가 출력됩니다(예제 10.13).

예제 10.13 when_rc.log

```
PLAY [localhost] ********************************************************

TASK [This task always fails] ******************************************
fatal: [localhost]: FAILED! => {"changed": false, "cmd": "/bin/false", "failed": true, "msg"
: "[Errno 2] No such file or directory", "rc": 2}
...ignoring

TASK [Debug message when failed] *********************************************** 10
ok: [localhost] => {
  "msg": "Debug message when failed"
}

TASK [Debug message when succeeded] ************************************
skipping: [localhost]

PLAY RECAP **************************************************************
localhost                   : ok=2    changed=0    unreachable=0    failed=0
```

여기에서의 과제는 반환 코드의 상태에 대해 에러 처리를 하는 태스크를 정의하면 플레이북 처리가 그만큼 증가하고 분기가 복잡해지는 것입니다.

간단한 구현을 목적으로 설계된 앤서블의 플레이북에서 에러 처리를 하는 태스크를 추가로 구현하면 디버깅이 복잡하게 되는 등의 단점으로 인해 목적에 맞지 않게 됩니다.

좀 더 간단하게 에러 처리를 구현하는 방법을 살펴보겠습니다.

■ block

모듈에는 없지만, block을 사용하면 에러 처리를 간단하게 정의할 수 있습니다[11]. 공식적으로 샘플이 공개돼 있으므로 플레이북을 기본으로 하여 block의 사용 방법을 설명하겠습니다.

block에는 3개의 섹션이 있고, 각 섹션에 여러 개의 태스크를 정의할 수 있습니다. 각 섹션은 다음과 같이 구분됩니다.

- **block**
  실행하는 일련의 태스크를 정의한다.

- **rescue**
  block 섹션에 정의한 태스크가 실패한 경우, rescue 섹션의 태스크가 실행된다.

- **always**
  always 섹션에 정의한 태스크는 block 섹션의 태스크가 정상적으로 종료되거나 에러가 된 경우에도 항상 실행된다.

다음으로 샘플 플레이북을 가지고 rescue 섹션의 에러 처리가 어느 부분에서 실행되고 있는지에 대한 프로세스를 설명하겠습니다(예제 10.14). block의 전체적인 흐름과 에러 처리의 사용 방법을 확실히 알아보기 위해 name은 생략하겠습니다.

예제 10.14 block.yml

```
---
- hosts: localhost
  connection: local
  gather_facts: false
  tasks:
  block: ❶
    - debug:
```

---

11 http://docs.ansible.com/ansible/playbooks_blocks.html#error-handling

```
        msg: 'i execute normally'
   - command: /bin/false    ❷
   - debug:    ❸
       msg: 'i never execute, cause ERROR'

  rescue:    ❹
    - debug:
        msg: 'I caught an error'
    - command: /bin/false
    - debug:    ❺
        msg: 'I also never execute :-('

  always:    ❻
    - debug:
        msg: 'this always executes'
```

❶ 테스트에서 디버그 모듈로 메시지를 출력한다.

❷ command 모듈에 false 명령을 조합하여 태스크를 실패시킨다.

❸ 앞의 false 명령을 사용한 태스크가 실행되게 하기 위해 이 태스크는 항상 실행되지 않게 한다.

❹ block 섹션의 태스크가 실패했을 때 먼저 이 태스크를 실행시킨다.

❺ 여기서도 앞의 false 명령을 사용한 태스크를 정의하고 있으므로 이 태스크는 항상 실행되지 않는다.

❻ always 섹션에 할당하기 위해 block 섹션의 태스크가 모두 정상으로 종료했을 때에도, 도중에 실패했을 때에도, 이 태스크를 반드시 실행시킨다.

플레이북의 실행 결과는 예제 10.15와 같습니다.

예제 10.15 block.log

```
PLAY [localhost] ****************************************************************

TASK [debug] *******************************************************************
ok: [localhost] => {
  "msg": "i execute normally"
}

TASK [command] ************************************************************** 10
fatal: [localhost]: FAILED! => {"changed": false, "cmd": "/bin/false", "failed": true, "msg"
: "[Errno 2] No such file or directory", "rc": 2}
```

```
TASK [debug] *********************************************************
ok: [localhost] => {
  "msg": "I caught an error"
}

TASK [command] *******************************************************
fatal: [localhost]: FAILED! => {"changed": false, "cmd": "/bin/false", "failed": true, "msg"
: "[Errno 2] No such file or directory", "rc": 2}

TASK [debug] *********************************************************
ok: [localhost] => {
  "msg": "this always executes"
}

PLAY RECAP ***********************************************************
localhost                  : ok=3    changed=0    unreachable=0    failed=0
```

10.2.4. 테스트 생명주기

개발, 스테이징, 운용 환경에 배포하는 생명주기를 기본으로 플레이북에 어떤 테스트 항목을 통합해야 하는지 생각해보겠습니다. 예를 들어, 애플리케이션을 배포할 때 다음과 같은 작업 흐름(workflow)을 따라야 한다고 가정하겠습니다.

- 개발 환경에 배포할 때 필요한 테스트 항목이 포함된 항상 같은 플레이북을 실행한다.
- 스테이징 환경에 배포할 때에도 운용 환경을 재현할 수 있도록 같은 플레이북을 실행한다.
- 스테이징 환경에는 QA 팀이 사용하는 테스트 항목의 시나리오로 통합 테스트를 실행한다.
- 운용 환경에 배포할 때에 같은 플레이북을 이용하고 같은 통합 테스트를 실행한다.

스테이징, 운용 환경에 배포한 다음에 QA 팀이 셀레늄(Selenium)과 같은 테스트 자동화 도구를 사용하여 API 동작 검증과 UAT 등의 통합 테스트를 자동화하고 있는 경우에는 반드시 이 테스트 항목을 플레이북에 통합할 필요는 없습니다. 단지, 애플리케이션의 기본적인 상태 확인과 QA 팀이 실시하는 통합 테스트 일부를 플레이북에 통합할 수 있으므로 QA 팀과 필요한 최소한의 통합 태스크 시나리오를 논의하고 플레이북에 통합하는 것이 합리적이라고 할 수 있습니다.

또한 입력 문자열과 형태와 같은 기본적인 애플리케이션의 유효성 검사를 플레이북에 통합하여 플레이북을 실행할 때마다 유효성 검사를 실행합니다. 앞에서 설명한 assert, stat, url 모듈을 통합하거나 script 모듈을 이용해서 로컬 스크립트를 전송하고 파이썬을 사용하지 않고 원격으로 셸을 실행하는 등을 생각할 수 있습니다. 로컬과 스테이징 환경에 배포할 때에 통합 테스트용 스크립트를 플레이북에서 실행하여 운용 환경에 배포하고 유효성 검증을 할 수 있습니다.

10.2.5. 롤링 업데이트를 이용한 통합 테스트

앤서블의 여러 기능을 통합하여 통합 테스트와 롤링 업데이트를 플레이북에 넣을 수 있습니다. 롤링 업데이트 시나리오의 개요는 다음과 같습니다.

- 노드는 로드 밸런스 아래에 배치돼 있다.

- 통합 테스트는 외부 테스트 서버에서 스크립트를 실행한다.

- 테스트에 통과한 경우, 노드를 로드 밸런스에 통합한다.

- 테스트에 통과하지 못한 경우, 노드를 로드 밸런스에 통합하지 않는다.

- 서비스 전체의 가용성을 고려하여 플레이북이 동시에 실행되지 않게 1대씩 순서대로 실행한다.

샘플 플레이북(integration_testing_rolling_update.yml)을 기본으로 하여 프로세스를 설명하겠습니다(예제 10.16).

예제 10.16 integrating_testing_rolling_update.yml

```
---
- hosts: webservers
  serial: 5 ❶
  pre_tasks: ❷
    - name: take out of load balancer pool
      command: /usr/bin/take_out_of_pool {{ inventory_hostname }} ❸
      delegate_to: 127.0.0.1

  roles: ❹
    - common
    - webserver
```

```
tasks:
  - script: /srv/qa_team/app_testing_script.sh --server {{ inventory_hostname }} ❺
    delegate_to: testing_server

post_tasks: ❻
  - name: add back to load balancer pool
    command: /usr/bin/add_back_to_pool {{ inventory_hostname }} ❼
    delegate_to: 127.0.0.1
```

❶ webservers 그룹에 할당된 노드를 5대씩 순서대로 실행한다.

❷ 롤을 실행하기 전에 pre_tasks 섹션의 태스크를 실행한다.

❸ 노드를 로드 밸런스에서 제외한다. 로컬 호스트에 위임(delegation)하고 전용 스크립트(task_out_of_pool)를 실행한다.

❹ 롤을 실행한다.

❺ testing_server에 위임하고 통합 테스트용 스크립트(app_testing_script.sh)를 실행한다.

❻ 롤을 실행한 다음 post_tasks 섹션의 태스크를 실행한다.

❼ 노드를 로드 밸런스에 통합한다. 로컬 호스트에 위임하고 전용 스크립트(add_back_to_pool)를 실행한다.

롤링 업데이트를 실행하기 위한 요점은 serial, pre_tasks, delegate_to, post_task입니다. 먼저, serial에서 한번에 처리할 노드의 수를 정의합니다. 예를 들어, webservers 그룹에 노드가 10대 있는 경우에는 5대씩 플레이북이 실행되므로 실수로 모든 노드가 한번에 플레이북을 실행하는 것을 막을 수 있습니다.

롤을 실행한 전후에는 pre_tasks에서 노드를 로드 밸런스에서 제외하고 post_tasks에서 통합합니다. 이로 인해 로드 밸런스에서 제외한 상태에서 통합 테스트를 실행하고 통합 테스트 실행한 후에 통과한 노드만 로드 밸런스에 통합하고 있습니다.

delegate_to는 노드를 로드 밸런스에 제외하거나 통합할 때, 통합 테스트를 실행할 때에 사용됩니다. testing_server에서 통합 테스트용 스크립트를 실행하기 위해서 delegate_to: testing_server로 태스크 실행을 위임하고 실패하면 post_tasks는 실행되지 않고 다음 노드를 처리합니다.

이렇듯 태스크 실행에 실패하면 후속 태스크를 실행시키지 않도록 롤링 업데이트를 구현합니다. 실제 시나리오는 복잡한 조건이 필요하므로 "이것은 샘플에 지나지 않다", "운용 환경에서 사용할 수 없다"라고 생각하는 사람도 있을 것입니다. 오히려 목적은 그 반대로, 테스트 항목을 미리 정의하고 그 항목에 프로세스를 적용하여 처리가 복잡해지는 것을 막을 수 있습니다. 그 다음에는 통합 테스트의 적용 범위를 향상시키거나 테스트를 자동화하려는 것과 같은 과제가 명확하므로 리소스도 명확하게 됩니다.

10.2.6. 앤서블에서 테스트 할 때의 고려 사항

계속 말하지만, 앤서블은 "fail-fast" 사상을 따라 자동으로 반환 코드를 확인하고 태스크가 실패하면 그 부분에서 플레이북을 정지하게 되어 있습니다. 따라서 일반적으로 명령을 실행한 결과를 판단하도록 작성할 필요가 없습니다. 예를 들어, 사용자를 생성하려면 그에 해당하는 태스크를 정의하는 것이 아니라 user 모듈을 사용하여 지정한 사용자를 생성하도록 선언하면 됩니다.

또한, 플레이북을 실행한 뒤에 하는 테스트와 관련하여 앤서블에서 하는 테스트만으로는 불충분하여 Serverspec[12]과 Testinfra[13]와 같은 도구를 사용해야 할지도 모릅니다.

- 설정이 맞게 적용됐는지 확인하려는 것이 아니라 전체 흐름을 고려해서 적절한 프로세스(순서)로 태스크를 정의한다.

- 실행 결과가 보증되지 않는 경우(외부 API를 호출한 결과를 기본으로 하여 태스크를 실행하는 경우 등)는 "fail-fast"에 근거하여 실패시키는 방침을 채택한다.

- 위의 방침이 허용되지 않는 경우와 에러 처리가 필요한 경우는 block을 사용한다.

- 플레이북을 실제로 작동할 수 있는 테스트 환경(VM과 컨테이너 등)을 준비한다.

- 플레이북 자체 테스트도 가능하면 자동화한다.

- 릴리즈 엔지니어링 주기를 근거로 단계와 테스트 항목에 따라 앤서블 외의 단계에서 해야할 테스트(QA 팀 등이 하는 UAT 테스트)를 적절히 실시한다.

- 파일 시스템 버전, 권한, 패키지 설치와 데몬 실행 확인, 실행 결과에서의 문자열 확인 등 대부분 시나리오는 앤서블에서 할 수 있다.

- Serverspec과 Testinfra는 시스템을 구축한 다음에 QA 검사 같은 위치에서 표준화된 정책이 적용됐는지 확인하기 위해 이용하면 도움이 될 수 있다.

- Serverspec과 Testinfra는 정책 기반을 확인하는 것에 가까우므로 저자 생각으로는 플레이북이 정책에 따라 작성됐는지 확인하는 의미로 사용할 수 있다고 생각됩니다. 단, 각각의 관리와 학습에 비용이 드므로 관리 비용과 효과 사이에서 균형을 잡는 것이 중요합니다.

---

12 http://serverspec.org/
13 https://testinfra.readthedocs.io/en/latest/

현재 시나리오에는 태스크가 실패한 경우를 가정하여 구현하고 싶은 항목이 있을 수 있지만, 예외를 바탕으로 플레이북을 구현하면 처리가 복잡해지고 디버깅과 리팩토링이 복잡해질 수 있습니다. 따라서 저자는 정상 패턴을 전제로 예외 조건과 복잡한 조건 분기를 제외하고 간단하게 구현하는 것에 초점을 두고 있습니다.

10.3. 트래비스 CI를 사용한 앤서블의 롤 테스트

마지막으로 앤서블의 롤 테스트를 자동화하는 방법을 설명하겠습니다. 앤서블의 롤을 공개하고 있는 앤서블 갤럭시에서는 트래비스(Travis) CI를 사용해 롤의 테스트를 자동화하는 방법이 주류가 되고 있고, 공식적으로 그 방법을 공개하고 있습니다[14].

트래비스 CI에서 앤서블 갤럭시에 설치하기 위한 웹훅[15]도 공개돼 있어 깃허브 등의 SCM에 커밋을 트리거로 작성하는 것부터 트래비스 CI에서의 롤 검증, 앤서블 갤럭시에 설치까지 일련의 파이프라인을 실행합니다. 또한 앤서블 2.0 버전에서 롤을 생성할 때 ansible-galaxy init을 실행하면 테스트에 필요한 파일이 생성됩니다.

튜토리얼 형식에서 깃허브에 리포지터리를 생성하고 롤을 생성해 트래비스 CI로 테스트를 실행하는 것까지 일련의 흐름을 설명하겠습니다. 필요한 계정은 다음과 같습니다. 공식 문서 등을 참조하여 계정을 생성하기 바랍니다.

- 깃허브[16] 계정
- 트래비스 CI[17] 계정
- 앤서블 갤럭시 계정[18]

---

14 http://docs.ansible.com/ansible/galaxy.html#travis-integrations
15 https://galaxy.ansible.com/intro#travis
16 https://github.com/
17 https://travis-ci.org/
18 앤서블 갤럭시 계정은 선택 사항이지만, 롤을 앤서블 갤럭시에 설치할 때에는 필요합니다. https://galaxy.ansible.com/

10.3.1. 롤 생성

먼저, 깃허브에 테스트용 리포지터리를 생성합니다. 이름은 임의로 지어도 됩니다. 여기서는 ansible-ci-testing이란 이름으로 리포지터리를 생성하겠습니다.

다음으로 트래비스 CI에 로그인해서 깃허브 리포지터리가 표시되는지 확인합니다. 이 순서를 건너 뛰면 트래비스 CI로 테스트할 리포지터리가 활성화되지 않고 깃허브에 푸시해도 트래비스 CI로 빌드되지 않습니다.

- 프로파일 페이지(https://travis-ci.org/profile/user_name)로 이동한다.
- 오른쪽 위의 Sync account를 클릭하고 깃허브 리포지터리를 새로고침한다.
- 해당하는 리포지터리를 활성화한다.

리포지터리를 로컬에 복제하고 ansible-galaxy init으로 테스트용 롤를 생성합니다. 여기서는 기존의 디렉터리 (복제한 리포지터리)에 롤 템플릿을 생성하기 위해 -f 옵션으로 덮어쓰기를 했습니다.

```
$ git clone https://github.com/hashnao/ansible-ci-testing.git
$ ansible-galaxy init -f ansible-ci-testing
```

이 시점에서 다음과 같은 구성 파일과 디렉터리가 생성돼 있을 것입니다. 수정 파일 구성은 그림 10.1과 같습니다(관련 없는 파일은 생략합니다).

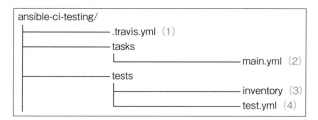

그림 10.1 파일과 디렉터리 구성

각 파일의 용도는 다음과 같습니다.

- .travis.yml
  트래비스 CI로 실행 환경, 설치할 패키지, 빌드 스크립트와 명령 등을 정의한다.

- **main.yml**

  롤을 테스트하기 위한 태스크를 정의한다.

- **inventory**

  플레이북을 실행할 때 옵션(--inventory fail)에 지정한 인벤터리, 배포된 VM과 컨테이너의 로컬에서 테스트를 실행하기 위해 localhost를 지정한다.

- **test.yml**

  테스트를 실행하기 위한 플레이북, 테스트할 롤을 정의한다.

다음 순서로 관련된 파일을 수정합니다.

예제 10.17 .travis.yml

```
---
language: python
python: "2.7"

# Use the new container infrastructure
sudo: false ❶

# Install ansible
addons:
  apt:
    packages:
      - python-pip ❷

install:
  # Install ansible
  - pip install ansible

  # Check ansible version
  - ansible --version

  # Create ansible.cfg with correct roles_path
  - printf '[defaults]\nroles_path=../' >ansible.cfg ❸

script: ❹
  # Basic role syntax check
  - ansible-playbook tests/test.yml -i tests/inventory --syntax-check
  # Run playbook in dry-run mode
```

```
    - ansible-playbook tests/test.yml -i tests/inventory -C
    # Run playbook
    - ansible-playbook tests/test.yml -i tests/inventory

  notifications: ❺
    webhooks: https://galaxy.ansible.com/api/v1/notifications/
```

❶ sudo: false를 지정하면 컨테이너 기반의 실행 환경을 배포한다[19].

❷ 앤서블에서 pip를 설치하기 위해 python-pip를 설치한다.

❸ ansible-playbook을 실행할 때 롤의 경로를 지정하기 위해 현재 디렉터리에 ansible.cfg를 생성한다.

❹ 플레이북 구문을 확인, Dry-run 모드로 플레이북을 실행, 실제로 플레이북을 실행한다.

❺ 트래비스 CI가 앤서블 갤럭시에 롤을 임포트(임포트할 필요가 없으면 삭제하거나 주석 처리한다).

예제 10.18 tasks/main.yml

```
---
# tasks file for ansible-ci-testing

- name: Nothing but debug message
  debug:
    msg: 'Hello World!'
```

이번에는 트래비스 CI와의 테스트이므로 main.yml의 태스크는 메시지만 출력합니다.

예제 10.19 tests/inventory

```
localhost
```

예제 10.20 tests/test.yml

```
---
- hosts: localhost
  connection: local ❶
  remote_user: root
```

---

19 sudo: required를 지정하면 실행 환경에 VM을 배포합니다. https://docs.travis-ci.com/user/ci-environment/#Virtualization-environments

```
roles:
  - ansible-ci-testing ❷
```

❶ ansible-playbook 명령의 옵션(--connection)으로 바꿔쓸 수 있으나, 여기서는 플레이북에 정의한다.

❷ 테스트할 롤을 지정한다(기본으로 Role이 정의되어 있다).

10.3.2. 트래비스 CI로 롤 테스트

그러면 변경을 커밋하고 깃허브에 푸시합니다.

```
$ cd ansible-ci-testing/
$ git add .
$ git commit . -m 'First commit'
$ git push -u origin master
```

깃허브에 푸시가 끝나고 트래비스 CI에서 빌드 결과 로그를 참조하면 일련의 빌드가 정상적으로 끝난 경우에 다음과 같이 표시됩니다. 빌드가 잘 끝나지 않는 경우에 깃허브에 커밋한 변수가 푸시되는지, .travis.yml 구문이 정합한지, 입력이 틀리지 않았는지 등을 확인해 보십시오.

```
Worker information
hostname: i-28d3d6d0-precise-production-2-worker-org-docker.travisci.net:a54905fe
-20b5-4e5b-9133-7ef56142fe8b
version: v2.5.0-8-g19ea9c2 https://github.com/travis-ci/worker/tree/19ea9c20425c7
8100500c7cc935892b47024922c
instance: 6e2fb95:travis:python
...
$ ansible-playbook tests/test.yml -i tests/inventory --syntax-check
playbook: tests/test.yml
The command "ansible-playbook tests/test.yml -i tests/inventory --syntax-check"
exited with 0.
$ ansible-playbook tests/test.yml -i tests/inventory -C
...
The command "ansible-playbook tests/test.yml -i tests/inventory -C" exited with 0.
$ ansible-playbook tests/test.yml -i tests/inventory
...
The command "ansible-playbook tests/test.yml -i tests/inventory" exited with 0.
Done. Your build exited with 0.
```

내용은 다소 부족할지 모르지만, 트래비스 CI를 사용해 롤 테스트를 자동화하는 목적은 달성할 수 있었습니다.

롤 테스트를 자동화해서 롤의 정합성을 검증하는 것으로, 플레이북에서 여러 개의 롤이 실행에 실패했을 때 적어도 롤의 단위 테스트가 문제가 없으면 롤을 분리하여 실패한 범위를 한정하여 문제를 조사할 수 있으므로 문제를 확인하는 시간도 단축될 것입니다.

단, 실제 시나리오에서는 플레이북이 1개의 롤만 실행하는 것은 적고 환경에 따른 요인 등 아직 과제가 남은 것도 사실입니다. 마지막으로 문제가 될 수 있는 대상과 대책에 대해 고찰과 사례를 중심으로 정리했습니다.

VM 기반의 경우 트래비스 CI 실행 환경은 우분투 또는 OS X가 되지만, 그 이외에 리눅스 배포판을 사용하고 싶다.

빌드할 때의 실행 환경에 도커 이미지를 사용할 수 있으므로 예를 들어, CentOS를 사용하고 싶을 때는 컨테이너 기반을 지정하여 도커 이미지를 배포할 수 있습니다[20]. .travis.yml에 sudo: required와 services: docker를 지정하고 before_install 섹션에 docker pull과 docker run을 실행합니다.

앤서블 갤럭시에서 인기 있는 롤을 공개하고 있는 @geerlingguy가 블로그[21]에서 공개한 시점부터 일반적으로 사용됐습니다. @geerlingguy는 앤서블 갤럭시에 여러 가지 롤을 공개하고 있어 ansible-role-redis[22], ansible-role-nginx[23], ansible-role-mysql[24] 등이 참조되고 있습니다.

통합 테스트를 위한 실행 환경 등 단위가 롤이 아닌 보다 복잡한 플레이북을 테스트하는 것을 가정한 경우에는 트래비스 CI 외의 방법을 검토할 필요가 있다.

모든 요구를 트래비스 CI로 구현할 수 없으므로 이러한 요건을 만족해야 할 때에는 트래비스 CI의 엔터프라이즈 판(유료)의 도입을 검토하고, KVM[25] 등의 하이퍼바이저(Hypervisor)로 VM을 배포하는 공용 클라우드를 이용하는 등 전용 환경을 준비해야 합니다.

---

20 https://docs.travis-ci.com/user/docker/
21 http://www.jeffgeerling.com/blog/testing-ansible-roles-travis-ci-github
22 https://github.com/geerlingguy/ansible-role-redis/blob/master/.travis.yml
23 https://github.com/geerlingguy/ansible-role-nginx/blob/master/.travis.yml
24 https://github.com/geerlingguy/ansible-role-mysql/blob/master/.travis.yml
25 http://www.linux-kvm.org/page/Main_Page

또한, VM을 이용해 테스트할 때 가능한 한 쉽고 빠르게 배포할 수 있게 배포 서비스를 자동화하려면 테스트용 서버에 구축했던 기본 이미지를 사용할 수 있는 구조를 준비해야 합니다.

깃허브에 커밋하기 전에 트래비스 CI와 같은 환경에서 롤을 테스트하고 싶다.

Molecule[26]을 사용하면 백앤드에 VM과 컨테이너를 지정하고 로컬 호스트에 실행 환경을 배포해 플레이북을 실행시킵니다. 트래비스 CI와 같은 기능이 필요 없으면 이런 오픈소스 도구를 사용하는 것도 고려해볼 만합니다. 물론, 이미 도커 컨테이너를 사용할 환경이 있으면 앤서블에서 도커 API를 이용해서 직접 도커 컨테이너에 접속하는 방법도 있습니다[27]. 9장에서 설명한 앤서블 컨테이너를 이용하는 방법도 생각할 수 있습니다.

그밖에도 여러 도구와 방법이 있다고 생각했으나, 앤서블과 연동이 쉬운 방법을 중심으로 설명했습니다. 테스트 방법은 플레이북이 실행할 내용에 따라 대응할 범위에 앤서블 외의 요소가 포함되어있고 또한 분기가 많아 이 방법은 일반적으로 선언할 수 없습니다. 하지만 VM과 컨테이너 양쪽의 구조를 잘 활용하여 대응 가능한 폭도 넓어졌습니다.

먼저, 간단한 부분부터 자동화해 보고 그 다음에 응용하는 것이 스트레스도 적고 해냈다는 성취감도 얻을 수 있으므로 무리하지 말고 천천히 하시길 바랍니다.

---

26 https://github.com/metacloud/molecule
27 https://docs.ansible.com/ansible/guide_docker.html

부록

부록 A / YAML 문법

플레이북에서는 대부분을 YAML이라는 데이터 형식으로 작성하면 되므로 YAML 형식을 기본적으로
이해해야 합니다.

A.1. YAML이란

YAML은 "사람이 읽기 쉬운" 것을 목적으로 한 데이터 구조 형식 중 하나입니다. JSON과 형식이 크게
다르지 않고 JSON을 YAML에 포함시킬 수 있지만, 다음과 같은 특징 때문에 JSON보다 읽고 쓰기 쉬
운 형식이라고 할 수 있습니다.

- 들여쓰기로 데이터 구조를 표현
- 데이터 형을 자동으로 판단

사용할 때 신경 쓸 필요는 없지만, YAML의 최신 사양은 2009년에 공식화된 버전 1.2인 반면에 앤서블
에서 사용되는 YAML 사양은 버전 1.1입니다. node.js에서 YAML을 구현한 yaml.js 등 버전 1.2를 따
르는 라이브러리는 동작이 일부 다를 수 있습니다.

A.2. YAML 파일의 기본 형식

일반적으로 YAML 파일의 앞부분은 ---로 작성돼 있습니다. 이것은 YAML 사양으로 한 파일에 데이터
가 여러 개 있을 때 ---를 사용하여 데이터를 구분하고 있기 때문입니다. 단지 앤서블은 YAML에 데이
터를 여러 개 작성하지 않으므로 ---가 없어도 동작이 바뀌지 않습니다. 단순히 YAML 파일임을 선언
하는 표시로써 입력하는 경우가 많습니다.

또한, JSON과 다르게 YAML에서는 주석 처리를 할 수 있습니다. 행 머리/행 가운데에도 #이 앞에 있
으면 주석으로 처리되므로 데이터로 반영되지 않습니다.

간단한 YAML 예제를 살펴보겠습니다.

```
---
  # 여기는 주석
  - hoge: fuga
  - foo: # 여기도 주석
    - bar
    - baz
```

A.3. YAML의 데이터 형

A.3.1. 문자열

YAML에서 문자열은 작은따옴표 또는 큰따옴표로 묶어서 표현하지만, 다른 데이터형으로 판정되지 않으면 따옴표가 없어도 문자열로 다뤄집니다.

```
이것은YAML문자열입니다.
띄어쓰기를 포함할 수 있습니다.
'작은따옴표로 명시적으로 문자열임을 나타낼 수 있습니다.'
"큰따옴표로 묶어도 OK입니다."
```

다음 문자를 포함하는 경우에는 (표시 위치에 따라 동작이 달라지지만) 기본적으로 따옴표로 묶는 것이 좋습니다.

```
;, {, }, [, ], ,, &, *, #, ?, |, -, <, >, =, !, %, ', @
```

또한, 작은따옴표와 큰따옴표는 이스케이프 방법이 다르므로 확인해 둡시다.

■ 작은따옴표로 묶었을 때에는 ₩가 이스케이프 되지 않는다

```
'이 \n는 백슬러시 + n이므로 2문자로 취급'
'작은 따옴표를 문자열로 입력하고 싶을 때에는 ''를 쓴다'
```

- 큰따옴표로 묶었을 때에는 ₩가 이스케이프 되어 제어 문자도 표현할 수 있다.

```
"이 \n은 줄 바꿈으로 취급된다"
"\t과 같은 탭 문자와 \u0061 유니 코드도 표현할 수 있다"
```

A.3.2. 여러 행인 문자열

문자열 정의를 여러 행에 걸쳐 쓸 수 있습니다.

- 쓰인 대로 줄 바꿈을 유지하려면 |를 사용한다.

```
|
    Ansible ascii art

       _          _  _      _
      / \    _ __  ___(_) |__ | | ___
     / _ \ | '_ \/ __| | '_ \| |/ _ \
    / ___ \| | | \__ \ | (_) | |  __/
   /_/   \_\_| |_|___/_|_.__/|_|\___|
```

- 긴 문자열을 도중에 줄 바꾸고 싶을 때에는 〉을 사용한다.

```
>
    긴 문자열을 yaml에 사용하려면
    이처럼 쓰면 소스가 보기 쉬워지지만,
    줄 바꿈마다 띄어쓰기가 들어가는 것에 주의하자.
```

A.3.3. 숫자

- 정수

```
42
+127
-98
```

```
# 8진수 표기(앞은 0)
0100
```

```
# 16진수 표기(앞은 0x)
0xff
```

▪ 부동 소수점

```
15.23
```

▪ 지수 표기

```
1.1e+23
```

▪ 무한대

```
.inf
```

A.3.4. Null

Null은 null, Null, NULL, ~으로 나타낼 수 있습니다. 파이썬에서는 None입니다.

A.3.5. 부울형

부울값은 JSON과 마찬가지로 true/false입니다. True/False, TRUE/FALSE, on/off, yes/no 등도 부울값으로 변환됩니다. 파이썬에서는 True/False입니다[1].

A.3.6. 날짜형

YAML에서는 ISO8601 형식으로 날짜를 표시합니다.

---

1   yes/no, on/off가 부울값으로 변환되는 점에 주의해주세요. 문자열로 값을 다룰 때 따옴표로 감싸지 않고 그대로 사용하면 파이썬의 부울값인 문자열 True/False로 출력되어 기대하는 결과와 다를 수 있습니다. 이것은 YAML 1.2 버전에서는 없어졌으므로 이 책에서는 true/false를 사용하겠습니다.

```
2016-01-01
2016-04-01t01:02:03+09:00
```

A.4. YAML의 데이터 구조

A.4.1. 시퀀스(리스트)

YAML의 시퀀스는 배열, 리스트와 같은 구조입니다. 앤서블에서 사용할 때 파이썬의 리스트형으로 변환되므로 이 책에서는 리스트로 표기하겠습니다. 여러 요소로 구성된 시퀀스 구조는 다음과 같이 -로 시작합니다.

```
- 아
- 이
- 우
- 에
- 오
```

이것은 [~]로 묶어서 쓴 것과 같습니다.

```
[아, 이, 우, 에, 오]
```

A.4.2. 매핑(사전)

매핑 구조는 각종 언어에서 말하는 연관 배열과 매핑이라고 하는 형식으로 키와 값을 :로 구분한 형식으로 표현됩니다[2]. 시퀀스가 앤서블에서 파이썬의 리스트로서 다뤄지는 것처럼 매핑도 파이썬의 사전으로 다뤄지므로 이 책에서는 이 구조 자체를 사전이라고 하겠습니다.

---

2 매핑 키와 값을 구별하는 문자 : 뒤에는 반드시 띄어쓰기를 해야 합니다. 예를 들어 a: b는 매핑이나, a:b는 매핑이 아닌 문자열로 다뤄집니다. 이것은 http://google.com같은 URL 등을 인용 없이 취급할 수 있도록 하기 위한 배려에 의한 것으로 YAML의 대표적인 제약 중 하나입니다.

```
A : 아
I : 이
U : 우
E : 에
O : 오
```

■ 시퀀스에서 매핑

```
- 이름 : 한수지
  성별 : 여
```

■ 매핑의 계층 구조

```
동물:
  포유류:
    영장목:
      인간과:
        - 인간
        - 침팬지
    식육목:
      고양잇과
        - 사자

  파충류
    거북목:
      자라과:
        - 자라
```

이처럼 YAML에서는 계층 데이터 구조도 들여쓰기로 표현하므로 직관적으로 알기 쉬운 구조를 만들 수 있습니다. 예를 들어, 위의 동물 분류에서 포유류와 파충류, 연장목과 식육목이 각각 같은 층인 것을 알 수 있습니다.

또한, 들여쓰기 문자 수는 수직선이 갖춰져 있으면 어떤 문자라도 상관없지만, 대부분 2문자로 하는 경우가 많습니다. 단, 탭 문자를 사용하면 에러가 나므로 주의하세요.

부록 B / 앤서블 설정 파일 레퍼런스

앤서블의 설정파일인 ansible.cfg의 설정 방법과 설정 항목의 목록입니다(앤서블 2.2 현재).

B.1. 설정 파일의 기본

앤서블 설정 파일은 인벤터리 파일 등과 같이 INI 형식으로 작성된 파일입니다. 앤서블은 다음 순서로 설정 파일을 찾고, 처음 찾은 파일을 사용합니다. 변수 설정처럼 설정 파일을 여러 개 사용할 수 없습니다.

- ANSIBLE_CONFIG 환경 변수에서 지정된 파일
- 현재 디렉터리의 ansible.cfg
- 홈 디렉터리의 .ansible.cfg(.로 시작하는 것에 주의)
- /etc/ansible/ansible.cfg

어떤 파일도 찾지 못하면 모든 항목이 기본 값으로 설정됩니다.

B.2. 설정 항목

설정 파일에 작성할 수 있는 항목 목록입니다. 또한, 각 항목은 환경 변수에도 설정할 수 있으므로 환경 변수도 같이 적어두겠습니다.

B.2.1. [defaults] 섹션

[defaults] 섹션에는 앤서블 전체에 해당하는 설정을 작성합니다.

- **debug**
  앤서블을 디버깅 모드로 실행. 보통은 사용하지 않는다.

  환경 변수 : ANSIBLE_DEBUG
  기본값 : False

- **Inventory**
  앤서블에서의 기본 인벤터리 파일 경로

  환경 변수 : ANSIBLE_INVENTORY
  기본값 : /etc/ansible/hosts

- **library**

  앤서블에서의 추가 모듈 경로. :로 구분하여 여러 개 설정할 수 있다.

  환경 변수 : ANSIBLE_LIBRARY

  기본값 : None

- **roles_path**

  앤서블에서의 범용 롤의 패스. :로 구분하여 여러 개 설정할 수 있다.

  환경 변수 : ANSIBLE_ROLES_PATH

  기본값 : /etc/ansible/roles

- **remote_tmp**

  원격으로 전송된 스크립트를 배치할 원격 호스트의 임시 디렉터리

  환경 변수 : ANSIBLE_REMOTE_TEMP

  기본값 : /.ansible/tmp

- **local_tmp**

  생성된 원격 전송 스크립트를 저장하기 위한 로컬의 임시 디렉터리

  환경 변수 : ANSIBLE_LOCAL_TEMP

  기본값 : /.ansible/tmp

- **module_name**

  ansible 명령을 실행하기 전에 기본으로 사용할 모듈 이름

  환경 변수 : 없음

  기본값 : command

- **forks**

  동시에 병렬 실행하는 호스트의 상한 수. 기본은 꽤 작은 수이므로 필요에 따라 값을 크게 변경한다. 수십~수백 단위로 가능

  환경 변수 : ANSIBLE_FORKS

  기본값 : 5

- **module_args**

  ansible 명령을 실행할 때 기본으로 사용되는 모듈 인수

  환경 변수 : ANSIBLE_MODULE_ARGS

  기본값 : '' (빈문자열)

- **module_lang**

  앤서블과 모듈 사이의 상호 작용으로 사용될 언어 환경

  환경 변수 : ANSIBLE_MODULE_LANG

  기본값 : 환경 변수 LANG의 값이 en_US. UTF-8

- **module_set_locale**

  원격으로 모듈을 실행할 때 module_lang에 부여된 로케일을 설정

  환경 변수 : ANSIBLE_MODULE_SET_LOCALE

  기본값 : True

- **module_compression**

  모듈을 전송할 때의 압축 방식

  환경 변수 : 없음

  기본값 : ZIP_DEFALTED(압축함, ZIP_STORED로 설정하면 압축하지 않음)

- **timeout**

  SSH로 접속할 때의 타임아웃(단위: 초)

  환경 변수 : ANSIBLE_TIMEOUT

  기본값 : 10

- **poll_interval**

  비동기로 태스크를 실행한 경우의 폴링 간격(단위 : 초)

  환경 변수 : ANSIBLE_POLL_INTERVAL

  기본값 : 15

- **remote_user**

  원격으로 접속할 때의 사용자 이름. 설정하지 않은 경우에는 현재 앤서블 실행 사용자의 이름이 사용된다.

  환경 변수 : ANSIBLE_REMOTE_USER

  기본값 : None

- **ask_pass**

  로그인 패스워드의 확인 프롬프트를 항상 표시

  환경 변수 : ANSIBLE_ASK_PASS

  기본값 : False

- **private_key_file**

  기본으로 사용할 SSH 비밀키 경로

  환경 변수 : ANSIBLE_PRIVATE_KEY_FILE

  기본값 : None

- **remote_port**

  원격으로 접속할 때의 포트. 설정하지 않은 경우에는 프로토
  콜의 기본값이 사용된다(SSH라면 22번).

  환경 변수 : ANSIBLE_REMOTE_PORT

  기본값 : None

- **ask_vault_pass**

  ansible-vault의 패스워드 확인 프롬프트를 항상 표시

  환경 변수 : ANSIBLE_ASK_VAULT_PASS

  기본값 : False

- **vault_password_file**

  기본으로 사용하는 ansible-vault 패스워드 파일의 경로

  환경 변수 : ANSIBLE_VAULT_PASSWORD_FILE

  기본값 : None

- **transport**

  기본 접속 방식

  환경변경 이름 : ANSIBLE_TRANSPORT

  기본값 : smart

- **ansible_managed**

  진자2 템플릿에서 {{ ansible_managed }}로 설정된 문자열
  형식

  환경 변수 : 없음

  기본값 : Ansible managed

- **keep_remote_files**

  원격으로 전송된 스크립트를 삭제하지 않음. 모듈 동작을 디
  버깅하고 싶을 때 사용

  환경 변수 : ANSIBLE_KEEP_REMOTE_FILES

  기본값 : False

- **hash_befaviour**

  사전 형식의 변수가 여러 부분에 정의돼 있을 때의 동작. 다
  음 2종류에서 선택

  replace : 우선 순위가 높은 부분에서 지정된 값으로 변환한다.
  merge : 우선순위에 의해 사전을 중첩해서 병합한다. (예 :
  {"a" : 1, "b": 2} + {"b": B} = {"a: 1", "b": "B"})

  환경 변수 : ANSIBLE_HASH_BEHAVIOUR

  기본값 : replace

- **private_role_vars**

  롤에서 변수를 대상 롤 외에 사용하지 않음

  환경 변수 : ANSIBLE_PRIVATE_ROLE_VARS

  기본값 : False

- **Jinja2_extensios**

  진자2 확장을 설정. 보통은 설정하지 않는다.

  환경 변수 : ANSIBLE_JINJA2_EXTENSIONS

  기본값 : None

- **executable**

  원격 상에서 sudo를 사용할 때에 사용되는 셸 경로

  환경 변수 : ANSIBLE_EXECUTABLE

  기본값 : /bin/sh

- **gathering**

  기본 gather_facts 서버 정보 수집 정책. 다음 값에서 선택

  implicit : 플레이에서 gather_facts : False가 지정되어 있지
  않은 한, 모든 호스트에서 매회 수집한다.
  smart : 정보를 얻은 호스트는 정보 수집을 건너뛴다.

  환경 변수 : ANSIBLE_GATHERING

  기본값 : implicit

- **gather_subset**

  gather_facts에서 수집한 Fact 종류. 아래에서 선택. ,구분으로 여러 개 지정하고 앞에 !을 쓰면 비활성화할 수 있다.

  all : 모든 Fact를 수집

  network : 네트워크 정보

  hardware : 하드웨어 정보

  virtual : VM 정보

  ohai : ohai로 수집한 Fact

  facter : facter로 수집한 Fact

  환경 변수 : ANSIBLE_GATHER_SUBSET

  기본값 : all

- **gather_timeout**

  gather_facts 타임아웃을 초 단위로 설정

  환경 변수 : ANSIBLE_GATHER_TIMEOUT

  기본값 : 10

- **log_path**

  앤서블 실행결과를 출력하는 파일 경로. 기본으로 파일에 출력하지 않는다.

  환경 변수 : ANSIBLE_LOG_PATH

  기본값 : '' (빈문자열)

- **force_handlers**

  태스크 실행이 실패한 호스트라도 후크된 핸들러를 실행.

  환경 변수 : ANSIBLE_FORCE_HANDLERS

  기본값 : False

- **inventory_ignore_extentsions**

  인벤터리 파일로 간주되지 않는 파일 확장자

  환경 변수 : ANSIBLE_INVENTORY_IGNORE

  기본값 : ['~', '.orig', '.bak', '.ini', '.cfg', '.retry', '.pyc', '.pyo']

- **internal_poll_interval**

  앤서블에서의 폴링 간격의 초. 작은 편이 플레이북 런타임 성능이 좋아지지만 CPU를 더 사용한다.

  환경 변수 : 없음

  기본값 : 0.001

- **error_on_missing_handler**

  notify에서 지정된 핸들러를 찾지 못한 경우 에러가 발생

  환경 변수 : ANSIBLE_ERROR_ON_MISSING_HANDLER

  기본값 : True

- **task_includes_static**

  항상 태스크를 정적으로 포함(include). 동적 포함(변수와 반복을 사용한 포함)은 에러가 된다.

  환경 변수 : ANSIBLE_TASK_INCLUDES_STATIC

  기본값 : False

- **handler_includes_static**

  항상 핸들러를 정적으로 포함. 동적 포함(변수와 반복을 사용한 포함)은 에러가 된다.

  환경 변수 : ANSIBLE_HANDLER_INCLUEDS_STATIC

  기본값 : False

- **no_log**

  태스크 실행 파라미터를 일괄로 로그에 출력되지 않게 함

  환경 변수 : ANSIBLE_NO_LOG

  기본값 : False

- **no_target_syslog**

  syslog에 태스크 실행 파라미터를 통지하지 않음

  환경 변수 : ANSIBLE_NO_TARGET_SYSLOG

  기본값 : False

- **allow_world_readable_tmpfiles**

  원격 임시 디렉터리에 배치할 스크립트를 모든 사용자에게 읽기를 허가. 보안상 문제가 있지만, 비특권 사용자로 become하는 경우에 필요하다.

  환경 변수 : 없음

  기본값 : False

- squash_actions

  with_* 반복을 할 때 목록을 평가하고 전달하는 모듈. 여기서 지정한 모듈을 사용할 경우, 반복을 사용해도 모듈은 1번만 실행된다. 일반적인 모듈에서 반복할 때 모듈 실행 그 자체는 반복된다.

  환경 변수 : ANSIBLE_SQUASH_ACTIONS

  기본값 : apk, apt, dnf, homebrew, package, pacman, pkgng, yum, zypper

- action_plugins

  앤서블에서의 Action 클라이언트 경로. :으로 구분해서 여러 개 지정할 수 있다.

  환경 변수 : ANSIBLE_ACTION_PLUGINS

  기본값 : ~/.ansible/plugins/action:/usr/share/ansible/plugins/action

- cache_plugins

  앤서블에서의 Cache 클라이언트 경로. :으로 구분해서 여러 개 지정할 수 있다.

  환경 변수 : ANSIBLE_CACHE_PLUGINS

  기본값 : ~/.ansible/plugins/cache: /usr/share/ansible/plugins/cache

- callback_plugins

  앤서블에서의 Callback 클라이언트 경로. :로 구분해서 여러 개 지정할 수 있다.

  환경 변수 : ANSIBLE_CALLBACK_PLUGINS

  기본값 : ~/.ansible/plugins/callback: /usr/share/ansible/plugins/callback

- connection_plugins

  앤서블에서의 Connection 클라이언트 경로. :으로 구분해서 여러 개 지정할 수 있다.

  환경 변수 : ANSIBLE_CONNECTION_PLUGINS

  기본값 : ~/.ansible/plugins/connection:/usr/share/ansible/plugins/connection

- lookup_plugins

  앤서블에서의 Lookup 경로. :으로 구분해서 여러 개 지정할 수 있다.

  환경 변수 : ANSIBLE_LOOKUP_PLUGINS

  기본값 : ~/.ansible/plugins/lookup: /usr/share/ansible/plugins/lookup

- inventory_plugins

  앤서블에서의 인벤터리 경로. :으로 구분해서 여러 개 지정할 수 있다.

  환경 변수 : ANSIBLE_INVENTORY_PLUGINS

  기본값 : ~/.ansible/plugins/inventory:/usr/share/ansible/plugins/inventory

- vars_plugins

  앤서블에서의 Vars 클라이언트 경로. :으로 구분해서 여러 개 지정할 수 있다.

  환경 변수 : ANSIBLE_VARS_PLUGINS

  기본값 : ~/.ansible/plugins/vars: /usr/share/ansible/plugins/vars

- filter_plugins

  앤서블에서의 Filter 클라이언트 경로. :으로 구분해서 여러 개 지정할 수 있다.

  환경 변수 : ANSIBLE_FILTER_PLUGINS

  기본값 : : ~/.ansible/plugins/filter: /usr/share/ansible/plugins/filter

- test_plugins

  앤서블에서의 Test 클라이언트 경로. :으로 구분해서 여러 개 지정할 수 있다.

  환경 변수 : ANSIBLE_TEST_PLUGINS

  기본값 : ~/.ansible/plugins/test: /usr/share/ansible/plugins/test

- strategy_plugins

  앤서블에서의 Strategy 클라이언트 경로. :으로 구분해서 여러 개 지정할 수 있다.

환경 변수 : ANSIBLE_STRATEGY_PLUGINS

기본값 : ~/.ansible/plugins/strategy: /usr/share/ansible/plugins/strategy

- **stdout_callback**

  ansible-playbook을 실행할 때 표준 출력을 사용할 Callback 클라이언트

  환경 변수 : ANSIBLE_STDOUT_CALLBACK

  기본값 : default

- **fact_caching**

  Fact를 저장하려고 사용하는 Cache 클라이언트. 기본으로 제공되는 것은 memory, redis, memcached, jsonfile

  환경 변수 : ANSIBLE_CACHE_PLUGINS

  기본값 : memory

- **fact_caching_connection**

  Cache 클라이언트 연결 대상. 어떤 클라이언트를 사용하느냐에 따라 지정 방법이 다르다. redis, memcached라고 하는 KVS의 경우는 192.168.0.1:16379와 같이 연결 대상을 지정. Jsonfile의 경우는 Fact를 저장하는 JSON 파일의 경로를 지정.

  환경 변수 : ANSIBLE_CACHE_PLUGIN_CONNECTION

  기본값 : None

- **fact_caching_prefix**

  Cache 클라이언트에서 KVS을 선택했을 때 키의 접두부

  환경 변수 : ANSIBLE_CACHE_PLUGIN_PREFIX

  기본값 : ansible_facts

- **fact_caching_timeout**

  Cache 클라이언트에서 KVS를 선택했을 때의 타임아웃

  환경 변수 : ANSIBLE_CACHE_PLUGIN_TIMEOUT

  기본값 : 86400

- **force_color**

  앤서블 출력에 항상 색 정보를 포함

  환경 변수 : ANSIBLE_FORCE_COLOR

  기본값 : None

- **nocolor**

  앤서블 출력에서 항상 색 정보를 생략

  환경 변수 : ANSIBLE_NOCOLOR

  기본값 : None

- **nocows**

  앤서블 출력에서 cowsay를 사용하지 않음

  환경 변수 : ANSIBLE_NOCOWS

  앤서블은 cowsay가 있는 환경에서는 기본으로 다음과 같이 소가 로그로 표시됩니다.

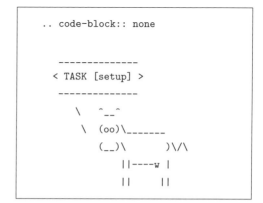

```
.. code-block:: none


       --------------
     < TASK [setup] >
       --------------
          \   ^__^
           \  (oo)_____
              (__)\       )\/\
                  ||----w |
                  ||     ||
```

재미있는 기능이지만, 한국어 출력할 때에 에러가 생길 수도 있으므로 필요에 따라 nocow을 활성화한다.

- **cow_selection**

  cowsay에 표시할 동작을 지정. random으로 임의로 선택

  환경 변수 : ANSIBLE_COW_SELECTION

  기본값 : default

- **cow_whitelist**

  cow_selection에서 random을 지정한 경우에 사용할 수 있는 동작.

  환경 변수 : ANSIBLE_COW_WHITELIST

  기본값 : ['bud-frogs', 'bunny', 'cheese', 'daemon', 'default', 'dragon', 'elephant-in-snake', 'elephant', 'eyes', 'hellokitty', 'kitty', 'luke-koala', 'meov', 'milk', 'moofasa', 'moose', 'ren', 'sheep', 'small', 'stegosaurus', 'stimpy', 'supermilker', 'three-eyes', 'turkey', 'turtle', 'tux', 'udder', 'vader-koala', 'vader', 'www']

- display_args_to_stdout

  항상 표준출력에서 모듈에 전달된 인수를 표시. 태스크 단위로 no_log: true를 설정하면 출력하지 않는다.

  환경 변수 : DISPLAY_ARGS_TO_STDOUT

  기본값 : False

- display_skipped_hosts

  태스크 실행이 스킵된 호스트의 정보를 출력

  환경 변수 : DISPLAY_SKIPPED_HOSTS

  기본값 : True

- error_on_undefined_vars

  미설정 변수를 평가하려고 하면 에러가 발생

  환경 변수 : ANSIBLE_ERROR_ON_UNDEFINED_VARS

  기본값 : True

- host_key_checking

  SSH 접속할 때 호스트 키를 확인

  환경 변수 : ANSIBLE_HOST_KEY_CHECKING

  기본값 : True

- system_warnings

  앤서블 실행 로컬 쪽에서 발생한 경고를 표시

  환경 변수 : ANSIBLE_SYSTEM_WARNINGS

  기본값 : True

- deprecation_warnings

  추천하지 않는 이전 기능을 사용하는 경우 경고를 표시

  환경 변수 : ANSIBLE_DEPRECATION_WARNINGS

  기본값 : True

- command_warnings

  모듈로 대체할 수 있는 명령을 사용한 경우에 경고를 표시. shell/command 모듈 인수 warn: True/False로 오버라이드할 수 있다.

  환경 변수 : ANSIBLE_COMMAND_WARNINGS

  기본값 : True

- callable_whitelist

  이용할 수 있는 Callback 플러그인 목록. CALLBACK_NEEDS_WHITELIST = True가 설정된 플러그인에만 출력된다.

  환경 변수 : ANSIBLE_CALLABLE_WHITELIST

  기본값 : []

- bin_ansible_callbacks

  ansible 명령에도 Callback 플러그인을 적용. False이면 ansible-playbook 명령에만 Callback 플러그인이 사용된다.

  환경 변수 : ANSIBLE_LOAD_CALLBACK_PLUGINS

  기본값 : Fasle

- retry_files_enabled

  플레이북 실행이 실패했을 때 재실행 파일을 작성. 재실행 파일에는 실행에 실패한 호스트 이름만 있다. —limit @site.retry와 같이 실패한 호스트만 플레이북을 재실행할 수 있다.

  환경 변수 : ANSIBLE_RETRY_FILES_ENABLED

  기본값 : True

- retry_files_save_path

  Retry 파일 저장 경로. 기본은 플레이북 디렉터리에 작성된다.

  환경 변수 : ANSIBLE_RETRY_FILES_SAVE_PATH

  기본값 : None

- null_representation

  파이썬의 None(null)을 진자2에서 평가할 때의 값

  환경 변수 : ANSIBLE_NULL_REPRESENTATION

  기본값 : None

- max_diff_size

  —diff 옵션을 붙여 플레이북을 실행하면 표시할 파일 차분의 최대 바이트 수

  환경 변수 : ANSIBLE_MAX_DIFF_SIZE

  기본값 : 1048576 (=1MB)

B.2.2. [privilege_escalation] 섹션

권한 승계(become)에 관한 설정.

- **become_allow_same_user**
  로그인 사용자와 같은 사용자에게 sudo를 실행. 일반적으로
  효율을 위해 같은 사용자로의 sudo는 무시된다. SE리눅스
  환경 등에서 같은 사용자로의 sudo가 필요한 경우에 True를
  설정한다.

  환경 변수 : ANSIBLE_BECOME_ALLOW_SAME_USER
  기본값 : False

- **become_method**
  기본 권한 승계 방식. su, sudo, pbrun, pfexec, doas에서
  선택

  환경 변수 : ANSIBLE_BECOME_METHOD
  기본값 : sudo

- **become**
  기본으로 권한 승계 상태로 태스크를 실행

  환경 변수 : ANSIBLE_BECOME
  기본값 : False

- **become_user**
  권한을 승계할 대상 사용자

  환경 변수 : ANSIBLE_BECOME_USER
  기본값 : root

- **become_exe**
  권한 승계에 사용하는 명령의 경로

  환경 변수 : ANSIBLE_BECOME_EXE
  기본값 : None

- **become_flags**
  권한 승계에 사용하는 명령을 전달하는 인수

  환경 변수 : ANSIBLE_BECOME_FLAGS
  기본값 : None

- **become_ask_pass**
  권한 승계 패스워드를 확인하는 프롬프트를 항상 표시

  환경 변수 : ANSIBLE_BECOME_ASK_PASS
  기본값 : False

B.2.3. [ssh_connection] 섹션

이 섹션에서는 OpenSSH 접속 설정에 관하여 설명하겠습니다.

- **scp_if_ssh**
  SSH로 접속할 때 파일 전송을 sftp가 아닌 scp로 사용

  환경 변수 : ANSIBLE_SCP_IF_SSH
  기본값 : smart (자동판단)

- **sftp_batch_mode**
  sftp를 배치 모드로 실행. 기본 설정으로 잘 동작하지 않을 때
  에만 False로 설정한다.

  환경 변수 : ANSIBLE_SFTP_BATCH_MODE
  기본값 : True

- **ssh_args**
  SSH 실행할 때의 인수

  환경 변수 : ANSIBLE_SSH_ARGS
  기본값 : -o ControlMaster=auto -o ControlPersist=60s

- control_path

  SSH의 ControlMaster가 사용할 ControlPath 소켓 경로

  환경 변수 : ANSIBLE_SSH_CONTROL_PATH

  기본값 : %(directory)s/ansible-ssh-%%h-%%p-%%r

- pipelining

  SSH 파이프라인을 활성화

  환경 변수 : ANSIBLE_SSH_PIPELINING

  기본값 : False

- retries

  SSH 접속할 때의 재시도 횟수

  환경 변수 : ANSIBLE_SSH_RETRIES

  기본값 : 0

- ssh_executable

  실행할 SSH 명령의 이름

  환경 변수 : ANSIBLE_SSH_EXECUTABLE

  기본값 : ssh

B.2.4. [paramiko] 섹션

paramiko를 사용해 SSH 접속할 때 설정하는 섹션

- record_host_keys

  known_hosts 파일에 접속한 호스트 키를 등록

  환경 변수 : ANSIBLE_PARAMKO_RECORD_HOST_KEYS

  기본값 : True

- proxy_command

  SSH 프록시 명령을 지정. paramiko-1.10 이상에서만 사용할 수 있다. 배스천(bastion) 호스트를 통해 로그인할 때 사용한다.

  환경 변수 : ANSIBLE_PARAMIKO_PROXY_COMMAND

  기본값 : None

B.2.5. [selinux] 섹션

SE리눅스에 관한 설정을 하는 섹션

- special_context_filesystems

  파일 시스템 단위로 보안 컨텍스트를 적용할 파일 시스템 목록

  환경 변수 : 없음

  기본값 : fuse, nfs, vboxsh, ramfs

- libvirt_lxc_noseclabel

  libvirt에서 lxc로 접속할 때 -noseclabel 옵션을 추가. SE리눅스가 없는 환경에서는 True로 한다.

  환경 변수 : LIBVIRT_LXC_NOSECLABEL

  기본값 : False

B.2.6. [galaxy] 섹션

ansible-galaxy에 대한 항목입니다.

- **server**

  Ansible-Galaxy의 URL

  환경 변수 : ANSIBLE_GALAXY_SERVER

  기본값 : https://galaxy.ansible.com

- **ignore_certs**

  SSH 증명서를 확인하는 것을 무시

  환경 변수 : ANSIBLE_GALAXY_IGNORE

  기본값 : False

- **scms**

  롤을 가져올 수 있는 곳으로써 사용할 수 있는 소스 관리 시스템

  환경 변수 : ANSIBLE_GALAXY_SCMS

  기본값 : git, hg

B.2.7. [color] 섹션

색 출력에 관한 설정. 사용할 수 있는 색 이름은 다음과 같습니다.

```
'black' 'bright gray' 'blue' 'white'
'green' 'bright blue' 'cyan'
'bright green' 'red' 'bright cyan'
'purple' 'bright red' 'yellow'
'bright purple' 'dark gray'
'bright yellow' 'magenta'
'bright magenta' 'normal'
```

- **verbose**

  상세 출력 정보(-v~-vvv로 지정)의 색

  환경 변수 : ANSIBLE_COLOR_VERBOSE

  기본값 : blue

- **warn**

  경고 색

  환경 변수 : ANSIBLE_COLOR_WARN

  기본값 : bright purple

- **error**

  에러 색

  환경 변수 : ANSIBLE_COLOR_ERROR

  기본값 : red

- **debug**

  디버깅 정보 색

  환경 변수 : ANSIBLE_COLOR_DEBUG

  기본값 : dark gray

- **deprecate**

  추천하지 않는 기능을 사용할 때의 색

  환경 변수 : ANSIBLE_COLOR_DEPRECATE

  기본값 : purple

- **skip**

  태스크가 스킵된 경우의 색

  환경 변수 : ANSIBLE_COLOR_SKIP

  기본값 : cyan

- **unreachable**

  호스트에 접속할 수 없는 경우의 색

  환경 변수 : ANSIBLE_COLOR_UNREACHABLE

  기본값 : bright red

- ok
  태스크가 변경되지 않고 성공한 때의 색

  환경 변수 : ANSIBLE_COLOR_OK
  기본값 : green

- changed
  태스크가 변경을 실행한 후에 성공할 때의 색

  환경 변수 : ANSIBLE_COLOR_CHANGED
  기본값 : yellow

부록 C / **지시자 목록**

앤서블 플레이북의 각 항목(플레이, 롤, 블록, 태스크)에서 사용할 수 있는 지시자 목록입니다. (앤서블 2.2 현재)

C.1. 플레이에서 사용할 수 있는 지시자

- name
  로그 표시용 이름

- hosts
  플레이 실행 대상이 되는 인벤터리 호스트/그룹 이름. 지정 필수

- tasks
  플레이에서 실행하는 태스크 목록. 롤을 사용할 때에는 일반적으로 사용하지 않는다.

- roles
  플레이에서 실행하는 롤 목록

- pre_tasks
  롤보다 먼저 실행할 태스크 목록

- post_tasks
  롤보다 나중에 실행할 태스크 목록

- handlers
  핸들러로 사용할 태스크 목록

- vars
  설정 변수를 사전 형식으로 지정

- vars_files
  읽어 올 변수 파일 목록

- vars_prompt
  플레이북을 실행할 때 프롬프트에 수동 입력되는 변수 목록

- connection
  호스트의 기본 접속 방식을 설정

- port

  호스트로 접속할 때의 기본 포트 번호를 지정

- remote_user

  호스트로 접속할 때 기본 사용자 이름을 설정

- become

  권한 승계를 실행할 경우에 true로 지정

- become_method

  권한 승계할 때에 사용할 명령. 기본은 sudo.

- become_user

  권한 승계할 대상 사용자 이름. 기본은 root.

- become_flags

  권한 승계 명령에서 인수로 전달하고 싶을 때 지정

- force_handlers

  true이면 태스크 실행 도중에 실패할 경우에도 모두 후크된 핸들러를 실행

- tags

  할당할 태그를 목록으로 설정

- environment

  설정할 환경 변수를 사전으로 지정

- check_mode

  true이면 항상 체크만 실행

- no_log

  태스크 실행 결과에서 모듈에 해당하는 인수 정보를 포함하지 않을 경우에 true로 설정

- always_run

  true이면 플레이북을 실행할 때 어떤 태그가 지정되어도 태스크를 실행할 수 있게 함

- run_once

  true이면 호스트 수에 상관없이 태스크가 단 1번만 실행됨

- ignore_errors

  true이면 에러가 발생해도 무시하고 진행

- serial

  동시에 배포할 호스트 수를 퍼센트로 지정. 롤링 업데이트를 할 때에 사용한다.

- max_fail_percentage

  호스트 중 몇 퍼센트가 배포에 실패하면 태스크를 전부 중지할 것인지 지정. 기본은 100으로 1대라도 동작하고 있는 호스트가 있을 때에는 플레이를 정지하지 않는다.

- any_errors_fatal

  true이면 max_fail_percentage 설정과 상관없이 1대라도 태스크가 실패하는 시점에 플레이북 실행을 중지

- gather_facts

  태스크 실행 전에 Facts를 수집. 기본은 true

- gather_subset

  Facts 수집 대상 서브셋을 지정

- gather_timeout

  Facts 수집할 때의 타임아웃 시간을 초로 지정

- strategy

  태스크 실행 전략을 지정. 기본은 linear로 호스트 사이에 태스크를 동기화한다. 동기화하지 않을 때는 free를 지정

C.2. 롤에서 사용할 수 있는 지시문

- role
  실행할 롤 이름. 지정 필수

- when
  실행 조건식 지정

- vars
  설정할 변수를 사전 형식으로 지정

- environment
  설정할 환경 변수를 사전으로 지정

- check_mode
  true면 항상 체크만 실행

- become
  권한 승계를 실행할 경우에 true로 지정

- become_method
  권한 승계할 때 사용하는 명령. 기본은 sudo

- become_user
  권한 승계할 대상 사용자 이름. 기본은 root

- become_flags
  권한 승계 명령에서 인수를 전달하고 싶을 때 설정

- tags
  할당할 태그를 목록으로 지정

- environment
  - 설정할 환경 변수를 사전으로 지정

- check_mode
  true면 항상 체크만을 실행

- no_log
  태스크 실행 결과에서 모듈에 해당하는 인수 정보를 포함하지 않으려면 true로 설정

- always_run
  true면 플레이북 실행할 때 어떤 태그가 지정되도 태스크를 실행

- run_once
  true면 호스트 수에 상관없이 태스크가 단 1번만 실행

- ignore_errors
  true면 에러가 발생해도 무시하고 진행

- delegate_to
  지정한 호스트를 대신하여 태스크를 실행

- delegate_facts
  true면 수집된 Facts를 delegate_to로 설정한 호스트의 Facts로 다룸

- connection
  호스트 기본 접속 방식을 설정

- port
  호스트에 접속할 때의 기본 포트

- remote_user
  호스트에 접속할 때 기본 사용자 이름을 지정

C.3. 블록에서 사용할 수 있는 지시문

- block
  블록에서 실행할 태스크 목록을 지정

- rescue
  블록의 태스크가 실패했을 때 실행할 태스크 목록

- always
  태스크가 성공하거나 실패하는 것에 관계없이 마지막에 반드시 실행해야 하는 태스크 목록

- when
  실행 조건식을 지정

- vars
  설정할 변수를 사전 형식으로 지정

- environment
  설정할 환경 변수를 사전으로 지정

- check_mode
  true면 항상 체크만 실행

- become
  권한 승계를 실행할 경우에 true로 지정

- become_method
  권한 승계를 할 때 사용할 명령. 기본은 sudo

- become_user
  권한 승계할 대상 사용자 이름. 기본은 root

- become_flags
  권한 승계 명령에 인수를 전달하고 싶을 때 여기에 지정

- tags
  할당할 태그를 목록으로 지정

- environment
  설정할 환경 변수를 사전으로 지정

- no_log
  태스크 실행 결과에서 모듈에 해당하는 인수 정보를 포함하지 않으려면 true로 설정.

- always_run
  true면 플레이북을 실행할 때 어떤 태그가 지정되도 태스크를 실행

- run_once
  true면 호스트 수에 관계없이 태스크를 단 1번만 실행

- ignore_errors
  true면 에러가 발생해도 무시하고 진행

- delegate_to
  지정한 호스트를 대신해서 태스크를 실행

- delegate_facts
  true면 수집된 Facts를 delegate_to로 설정한 호스트의 Facts로 다룸

- connection
  호스트에 기본 접속 방식을 지정

- port
  호스트 접속 기본 포트 번호

- remote_user
  호스트에 접속할 때에 기본 사용자 이름을 지정

C.4. 태스크에서 사용할 수 있는 지시자

- **name**
  로그 표시용 이름

- **action**
  실행할 모듈 이름을 지정

- **local_action**
  로컬에서 실행할 모듈 이름을 지정. action과는 배타적으로 동작한다.

- **args**
  모듈에 전달하는 인수 사전을 지정

- **notify**
  변수를 판정할 때 후크할 핸들러 목록을 지정

- **register**
  태스크 실행 결과를 저장할 변수 이름을 지정

- **with_〈LookupPlugin 이름〉**
  반복을 실행할 경우에 지정

- **loop_control**
  반복 제어용 사전을 설정. loop_var로 반복 내 아이템용 변수 이름을 지정할 수 있다.

- **when**
  실행 조건식을 지정

- **failed_when**
  태스크 변경 판단식을 지정

- **async**
  태스크를 비동기로 실행할 때에 타임아웃을 초로 설정

- **poll**
  태스크를 비동기로 실행할 때 폴링 간격을 초로 설정

- **until**
  태스크 실행을 종료할 조건식을 지정. 조건을 만족할 때까지 태스크는 계속 반복된다.

- **delay**
  until할 때의 태스크 실행 간격을 지정

- **retries**
  until할 때 태스크 실행의 최대 시도 횟수를 지정

- **vars**
  설정할 변수를 사전 형식으로 지정

- **environment**
  설정할 환경 변수를 사전으로 지정

- **check_mode**
  true면 항상 체크만 실행

- **become**
  권한 승계를 실행할 때에는 true로 지정

- **become_method**
  권한 승계를 할 때 사용할 명령. 기본은 sudo

- **become_user**
  권한 승계할 대상 사용자 이름. 기본은 root

- **become_flags**
  권한 승계 명령에 인수를 전달하고 싶을 때 설정

- **tags**
  할당할 태그를 목록으로 지정

- **environment**
  설정할 환경 변수를 사전으로 지정

- **check_mode**
  true면 항상 체크만 실행

- **no_log**
  태스크 실행 결과에서 모듈에 해당하는 인수 정보를 포함하지 않으려면 true로 설정

- **always_run**
  true면 플레이북을 실행할 때에 어떤 태그가 지정되도 태스크를 실행

- **run_once**

  true면 호스트 수에 관계없이 태스크를 단 1번만 실행

- **ignore_errors**

  true면 에러가 발생되도 무시하고 진행

- **delegate_to**

  지정한 호스트 대신해서 태스크를 실행

- **delegate_facts**

  true면 수집된 Facts를 delegate_to로 설정한 호스트의
  Facts로 다룸

- **connection**

  호스트 기본 접속 방식을 지정

- **port**

  호스트에 접속할 때에 기본 포트 번호를 지정

- **remote_user**

  호스트에 접속할 때의 기본 사용자 이름을 지정